経営学総論

佐護　譽
渡辺　峻
　編著

文眞堂

はしがき

　本書は経営学の総論として執筆されたものである。大学の社会科学系学部における経営学の教科書を志向したものであるが，経営学を初めて学ぼうとする一般の読者をも念頭においている。
　モノの生産と流通は人類生存の絶対的な必要条件である。そして，資本主義社会におけるモノの生産と流通の主要な担い手は企業である。すなわち，企業はモノを生産し，流通させるという役割を果たしている。
　モノの生産と流通は経営資源の結合によって行われる。4大経営資源は，ヒト，モノ，カネおよび情報である。また，企業はモノの生産・流通以外にも，さまざまな社会的役割を果たしている。経営学はこのような企業を主たる研究対象として発展してきた。
　ところで，一般に，ある学問を学び始めるとき，その学問の枠組（ないし全体としてのイメージ）および主要な分野をまず把握しておくことが重要である。最初に全体のなかに部分を位置づけて理解しておくことが肝要なのである。
　以上のような経営学の性格および学習の仕方を考慮して，本書の大枠は以下のように構成した。
　まず経営学の発展について，ついで経営学の主たる研究対象である企業について論述した。これを踏まえて，モノの生産に係わる生産管理，流通に係わるマーケティング，カネに係わる経営財務，ヒトに係わる人的資源管理，および情報に係わる経営情報について論述した（これらは4大経営資源に係わる部門管理の分野である）。
　上述の部門管理に関する論述に続いて，企業経営において重要な役割を演じている経営組織および経営戦略について論述した。そして，企業の社会的活動との係わりにおいてコーポレート・ガバナンス，企業倫理および企業メ

セナについて論述した。最後に日本的経営と国際経営を取り上げた。

　上述のような考え方に基づいて，本書の具体的な内容は以下のように構成されている。

　第1章では，アメリカ，ドイツおよび日本における経営学発展の概要について論述した。

　第2章では，さまざまなタイプの企業（企業の諸形態）および企業の結合形態について論述した。

　第3章では，生産システムの歴史的発展に沿って，自動車産業を中心に生産管理の概要について論述した。

　第4章では，マーケテイング管理の基本的内容について，具体的事例も取り上げながら論述した。

　第5章では，財務管理が果たすべき役割・課題ならびに技法について論述した。

　第6章では，人的資源管理を取り上げ，21世紀に入って一段と強化されてきている能力・成果主義，雇用管理および賃金管理に焦点を合わせて論述した。

　第7章では，企業経営における情報の重要性と現代の企業における情報活動の実際について論述した。

　第8章では，組織の設計という問題に焦点を合わせて，経営組織の基本的な考え方について論述した。

　第9章では，まず経営戦略の理論と実際について論述し，ついで21世紀型経営戦略のモデルを提示した。

　第10章では，アメリカおよび日本におけるコーポレート・ガバナンスに関する議論と実践について論述した。

　第11章では，企業倫理という概念が登場した経緯についてを企業の社会的責任という視点から論述した。

　第12章では，企業メセナ（芸術・文化支援）に焦点を合わせて，その基本事項，歴史および現状について論述した。

　第13章では，いわゆる「日本的経営」を取り上げ，その生成・定着・変

容について論述した。

　第14章では，国際経営の成立と発展，および国際立地戦略の主要な理論について論述した。

　本書は，11名の大学教員（編著者をのぞく）による共同執筆の成果である。ご協力いただいた諸先生に感謝の言葉を申し上げたい。

　本書の出版にあたっては，前野隆氏（文眞堂常務取締役・企画部長）に終始お世話になった。心から感謝の意を表したい。

2003年12月10日

編著者

目　　次

はしがき

第1章　経営学の発展 …………………………………………… 1
I　はじめに ………………………………………………………… 1
II　アメリカの経営学 ……………………………………………… 1
III　ドイツの経営学 ……………………………………………… 10
IV　日本の経営学 ………………………………………………… 15
V　おわりに ……………………………………………………… 17

第2章　企業形態 ………………………………………………… 19
I　はじめに ……………………………………………………… 19
II　個別企業の諸形態 …………………………………………… 19
III　株式会社の特徴と実態 ……………………………………… 22
IV　企業集中の諸形態 …………………………………………… 26
V　中小企業 ……………………………………………………… 28
VI　おわりに ……………………………………………………… 30

第3章　生産管理 ………………………………………………… 32
I　はじめに ……………………………………………………… 32
II　大量生産システム …………………………………………… 32
III　多品種少量生産システム …………………………………… 37
IV　次世代生産システムへの模索 ……………………………… 43
V　おわりに ……………………………………………………… 46

第4章 マーケティング …………………………………… 49

- I　はじめに……………………………………………………… 49
- II　企業のマネジメントとマーケティング管理………………… 49
- III　マーケティング管理の基本要素としてのマーケティング・ミックス戦略…………………………………………………… 52
- IV　マーケティング戦略の展開………………………………… 63
- V　おわりに……………………………………………………… 65

第5章 財務管理 ……………………………………………… 67

- I　はじめに……………………………………………………… 67
- II　財務管理の役割と課題……………………………………… 68
- III　財務管理の基礎となる財務諸表…………………………… 72
- IV　財務管理の技法……………………………………………… 76
- V　おわりに……………………………………………………… 82

第6章 人的資源管理………………………………………… 83

- I　はじめに……………………………………………………… 83
- II　能力・成果主義と人的資源管理…………………………… 84
- III　雇用管理……………………………………………………… 88
- IV　賃金管理……………………………………………………… 90
- V　おわりに……………………………………………………… 96

第7章 経営情報……………………………………………… 98

- I　はじめに……………………………………………………… 98
- II　経営と情報…………………………………………………… 98
- III　経営情報システムの概念……………………………………102
- IV　IT革命と経営情報システム ………………………………104
- V　おわりに………………………………………………………109

第8章　経営組織 …………………………………………113

- Ⅰ　はじめに…………………………………………………113
- Ⅱ　組織を理解するための視点……………………………113
- Ⅲ　組織設計の基本的コンセプト…………………………116
- Ⅳ　代表的な組織モデル……………………………………120
- Ⅴ　おわりに…………………………………………………125

第9章　経営戦略 …………………………………………127

- Ⅰ　はじめに…………………………………………………127
- Ⅱ　経営戦略とは何か………………………………………128
- Ⅲ　経営戦略の作成…………………………………………132
- Ⅳ　経営戦略の実行と統制…………………………………139
- Ⅴ　おわりに…………………………………………………142

第10章　コーポレート・ガバナンス ……………………145

- Ⅰ　はじめに…………………………………………………145
- Ⅱ　アメリカにおけるコーポレート・ガバナンス論の展開…………147
- Ⅲ　株式会社の再定義―株主理論と利害関係者理論―………150
- Ⅳ　日本のコーポレート・ガバナンス改革論の問題点………157
- Ⅴ　おわりに…………………………………………………160

第11章　企業倫理…………………………………………164

- Ⅰ　はじめに…………………………………………………164
- Ⅱ　企業倫理とは……………………………………………164
- Ⅲ　企業倫理の制度化………………………………………171
- Ⅳ　企業倫理と企業の競争力………………………………174
- Ⅴ　おわりに…………………………………………………178

第12章　企業メセナ …………………………………179

- I　はじめに…………………………………………179
- II　企業メセナとは…………………………………179
- III　データから見る企業メセナ……………………183
- IV　理論から見る企業メセナ………………………187
- V　おわりに…………………………………………191

第13章　日本的経営 ………………………………194

- I　はじめに…………………………………………194
- II　従来の「日本的経営」の特徴…………………194
- III　なぜ「日本的経営」は変容したか……………198
- IV　新しい日本的経営システム……………………203
- V　おわりに…………………………………………209

第14章　国際経営 …………………………………211

- I　はじめに…………………………………………211
- II　国際経営の発展と多国籍企業…………………211
- III　対外直接投資の理論と実態……………………215
- IV　多国籍企業の国際立地戦略……………………218
- V　日系企業の多国籍化と新しい課題……………221
- VI　おわりに…………………………………………224

索引

第1章　経営学の発展

I　はじめに

　経営学は20世紀初頭に成立した学問である。経営学の歴史は隣接科学である経済学のそれに比べてはるかに浅いのである。歴史は浅いが，その発展にはまことにめざましいものがある。経営学の2大先進国はアメリカとドイツである。アメリカの経営学は経営管理学（business management or administration）として，ドイツのそれは経営経済学（Betriebswirtschaftslehre）として発展してきている。そして，日本の経営学はこれら両国の経営学の強い影響を受けて展開されてきた。

　経営学は企業（＝資本主義経営）を主たる研究対象としてきた。それは企業の仕組み（内的構造），機能，現代社会において果たしている役割，社会的影響力などの究明を目指してきた。しかし，時とともにこの学問の研究対象は拡大されてきた。すなわち，経営学は，企業だけでなく，あらゆる組織体（官庁，公共団体，学校，病院，労働組合，政党，軍隊等）を取り扱う学問となってきている。

　本章ではアメリカ，ドイツおよび日本における経営学の発展の概要について論述することにしたい。

II　アメリカの経営学

1. **アメリカ経営学の展開**

　経営学の一大母国はアメリカである。そこでは，経営学は，一般に企業家・経営者の経営実践上の課題に応える形で，20世紀初頭に生成し，発展

してきた。ここで，約100年にわたるアメリカ経営学の歴史を論述することは，ほとんど不可能である。そこで，以下のように，いくつかの経営学の特徴を類型化し，歴史的に概観することにしたい。

(1) 1900～10年代に確立した「古典的管理論」：これはテイラーの科学的管理法の理論（工場管理論）に代表される伝統的な理論である。

(2) 1930～40年代に確立した「人間関係論」：これはメイヨーやレスリスバーガーの理論に代表される初期人間関係論である。

(3) 1930年代末に登場した「近代組織論」：これはバーナードの「組織と管理」の理論に代表される。現代の経営学の大半は，この理論から大きな影響を受けている。

(4) 1950～60年代に確立した「行動科学」：これはマズロー，マグレガー，ハーズバーグ，アージリス，リッカートなどの理論であり，組織行動論ともいわれている。

上掲のアメリカ経営学4つの類型は，同時に歴史的な発展形態でもあった。以下，それぞれの経営学のフレームワークおよび特質を歴史的に概観することにしたい。

2．古典的管理論の生成と普及

20世紀初頭のアメリカにおいて，もっとも注目すべき経営学の文献は，テイラー（F. W. Taylor, 1856-1915）の『工場管理論』(Shop Management, 1903) と『科学的管理の原理』(The Principles of Scientific Management, 1911) である。これらは古典的管理論の典型である。そこでは，「人間は経済的な欲求・利害に規定されて動機づけられ，意思決定し，自己の利益達成のために論理的に行動するものだ，という人間仮説」，すなわち「経済人モデル」（economic man model）に基づいて理論が展開された。この仮説にしたがえば，労働者を組織目標にむけて貢献させるには「金銭など経済的刺激の提供」が効果的であることになる。かくして，経済的刺激を基軸にした「管理の方法」が考案され，企業組織に導入された。それは，20世紀初頭における工場の労働現場の現実を反映したものであり，当時の労働条

件や労働者の経済状態を前提にすれば，そのような考えが生まれるのは1つの必然であった。

　テイラーは，従来の「労働の管理」の方法を，経験や勘にたよる「成り行きまかせの管理」(drifting management) として批判し，「科学的」管理の必要性を説いた。テイラーの問題意識は，当時の企業経営者側の頻繁な「賃率切り下げ」に対抗して，労働者側が意識的に作業速度を抑制し生産制限する「組織的怠業」(systematic soldiering) を解決し，「労使双方の最大繁栄」と「労働者に高賃金，経営者に低労務費」を実現することにあった。

　テイラーの著書『工場管理論』によれば，「高賃金・低労務費」を実現する「科学的管理法の原理」は，次のようなものである[1]。① 労働者の会社における地位の上下にかかわらず，彼等の毎日の課業（1日の標準仕事量）の内容と輪郭は明確に定めておく。② 労働者には確実に課業の達成ができるように，標準化した条件と用具とを与える。③ 労働者が課業の達成に成功したら多く賃金を支払ってやる。④ 労働者が課業の達成に失敗すれば損を受けなければならない。⑤ 課業は一流の労働者でなければ達成できないくらいむずかしいものにする。

　以上のように「科学的管理法の原理」とは，簡潔に言えば，労働者の毎日の「課業」を明確に設定し，標準化した条件の提供と賃金による刺激により，それを遂行させることである。すなわち，「課業管理」(task management) がその主要内容をなしている。そして，この課業管理を遂行するために，計画部制度 (planning department)，時間研究 (time study)，作業指図票制度 (instruction card system)，職能的職長制度 (functional foremanship)，差率出来高払制度 (differential piece rate system) などの諸制度を考案した。これらの総体が科学的管理法あるいはテイラーシステムと呼ばれているものである。

　以上のように科学的管理法は，一面においては，時間研究による不器用な動作の排除，もっとも正しい作業方法の考案，もっともすぐれた統制制度の採用など，一連の豊富な科学的成果をそなえていた。しかし，現実の企業組織の中では，テイラー方式には「低労務費」の原則が貫かれる。そのため，

人員削減が実施され，高密度労働が要求され，洗練された「汗を搾り出す科学的方式」となった。しかし，「高賃金・低労務費」は実現された。

上述の理由により，科学的管理法は，労働者・労働組合側からの反対に直面したが，多くの企業経営者側には歓迎すべきものとして受入れられ，広汎に普及することになった。

このように，テイラーの科学的管理法は，1910年代以降，アメリカ国内はもとより，イギリス，フランス，ドイツ，ソ連，そして日本においても，文献紹介とともに現実の企業経営にも導入された[2]。ちなみに，日本では，1913年に星野行則がこれを『学理的事業管理法』として翻訳出版した。同年，神田孝一は『実践工場管理』のなかで科学的管理法を紹介している。1925年には「テイラー協会日本支部」が設立され，上野陽一などにより科学的管理法は日本の企業経営に広く普及した[3]。その合理的な核心は，現代においてもトヨタシステムなどに引き継がれている。

3．人間関係論の生成

1930〜40年代における注目すべき経営学の文献は，メイヨーやレスリスバーガーなどにより確立された人間関係論のそれである。そこでは「人間は，社会的集団の中に作用する心理・感情・態度など，非論理的要因に規定されて動機づけられて意思決定し行動するものだ，という人間仮説」，すなわち「社会人モデル」(social man model) に基づいて，理論が展開されている。この仮説では，労働者を組織目標に向けて組織貢献させるには「社会的集団の中に作用する心理・感情・態度など非論理的要因に働きかけると良い」という。そこでは，フォーマル組織 (formal organization) で論理的行動をする人間より，インフォーマル組織 (informal organization) で非論理的行動をする人間が注目される。

なぜ，この時期に，このような内容の経営学が生まれたのか。当時，1920年代のアメリカは，大企業を中心とする設備投資，新興産業の興隆による産業再編成など，繁栄を謳歌した時代であった。また，1930年代になると，多くの企業は「産業合理化運動」を展開した。他方，労働者の団結権・団体

交渉権・ストライキ権が認められ、「全国労働関係法」（1935年）や「公正労働基準法」（1938年）が制定された。

しかし、「産業合理化運動」のなかでのベルトコンベヤー・システムやフォード・システムの導入は、労働者に作業方法と速度の画一性を強制し、機械的な単純労働の反復を要求し、そこに労働の細分化・単純化・無内容化をもたらした。しかも、長時間の連続的労働を強いる結果、労働者の中に、不平・不満の増大、モラール（morale）の低下、「社会や集団にとけこめない不幸な個人」の増大など、「社会病理」現象が現れた。

このような問題を解明するために、メイヨー（E. Mayo, 1880-1949）やレスリスバーガー（F. J. Roethlisberger, 1898-1974）らによって一連のホーソン実験（Hawthorne Experiments）が行われた。そして、その実験結果に基づいて、彼らは人間協働に関する独自の理論を1930年代から40年代にかけて発表した。これらが人間関係論の潮流を形成した。その内容は、「社会的集団の中に作用する心理・感情・態度など非論理的要因は、社会的規制力として個々人の行動を規定するので、個人に対するモチベーションの刺激となり、不平・不満を部分的に解決・克服し、モラールを高揚させる」というものであった。

かくして、テイラーの古典的管理論にみられる「経済人モデル（economic man model）は誤りである」と認識された。さらに、人間関係論は、社会的集団と個人との関係、および監督者のリーダーシップのあり方などの問題を社会心理学的に解明しようとした。

このような人間関係論に基づく管理技法すなわち人間関係管理（ヒューマン・リレイションズ、HR: Human Relations）が考案され、1940年代以降に広汎に普及した。日本においては、ＨＲは1950年代以降の生産性向上運動の過程において広く導入され、今日に至っている。

4．近代組織論の確立

1938年のバーナード（C. I. Barnard, 1886-1961）の主著『経営者の役割』（The Functions of the Executive, 1938）は、アメリカのみならず世界の経

営学の歴史にとって新しい時代を画するものであり，経営学における「バーナード革命」と称されている。彼の問題意識は「個人主義と全体主義の統合」を求める点にある。そして，古典的管理論と人間関係論をともに視野におさめ，「組織と管理」の一般理論をうちたてた。彼自身は「公式組織の社会学」と呼ぶべきものを書いた，と言っている。

バーナード理論は，「人間は自由意思があり自己の目的については選択力を行使して主体的に意思決定をして行動するものだ，という人間仮説」，すなわち「自律人モデル」に基づいて展開されている。この人間モデルでは，個人が組織に参加し組織貢献するかどうかは，個人の主体的な意思決定によるので，経営者はいかに個人の意思決定過程に働きかけ，いかに組織目標と個人欲求（動機）を統合するか，いかに組織の要求と個人の自律性を調和させるか，などが重要な問題になる。

まず，バーナードは，人間論として個人の人格的特性を論じる。人間は，① 肉体的精神的諸力をもつ物的生物的存在，② 人間関係のなかで機能する社会的存在，③ 自由意思・選択力・決定力をもって行動する個人心理的存在であり，それらの統合された存在である。

人間は目的をもって行動するが，1人ではできないが2人以上なら目的の達成ができるという場合に「協働」が生まれる。個人が3要因の統合された存在であるように，「協働」もまた物的生物的・社会的・個人心理的の3つのシステムからなる。それらに対して「2人以上の人々の意識的に調整された活動・諸力のシステム」が核心的システムとしての「組織」とみなされる。

組織には，成立の条件として，① 伝達（コミュニケーション），②貢献意欲および③ 共通目的が不可欠である。そして，組織が存続する条件として，① 組織目的の達成（すなわち有効性），② 個人動機の満足（すなわち能率）が必要である。個々人を動かすには組織の共通目的を個人目的に割り当てる専門化・分業が不可欠である。

かくして，個人は共通目的を知らずとも組織貢献できる。組織は個人に種々の誘因を提供して個人から組織貢献を獲得する。もし，誘因では不十分

な場合は，説得の方法を用いる。したがって，経営者は誘因と貢献のバランスをいかにとるかが重要である。その際に経営者の伝達・命令は受令者に受容されてはじめて「権威」あるものとなり受令者は行動する。上位者だから権威があるのではなく，自由意思をもち自律的に行動する個人の側の受容がそれを決めるのである。このように，組織という「2人以上の人々の意識的に調整された活動」が展開されるが，その維持機能が管理，すなわち組織における管理者の職能と活動である。

　上述のように，バーナード理論は，具体的には，人間論→協働論→組織論→管理論として展開され，個人と組織の同時的な発展が解明される。1938年に登場したこの理論は，その後のアメリカのみならず世界の経営学の歴史に大きな影響を及ぼし，今日に至っている。

5．行動科学の生成と発展

　1950〜60年代になり，マズロー，マグレガー，ハーズバーグ，アージリス，リッカートなどにより「組織と個人」の統合を目指す一連の議論が登場した。これらは行動科学，組織行動論などと呼ばれた。そこでの議論は，「組織と個人の統合」を目指すバーナード理論（1938年）が具体化され，「人間は，自己の価値観の実現や自己実現欲求・成長欲求に動機づけられて意思決定し，価値観の実現や欲求充足のために行動する，という人間仮説」，すなわち「自己実現人モデル」に基づいて展開される。

　そのような人間モデルでは，「組織の側の目標達成」と「個人の側の多様な価値観の実現や自己実現欲求の充足」をいかに統合して同時的に実現するか，に焦点が合わせられる。かくして，その視点からリーダーシップのあり方，組織のあり方，職務のあり方などについて議論が展開される。以下，代表的な議論を概観してみたい。

　マズロー（A. H. Maslow, 1908-1970）は，動機づけを欲求から説明するにあたって「欲求階層論」を提唱し（Motivation and Personality, 1954），低次から高次の欲求として，生理的欲求・安全欲求・社会的欲求・自我欲求・自己実現欲求の5段階を提示した。そして，個人は複数の欲求で動機づけられる

のではなく,「ある欲求→その充足→より高次の欲求→その充足→」のように段階的に進むとした。この見解に対しては,すでに多くの批判がなされているが,欲求に基づいて動機づけを説明する潮流に大きな影響を与えた。

　ハーズバーグ（F. Herzberg, 1923-2000）は,「動機づけ－衛生要因」理論を展開した（Work and the Nature of Man, 1966）。彼の所説によれば,「達成・承認・仕事そのもの」など職務上の課題達成に関連した要因が動機づけ要因であり,「会社の政策と経営・監督技術・作業条件」など職務の周辺的な要因は衛生要因とされた。前者は満足をもたらす要因であるが,後者は不十分であれば不満足をもたらすが十分でも満足をもたらすわけではない。それゆえに,動機づけには満足要因への働きかけが重要であり,不満足要因・衛生要因に働きかけても効果がない,という。ここから「職務充実」（job enrichment）などが提起される。

　マグレガーは（D. McGregor, 1906-1964）,権限至上主義では人を動かせず,自己実現人モデルを前提に個々人の自主性・自発性の尊重,説得と援助に依存することが重要であるという。かくして,彼は,組織目標の達成のために個人を犠牲にする古典的管理論（これをX理論という）を批判して,組織目標の達成と個人の自己実現欲求の充足を統合して同時的実現を強調する（これをY理論という）。そこから「統合と自己統制による管理」,「目標管理」,「自己啓発」などが提起され,企業に導入された。

　アージリス（C. Argyris, 1923-）もまた,組織目標の達成と個人側の欲求充足の統合を重視する。彼は,個人の成熟度との関連において組織や組織原則を変えなければならないという。古典的管理論の組織原則は,一般に個人側の自己実現欲求の充足を無視しており,個人の成長を阻害する内容になっている。これでは自己実現欲求の充足を求める個人のモラールは低く,不健康な組織であり,「組織と個人」の両者は不幸である。ここから両者を適合させる「混合モデル」が開発される。

　1950～60年代に展開された行動科学の諸議論は,以上に尽きるものではないが,基本において,個人を自己実現人として捉え,組織と個人の統合を目指す点において共通している。

6．現代アメリカ経営学の動向

　1970年から2000年に至るアメリカ経営学の動向を簡潔に論述することはきわめてむずかしい。なぜならば，この間，アメリカ経営学は方法論的にも研究領域的にも大きく変容・多様化したからである。その様相は，クーンツ（H. Kootz, 1908-1984）が指摘したように「ジャングルのごとく入り乱れている」からである。以下，クーンツの1980年の論文を参考にしつつ，最新動向の特徴を整理しておこう。

(1) 管理過程論的アプローチの展開

　これは，古典的・伝統的な経営学の流れを汲んでいるが，経営者の役割や仕事を計画・組織・調整・統制の過程（プロセス）として捉え，そこでの特徴や原理を析出しようとする議論である。今日でもその有効性が認められ管理過程論として展開されている。

(2) 行動論・行動科学的アプローチの展開

　これは，人間関係論の流れを汲んでいる。企業は人間の協働からなるので，組織における人間行動の特質，組織と個人の関係，動機づけ，リーダーシップなどの研究は重要であり，組織行動論や人的資源管理論の名前で多くの議論が展開されている。

(3) システム論的アプローチの展開

　これは，社会体系学派の流れを汲んでおり，企業は環境変化に対応しつつ活動するシステムであるという考え方であり，社会学をベースにして展開される。企業の社会性が重視されたことの反映でもあり，さまざまな議論が展開されている。

(4) 意思決定論的アプローチの展開

　企業は，その目的と，それを達成する手段を決定しなければならない。その際に多くの代替案の中から限りなく「合理的」に1つを選択（意思決定）することが求められ，また目的達成を制約している要因を見極めることが重要である。これらは意思決定論，戦略的意思決定論として議論が展開されている。

(5) 数量的アプローチの展開

合理的な意思決定のために，統計学や数学をベースにした数量的アプローチが，コンピューターサイエンスとも関連して重視され，現在に至っている。経営情報学，情報システム論などとして展開されている。

(6)　コンテインジェンシーアプローチの展開

企業は，絶えず変化する環境にいかに対応し，目的を達成するか。これが重要である。これらは状況適応理論，環境適応理論，環境適合理論などとして議論されている。

(7)　戦略論的アプローチの展開

企業の戦略を中心にした議論は，この間に発展・深化し，アメリカ経営学における地位を不動のものにした。各種の経営戦略論の展開は，今やアメリカ経営学の大きな潮流を形成している。

このようにアメリカ経営学は，現在，方法論的にも領域的にも多種・多様化しており，それらを統合する統一的理論が不在である。このような学問的統一性を喪失した状況は，いわば現在のアメリカ経済の混迷した状況の反映なのかもしれない。

Ⅲ　ドイツの経営学

1．ドイツ経営学の生成

ドイツ経営学の源流は，17世紀後半から18世紀にかけて展開された官房学（Kameralwissenschaft）にあると言われている。直接的には，それは，19世紀後半に成立した商業学のなかから生成したと言ってよいであろう。

19世紀末から20世紀初頭にかけて，ドイツ（語圏）において商科大学（Handelshochshule）が相次いで創立された。このような商科大学においては，商業学が，国民経済学や法律学とならんで，中心的学科の1つとしての地位を占めていた。しかし，その内容は，商業経営に関する実務知識の寄せ集め，すなわち商業諸学にすぎないものであった。このような商業諸学が純化・科学化する形で経営（経済）学が成立したのである。

商業学のもとで経営学的研究も進められていった。当時，経営学的研究は

さまざまな言葉のもとで行われていた。私経済学，商業経営学，個別経済学，経済的経営学などがそれである。

2．私経済学から経営経済学へ

商科大学における経営学的（＝私経済学的）研究に対して，それは個々の企業の私的観点から研究する「金儲け論」(Profitlehre) である，という非難がなされた。このような非難に対して，ワイヤーマン＝シェーニッツ (M. R. Weyermann, 1876-1935/H. Schönitz, 1886-1915)，シュマーレンバッハ (E. Schmalenbach, 1873-1955)，ニックリッシュ (H. Nicklisch, 1876-1946) などによって，科学的な私経済学が主張されることになった。ここに私経済学の学問的性格をめぐって方法論争が展開された。これが「第1次（私経済学）方法論争」と言われているものである。

ワイヤーマン＝シェーニッツは，私経済学が独立の科学として成立することを否定し，それを国民経済学の1分科（＝構成部分）として位置づけ，相対的自立性を有する理論科学としての私経済学を主張した。これに対して，シュマーレンバッハとニックリッシュは，独立の科学としての私経済学の構築を提唱した。ただし，両者の立場は異なる。前者は技術論としての私経済学を，後者は理論科学としてのそれを主張した。

第一次世界大戦後，「企業の社会性」が問題となるとともに，「金儲け論」という非難のあった私経済学という名称が問題視されるようになった。そこで，1919年に，当時の「ドイツ経営学会」における申し合わせによって，私経済学に代えて経営経済学という名称が採用され，1920年代には，この名称が一般に用いられるようになった。このような名称の変更によって，経営経済学は，企業の利潤追求に奉仕する学，すなわち利潤追求学（＝金儲け論）ではない，ということが暗に主張されたのである。

経営経済学が私経済学とは異なった性格のものであるためには，それは私経済学とは異なった認識対象を有していなければならなかった。かくして，私経済学から経営経済学への名称の変更は，単に名称の変更にとどまらず，内容の変化，なかんずく経営（経済）学の認識対象の拡大を意味した。

シュマーレンバッハにおいてもニックリッシュにおいても，歴史的・経済的概念としての「企業」から超歴史的・技術的概念としての「経営（または経営経済）」へと認識対象の拡大が行われている。ドイツ経営学は，収益性を選択原理とする私経済学から，経済性または共同経済的生産性を選択原理とする経営経済学への転換をみせたのである。シュマーレンバッハとニックリッシュに代表される経営経済学の支配的潮流がこのような傾向にあった時，リーガー（W. Rieger, 1878-1971）は，これに対してまっこうから徹底して反対論を展開した。

リーガーは，歴史的な国民経済的事実から出発し，超歴史的・抽象的な経営（経済）一般ではなく，歴史的・資本主義的な営利経済としての企業を認識対象とし，収益性を選択原理とする私経済学を主張した。

リーガーの主張を契機として，経営学（私経済学，経営経済学）の学問的性格をめぐって，「第2次（私経済学，経営経済学）方法論争」が展開された。この方法論争は，1933年にナチスが政権を掌握するとともに中断されてしまった。

3．経営経済学の展開
(1) 戦前ドイツの経営経済学

上述のように，戦前ドイツの経営学は私経済学から経営経済学へと展開さ

図表1-1　シェーンプルークによる学派分類

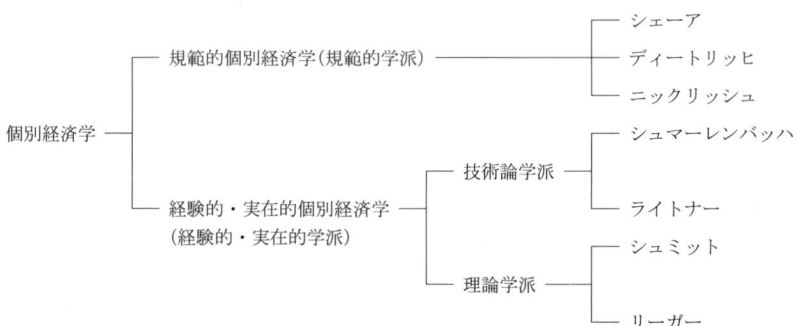

れたと言える。1930年代初頭頃までの経営経済学について，シェーンプルーク（F. Schönpflug, 1900-1936）は3学派への分類を試みている。すなわち，彼は，経営経済学に代えて個別経済学（Einzelwirtschaftslehre）という言葉を用い，これを規範的個別経済学と経験的・実在的個別経済学とに区分し，さらに後者を技術論学派と理論学派に区分した（図表1-1）。

(2) グーテンベルク経営経済学

グーテンベルク（E. Gutenberg, 1897-1984）は，第二次世界大戦後のドイツ経営経済学における巨人である。彼は戦後のドイツ経営経済学に決定的ともいえる影響をおよぼした。グーテンベルクの研究業績は，「グーテンベルク・パラダイム」と言われているように，一時代を画した。グーテンベルクは，「近代経済理論の分析用具を，研究対象の性質上妥当であり，合目的的であると思われる範囲内において」経営経済学のなかに導入して，その理論構成を試みた[4]。

グーテンベルクは，経営経済学の対象と性格について，ほぼ次のように述べている[5]。

経営経済学の対象をなすのは，私経済と公経済の産業分野に属する経営における経営事象の経済的側面である。今日の支配的な見解によると，経営経済学は，経済諸科学における1つの独立の科学である。すなわち，それは，基本的に経済学的な性格を持っているが，その対象の問題をとくに個別経済的な観点から考察する。これに対して他の独立の学科である国民経済学は，その問題を全体経済的な関連から考察する。これら2つの学科は相互に補完しあっている，と。

また，グーテンベルクは，経営経済学と密接な関係にある隣接科学として，経営科学，労働科学，労働生理学，経営心理学および経営社会学を挙げている。

グーテンベルクの『経営経済学原理』（初版，1951年）の刊行を契機として，経営経済学の学問的性格をめぐって，方法論争が展開された。これは「第3次（経営経済学）方法論争」と呼ばれている。この論争は，1960年代後半から1980年代にかけて展開された，批判的合理主義や構成主義哲学と

いった科学哲学ないし科学理論と結びついた「第4次（経営経済学）方法論争」へと進展することになった。このようにドイツ経営学においては，方法論的考察を重視する伝統が顕著である。

(3) グーテンベルク経営経済学以降

ほぼ1960年代中期以降，グーテンベルク経営経済学の限界が意識され，またアメリカ経営学の成果（管理論，組織論，戦略論等）も積極的に摂取されるようになり，ドイツ経営経済学は変貌をとげ始めた。すなわち，アメリカ経営学の圧倒的影響のもとで，さまざまな構想の経営経済学が提唱された。たとえば，次のようなものがある[6]。

① 意思決定志向的経営経済学：アメリカで発展した近代的組織論，行動科学，システム論などの成果を援用して，企業の意思決定過程の説明と意思決定のための提言を行うことを課題としている。

② システム志向的経営経済学：企業を生産的社会システムとして，しかも外部環境に対して開かれた開放的システムとして捉え，システム論の原理を援用して，企業管理の問題を解決すべく，実践に対する提言を行うことを課題とする。

③ 行動理論的経営経済学：心理学的研究を基礎に置いて，人間行動の一般理論を構築し，それを経済的制度である企業の問題に適用することを試みる。

④ 労働志向的個別経済学：従来の経営経済学を資本志向的であるとして批判し，それに代わる労働（者利害）中心の経営経済学を志向した。1970年代に「ドイツ労働総同盟」によって提唱された。

⑤ 新規範論的経営経済学：戦前の規範学派とは別に，新たな規範主義の復活を主張する。経営経済学に規範的提言を導入した。

⑥ 経営経済的組織論：経営経済学を組織論として展開する志向である。

⑦ 企業管理論：経営学を管理学（Managementlehre）として展開する志向である。

⑧ 新制度派経済学に基づく経営経済学：アメリカの制度派経済学を導入し，企業の制度論的把握に基づいて企業の諸問題の究明を志向する。

上述の経営学の諸構想は，相互に排他的であるのではなく，いくつかの志向は密接に関連しあっている。

Ⅳ　日本の経営学

1．日本における経営学研究

1926年（大正15年，昭和元年），「日本経営学会」が創立された。それ以降，日本では「経営学」という言葉が市民権を得た，と言われている。日本における経営学研究は，ドイツ経営学およびアメリカ経営学の導入・紹介によって開始された。

戦前日本の経営学研究においては，経営経済学（＝いわゆるドイツ経営学）の影響が圧倒的であった。これに対して，戦後は，経営管理学（＝いわゆるアメリカ経営学）の研究が主流となっている。日本の経営学研究は，アメリカ経営学とドイツ経営学の決定的な影響のもとに行われてきているのである。主として，このような事情に起因して，日本の「経営学」という言葉は，きわめて多義的で，あいまいな言葉である。それは，アメリカの経営管理学を意味する場合もあり，ドイツの経営経済学を指すときもある。あるいは，両者を合わせたものを意味する場合もある。最広義には，企業（＝資本主義経営）という組織体を主たる研究対象とするすべての学問を指す場合もある。

2．戦前日本の経営学

経営学という言葉が市民権を得たのは，「日本経営学会」創立以降であると言われているが，経営学的研究はそれ以前の明治後期頃からすでに行われていた。たとえば，いわゆる経営学に関わる1910年代から1930年代中期頃までの重要な文献を挙げてみると，次のようなものがある[7]。

神田孝一『実践工場管理』（1912年）；上田貞次郎『株式会社経済論』（1913年）；大日本文明協会編『科学的管理法』（1919年）；渡辺銕蔵『商事経営論』（1923年）；増地庸治郎『経営経済学序論』（1926年）；国松豊『科学的

管理法綱要』(1926 年);馬場啓治『産業経営理論』(1927 年);上野陽一『産業能率論』(1929 年);上田貞次郎『商工経営』(1929 年);馬場啓治『経営学研究』(1932 年);平井泰太郎『経営学入門』(1932 年);村本福松『経営学原論』(1934 年)。

　上掲の増地庸治郎『経営経済学序論』は「経営経済学」というタイトルを冠した日本最初の労作であった。同書はドイツ経営経済学の積極的導入による経営経済学の自立化を志向したものであった。

　1931 年には，マルクス経済学（＝資本論）に基づいて理論構成がなされたマルクス的経営学も登場した。中西寅雄が『経営経済学』において提唱した個別資本理論がそれである。

　以上のような発展をみた経営学研究は，1930 年代中期以降になると，戦時体制のために，ゆがめられたものとなった。

3．戦後日本の経営学

　第二次世界大戦後の経営学研究は，アメリカ経営学，すなわち経営管理学の圧倒的影響のもとで行われるようになった。テイラー（F. W. Taylor, 1856-1915），フォード（H. Ford, 1863-1947），ファヨール（H. Fayol, 1841-1925）といった古典的経営管理論の研究をはじめ，バーナード（C. I. Barnard, 1886-1961），サイモン（H. A. Simon, 1916-2001）などの近代的組織論の研究もさかんに行われた。

　経営学とは何か。それはドイツ的な「経営経済学」であるのか，アメリカ的な「経営管理学」であるのか，というテーマをめぐって方法論争も展開された。

　アメリカ経営学に比して劣勢ではあったが，ドイツ経営学の研究も学説史的研究や方法論的研究を中心として展開された。

　また，マルクス的経営学の側でも，一時期，個別資本理論ないし批判経営学に関する研究が活発に行なわれた。

　1970 年代の 2 度にわたる「石油危機」（第 1 次：1973 年，第 2 次：1979 年）を切り抜けた日本企業は，世界の注目をあびるようになった。このことに起

因して、1970年代後半から1980年代にかけて、いわゆる「日本的経営（論）」に関する議論がさかんになった。

21世紀初頭の日本における経営学研究は、きわめて多様である。依然として、いわゆるアメリカ経営学の影響は圧倒的である。管理論、組織論、戦略論といった分野について、さまざまな研究が展開されてきている。これに対して、ドイツ経営学の研究は、一部の研究者によって細々と続けられているにすぎない。戦前および戦後の一時期におけるドイツ経営学研究の隆盛を思うと、まさに隔世の感がある。

V　おわりに

以上、われわれは、アメリカ、ドイツおよび日本における経営学の発展の概要をみてきた。いわゆる経営学の研究は実に多様であることがわかる。

ドイツの世界的文豪ゲーテは「学問の歴史が学問そのものである」（Die Geschichte einer Wissenschaft ist die Wissenschaft selbst）と言ったという。この言葉は経営学にこそ、よく当てはまる。

経営学という言葉は、きわめてあいまいな言葉である。この学問を学ぶためには、その歴史的学習（＝経営学史的学習）が不可欠である。経営学史の国際比較的学習は、さらに一層、望ましい。

[注]
1) F. W. テイラー（上野陽一訳・編）『科学的管理法』産業能率大学出版部、1969年、91-92ページ。
2) 原輝史編『科学的管理法の導入と展開』昭和堂、1990年。
3) 斎藤毅憲『上野陽一―人と業績―』産能大学出版部、1983年。
4) グーテンベルク（溝口一雄・高田馨訳）『経営経済学原理、第1巻、生産論』千倉書房、1957年、第1版への序文。
5) グーテンベルク（池内信行監訳）『経営経済学入門』千倉書房、1959年、3-4ページ。
6) ①経営学史学会編『経営学史事典』文眞堂、2002年、15-16ページ（万中脩一執筆）；②吉田和夫博士古稀記念論文集刊行会編『ドイツ経営学の基調』中央経済社、1994年、第3章（海道ノブチカ執筆）；③海道ノブチカ『現代ドイツ経営学』森山書店、2001年、第6、7章）。
7) ①経営学史学会編、同上書、67-68ページ；②古林喜楽編著『日本経営学史―人と学説―』日本評論社、1971年、2-5ページ；③山本安次郎『日本経営学五十年―回顧と展望―』東洋経済新報社、220-224ページ。

[参考文献]

F. W. テイラー（上野陽一訳・編）『科学的管理法』産業能率大学出版部，1969年。
H. フェイヨール（山本安次郎訳）『産業ならびに一般の管理』ダイヤモンド社，1985年。
C. I. バーナード（山本安次郎／田杉競／飯野春樹訳）『新訳　経営者の役割』ダイヤモンド社，1968年。
ハーバート・A. サイモン（松田武彦／高柳暁／二村敏子）『新版　経営行動』ダイヤモンド社，1989年。
マズロー（小口忠彦訳）『改定新版　人間性の心理学―モチベーションとパーソナリティ―』産業能率大学出版部，1987年。
フレデリック・ハーズバーグ（北野利信訳）『仕事と人間性：動機づけ―衛生理論の新展開―』東洋経済新報社，1968年。
フレデリック・ハーズバーグ（北野利信訳）『能率と人間性―絶望の時代における経営―』東洋経済新報社，1978年。
ハロルド・クーンツ編（鈴木英寿訳）『経営の統一理論』ダイヤモンド社，1968年。
マグレガー（高橋達男訳）『新版　企業の人間的側面』産業能率大学出版部，1970年。
Weyermann, Moritz Rudolf / Schönitz, Hans, *Grundlegung und Systematik einer wissenschaftlichen Privatwirtschaftslehre und ihre Pflege an Universitäten und Fach-Hochshulen,* Karlsruhe 1912.
Rieger, Wilhelm, *Einführung in die Privatwirtschaftslehre,* Nürnberg 1928.
シェーンプルク（古林喜楽監修／大橋昭一／奥田幸助訳）『経営経済学』有斐閣，1970年。
エーリッヒ・グーテンベルク（高橋慧訳）『経営経済学の対象としての企業』法律文化社，1978年。
小林喜楽編著『日本経営学史―人と学説―』日本評論社，1971年。
小林喜楽編著『日本経営学史―人と学説―（第2巻）』千倉書房，1977年。
山本安次郎『日本経営学五十年―回顧と展望―』東洋経済新報社，1977年。
ハンス・ラフェー／ボド・アベル編著（小島三郎監訳）『現代科学理論と経済学・経営学方法論』税務経理協会，1982年。
小島三郎『現代科学理論と経営経済学』税務経理協会，1986年。
佐護譽編著『経営学要論』（新訂版）泉文堂，1995年。
片岡信之『日本経営学史序説』文眞堂，1990年。
経営学史学会編『経営学史事典』文眞堂，2002年。

[学習用参考文献]

キャロル・ケネデイ（ダイヤモンド・ハーバード・ビジネス編集部訳）『マネジメントの先覚者』ダイヤモンド社，2000年。
渡辺峻／角野信夫／伊藤健一編著『マネジメントの学説と思想』ミネルヴァ書房，2003年。
ダニエル・A. レン（佐々木恒夫監訳）『マネジメント思想の進化』文眞堂，2003年。
中村常次郎『ドイツ経営経済学』東京大学出版会，1982年。
吉田和夫『日本の経営学』同文舘，1992年。

〔佐護譽／渡辺峻〕

第2章 企業形態

I はじめに

　経営学においては，企業をどのようなタイプに分類するかという問題は，企業形態論という分野で取り扱われてきた。これは，出資者とその目的の違いによって企業を分類するものであり，出資は所有と関係が深く，所有は経営（および支配）と結びついているので，古くから経営学の主要なテーマとなっている。

　本章では，こうした観点から，様々なタイプの企業やその結合形態を見ていき，日本の企業のあり方について論述することにしたい。

II 個別企業の諸形態

1．私企業と公企業

　出資と企業との関係を類型化した企業形態は，私企業，公企業および公私混合企業の3つに分けることができる（図表2-1）。

　私企業とは，利益を追求する営利組織で，個人・私的団体などの民間に

図表2-1　公企業と私企業

	出資者	設立目的	規則と競争
公　企　業 (第一セクター)	公　共　団　体 (国や県)	公共の政策目標 (非営利)	特別な法律で規制 独占的で競争が制限
私　企　業 (第二セクター)	民　　　間 (個人や私的団体)	利益を追求 (営利)	特別な法律はない 市場における自由競争
公私混合企業 (第三セクター)	公共団体と民間 (共同出資)	公共性と利益 (同時追求)	規制もあるが原則自由

（出所）井原久光『テキスト経営学〔増補版〕』ミネルヴァ書房，2002年，28ページ。

よって出資および経営が行われている企業のことである。これに対して，公企業とは，資本主義経済体制下において，公共の利益の増進を目的とし（非営利性の原則），国または地方公共団体によって出資され，かつ経営されている企業をいう。また，公私混合企業（部分公企業）とは，公共団体と民間の両者が出資・経営する企業であって，公共性と利益を同時に追求することを目的とするものである。なお，公私混合企業を含めた日本の公企業をその経営形態によって分類すると，図表2-2のように示される。

2．私企業の分類

営利経済事業組織としての企業（私企業）は，出資者や運営方法の違いなどから図表2-3のように分類される。この図表における分類基準のうち，出資者責任は会社の性格を決定する重要な要素である。出資者の責任とは，会社の債務を履行する責任のことで，無限責任と有限責任の2つの種類がある。会社が倒産したときなどに，会社債権者に対して個人財産まで含めて限

図表2-2　公企業の分類

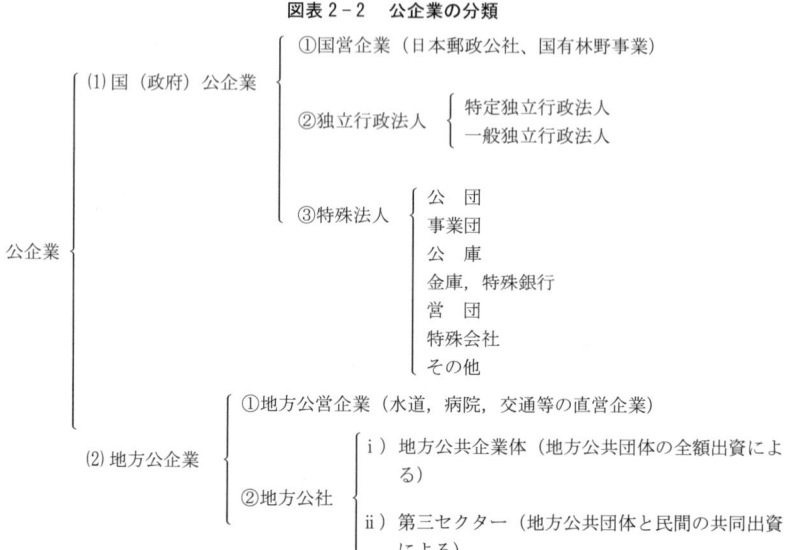

（出所）岡本康雄編『現代　経営学辞典〔三訂版〕』同文舘，2003年，129ページ。一部改変。

図表 2-3　私企業の分類

企業形態	出資者数	資本金	出資者責任	最高決定機関	持分譲渡
個人企業	1名	規定なし	無限責任	出資者個人	自由
合名会社	2名以上	規定なし	無限責任	全社員	他の社員の承認
合資会社	2名以上	規定なし	無限責任と有限責任	全無限責任社員	無限責任社員の承認
株式会社	1名以上	1,000万円以上	有限責任	株主総会	自由
有限会社	1名以上50名以下	300万円以上	有限責任	社員総会	社員総会の承認

（出所）　井原久光『テキスト経営学〔増補版〕』ミネルヴァ書房，2002年，33ページ。一部改変。

度なしの責任を負うことを無限責任といい，一方，出資額を限度として責任を負うことを有限責任という。

　個人企業は，個人が単独で全資本を出資し経営する企業である。企業家個人は，自主・独立の経営が可能であるが，負債に対して無限責任を負う。1個人の出資のために，出資能力や信用に限界があり，自ずから企業規模が小さくなる。個人企業は，小資本で手軽な事業に適した企業形態といえる。

　合名会社は，2人以上の共同出資で設立される企業であって，出資した全ての社員（法律上，社員とは出資者を意味しており，従業員のことではない）が無限責任社員からなる企業形態である。このため，出資者（＝社員）は，親子・兄弟・親戚・友人など信頼できる親しい人だけで構成されるケースが多い。それゆえ，出資者数は自ずと制限されるので，資金調達にも限界がある。典型的な少数集団企業である。

　合資会社は，出資し経営する無限責任社員（支配出資者）に加えて，通常は経営に参加しない有限責任社員（持分出資者）の出資によって成立する。したがって，出資者の範囲はそれだけ拡大する可能性がある。しかし，持分出資者の持分（所有権）の譲渡は制限されているので，実際には，支配出資者と強い信頼関係にあるものだけが持分出資者になることができる。このため，やはり出資者は身近の人に限られることになり，少数集団企業として資金調達について限界を有している。

株式会社は，多数の人々から資金を集める上で最も有利な企業形態であり，多数集団企業の代表的形態である。社員（株主）が会社債権者に直接責任を負わない点で合名会社・合資会社と異なり，社員の地位が株式の形をとり株券が発行されて自由な流通が計られている点で有限会社と異なっている。

　有限会社は，出資者全員が有限責任社員である点で株式会社と同じであるが，それを簡素化した企業形態である。すなわち，① 社員数が 50 名以内に限られていて少数集団企業であること，② 持分の社員以外への譲渡は社員総会の承認が必要であること，③ 社債の発行や出資者の公募が認められず，持分の証券化も禁止されていること，④ 監査役は任意機関とされ，置かなくてもよいこと，⑤ 資本金は 300 万円以上であることなど，株式会社と異なる特徴をもっている。

Ⅲ　株式会社の特徴と実態

1．株式会社の制度的特徴

　株式会社制度は，近代における最大の発明ともいわれ，世界各国の経済発展を支えてきた。今日，大企業のほとんどが株式会社形態を採用しており，最も重要かつ支配的な企業形態となっている。そして，このような株式会社は次のような制度的特徴をもっている。すなわち，それは，① 資本の証券化，② 全社員の有限責任，③ 会社機関の設置の 3 つである。

　資本の証券化とは，株式会社の資本が株式という均一で比較的小口の出資単位に分割され，その株式が株券という有価証券の形で自由に譲渡できることを指す。現代では，株式を流通させる市場（株式市場）が形成され，そうした譲渡をより円滑に行うことができる。この仕組みによって，出資者は，資本力に応じた出資が可能となると同時に，比較的短期間に（好きな時に）株式を売って投資資金を回収できる。一方，企業にとっては，株式売買は株式の名義人の変更にすぎないので，払い込まれた資金を返却する必要はない。こうして，株式会社は，不特定多数の出資者（株主）から出資資本を大

規模に調達できるので，最高度の資本集中形態とみなすことができる。

次に，全社員の有限責任とは，会社が倒産した場合，出資金は戻らない（株券がただの紙切れになる）恐れはあるものの，それを限度とする有限責任であり，株主がそれ以上の負担を強いられることはないということを意味する。このことから，資本の証券化とあわせて，株式会社では不特定多数の投資家から資本を調達することが可能となっている。

株式会社の第3の特徴は，会社の経営を行い，それを監視する会社機関が設けられていることである。日本の商法は，株式会社の通常の機関として，①株主総会，②取締役会，③代表取締役，④監査役の4つを定めている（図表2-4）。株主総会は，株主が1株1票の原理に基づいて意思決定する最高決議機関（最高意思決定機関）であり，会社の組織や運営に関する基礎的重要事項（定款の変更，合併・解散，取締役や監査役の選任・解任，決算など）を決定する。取締役会は，株主総会で選任された取締役全員によって構成され，会社の重要な業務に関する意思決定を行う。加えて取締役会は代表取締役の業務執行が正しく行われるように監督する義務を負っている。代表取締役は，取締役会で互選によって選ばれ，執行機関として業務を遂行す

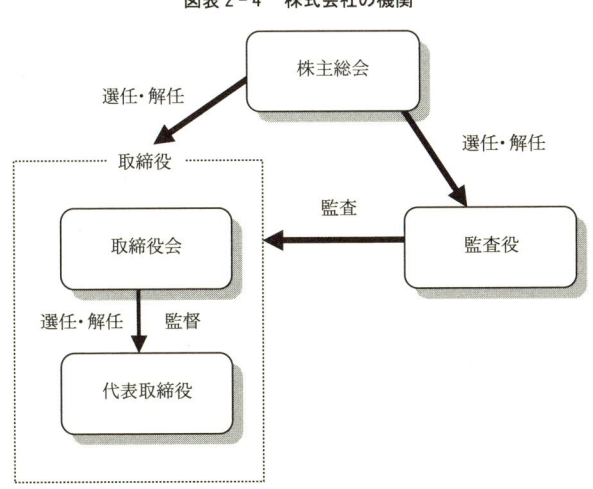

図表2-4　株式会社の機関

る。対外的には会社を代表する権限を有し，その行為は，会社の行為と見なされる。監査役は，株主総会で選出されて，取締役の職務執行の監査を行う機関であり，監査内容は会計監査と業務監査からなっている。

2．株式会社の実態

　株式会社制度の特徴をこれまで述べてきたが，現実の株式会社はどのような状況にあるのだろうか。まず，株式会社の数と構成から見ていこう。2001年度の法人企業数は254万9003社に及び，そのうち株式会社が42.2%（107万6075社），また有限会社が54.6%（139万2786社）を占めている。両者を合わせると，全体の96.8%に達し，他の会社形態を圧倒している。また，株式会社制度を利用している企業は——本来，株式会社は大規模企業に適した形態であるにもかかわらず——そのほとんどが中小規模の企業である。全株式会社（107万6075社）の実に96.6%（103万9153社）が資本金1億円未満の規模しかもたず，資本金10億円以上を達成したのは6999社，全体のわずか0.7%に過ぎない[1]。

　次に，前項の4つの会社機関はいずれも法定された機関であるが，実際には必ずしも商法の趣旨どおりに機能していないという現実がある。第1は，株主総会の無機能化である。会社の最高機関である株主総会は，本来多数の株主が出席し活発かつ十分な議論が行われるべき場所である。しかし，日本の株主総会では，総会に出席する株主も限られ，単に取締役会から提示された案件を承認するだけの場となってしまっていることが多い。また，上場企業の株主総会が同じ日に一斉に開催されたり，総会自体も短時間で終了するなど多くの問題を抱えている。このような無機能化の背景としては，株式相互持合いによる安定株主の存在などが考えられる。第2には，株主の利害を代表するはずの取締役会も無機能化していることである。その背景には，「常務会」や「経営会議」などと称される機関によって実質的な意思決定が行われているということがある。これらは比較的少数の主要取締役で構成されており，社長のための集団的な協議機関，決定機関ないしは諮問機関という性格を有している。このような会議は，商法の制約を受けない任意機関で

あり，必ずしも株主の利益保護とはつながらない意思決定がなされる可能性がある。第3に，監査役の限界について指摘できる。商法では，監査役の権限は強大である。しかし，監査業務が多岐にわたっているため，多くの場合貧弱なスタッフしかいない監査役では，これらを包括的に監査することはきわめて困難である。また，監査役は株主総会で選出されるが，実質的には社長などのトップによって推薦され選任される傾向にある。このため，実効的なチェック機能を監査役に期待することは難しい[2]。

最後に，株式会社の所有と支配をめぐる問題を検討しておこう。法的には，株式会社の所有者は株主であり，1株1票の原理に基づき株主総会を通じて会社を支配する。すなわち，株主総会をコントロールし取締役（経営者）の任免権を保持する大株主が株式会社の支配権を手中に収めているといってよい。ところが，株式会社が大規模化するにつれて，株主が会社を支配する力を実質的に失ってしまうという問題が生じてくる。その理由は次のとおりである。

第1に，大規模化した株式会社では，株主数の増大と大株主の持株比率の低下を通じて株式所有の分散が進展することである。その結果，支配的な大株主が消滅し，中小零細株主しか存在しないような状況が示されることになる。第2には，企業経営の複雑化・高度化に対応するため経営者には専門的な知識と能力が求められるようになり，そのために専門経営者が登場することである。企業の存続にとって，専門経営者の経営能力は決定的な重要性をもつに至る。要するに，株式所有の分散が進み，経営活動が複雑になると，株主に代わって経営者が株式会社を支配し始めるのである。

こうして，経営者は，支配的株主の後退により会社の重要事項の決定ならびに経営者自身の任免権を掌握し，会社を支配する。このような現象を，「所有と支配の分離」または「経営者支配」という。こうした経営者支配の概念は，1930年代初頭米国のバーリ＝ミーンズ（A. A. Berle & G. C. Means）によって提起されて以来，さまざまな議論を呼び起こしながらも，幅広く受け入れられてきた。なお，現在では所有と支配の分離，経営者支配にかかわる問題は，コーポレート・ガバナンス論として取り上げられることが多く

なっている。

IV 企業集中の諸形態

1．カルテル（cartel），トラスト（trust），コンツェルン（concern）

　企業集中（企業結合）は，利潤の蓄積とならぶ企業の成長拡大の手段であり，その基本的形態としては，①カルテル，②トラスト，③コンツェルンの3つがある。これらは競争の制限ないし市場の支配をめざす企業の独占形態であることから，日本では独占禁止法により原則禁止されている。ここでは，こうした独占的な企業集中形態に加えて，戦後日本における新しいタイプの企業集中形態である企業集団について見ていくことにする。

　カルテルは，企業連合ともよばれ，同一産業部門における競争の制限，市場支配をめざした企業同士の協定・協約等を意味する。カルテルに参加した各企業は自らの独立性，自立性を保持しながら，価格・生産量・販路などに関する協定の範囲内で共同行為をすることになる。ただし，市場内にカルテルに参加しない企業（アウトサイダー）が1社でもいれば協定の維持は困難となるので，独占力は他の形態ほど強くない。

　トラストは，カルテルと同じく市場統制を直接の目的として，通常は同業種の企業同士が合併や資本提携などによって企業の法律上の独立性を放棄して完全に結合するものである。企業合同とも称される。各企業の独立性が失われ，結合企業全体を統一的に経営できるようになるので，カルテルよりも高度な企業集中形態とされる。20世紀初頭のロックフェラーによるスタンダード石油トラストが有名である。

　コンツェルンは，企業連携とも呼ばれ，企業集中の最高形態とされる。同一産業部門を越えて市場支配よりも資本支配をめざし，あらゆる産業にわたる企業の集中・支配をめざすものである。コンツェルン傘下の各企業は，法律的には個別企業としての独立性を保持しながらも，株式所有や資金の融資，役員の派遣等の結びつきを通じて，実質的には同一系統の資本に統合されることになる。典型的な例は，集団内の諸企業の株式を保有する持株会社

による支配で，戦前の三井・住友・三菱などのかつての財閥（戦後解体された）がこれにあたる。

2．日本の企業集団

　企業集団とは，多様な業界の有力企業が相互に株式を持ち合うことによって成立した集団で，大株主会として社長会をもっている企業集中形態である。戦前の財閥が持株会社（財閥本社）を頂点としたピラミッド型であったのに対し，これらの企業集団は，メンバー企業間の相互の水平的結合──①企業間の株式相互持合い，②中核企業からの役員派遣，③商社を中心とする系列取引，④銀行による系列融資──を特徴としている（図表2-5）。このような企業集団の役割には，基本的な機能として株式相互持合いによる株主安定化があり，その付加的な機能として取引コストの削減や情報の交換，リスク・シェアリングなどがあげられる。

　ところで，近年，競争のグローバル化が進む中で，企業集団のあり方に大きな変化が生じている。それは，①企業集団の枠組みを超える産業再編が進展し，さらには②集団の中核であった六大都市銀行が4つの巨大銀行グ

図表2-5　戦前の財閥と戦後の企業集団の結合形態

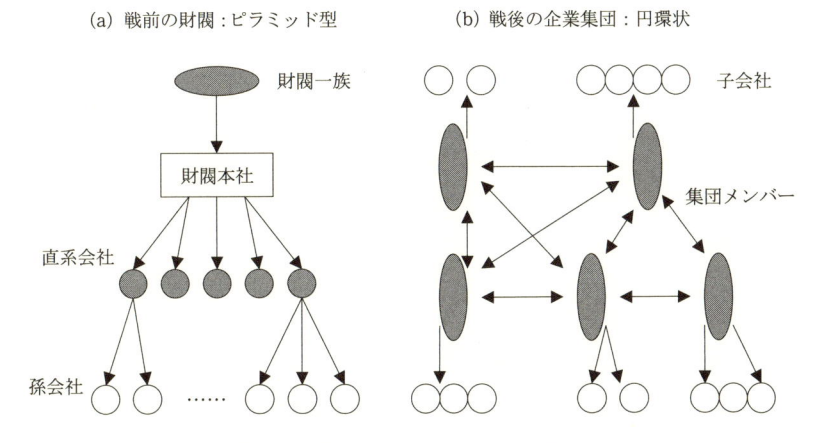

(a) 戦前の財閥：ピラミッド型　　　(b) 戦後の企業集団：円環状

（出所）　汪志平『企業形態要論』中央経済社，2001年，122ページ。

ループに再編されたことにより，③ 従来の（三井・三菱・住友・芙蓉・三和・第一勧銀の各グループから成る）六大企業集団体制が崩壊したことである。しかし，このことは，企業集団自体がなくなることを意味していない。というのも，新たに誕生した4つの巨大銀行グループを中核として企業集団体制が再編されているからである。現在，六大企業集団から四大企業集団（三井住友・三菱・みずほ・UFJ の各グループ）への再編が本格的に進展しつつあり，先に見た企業集団がもつ様々な機能は，今後とも長期にわたって継続していくと考えられるのである。

V 中 小 企 業

1．中小企業とその役割

中小企業とは，字義通り大規模な企業ではなく，中小規模の企業であることを意味する。中小企業基本法（1999年12月改正）によれば，中小企業は，① 製造業等においては，資本金3億円以下または従業員300人以下，② 卸売業においては，資本金1億円以下または従業員100人以下，③ 小売業においては，資本金5000万円以下または従業員50人以下，④ サービス業においては，資本金5000万円以下または従業員100人以下の企業として定義される。こうした定義に基づき非1次産業民営企業で見ると，中小企業は，企業数で約99％の割合を占めており，また従業員数割合では約70％を占めている[3]。このように日本経済に占める中小企業の割合は非常に高く，他の先進工業国でも似たような状況にある。

こうした中小企業にはさまざまな存立形態がある。中小企業の多くは大企業の下請けとして産業の裾野を支え，またあるものは大企業に依存することのない独立の企業群——伝統的な地場産業，卸売・小売・サービス業，またはベンチャー企業などがその中心である——として独自の商品や技術力をもって産業に貢献している。

それでは，大企業と対比される中小企業の特徴とは何か。結論からいえば，その特徴は大企業との競争上不利益をこうむること，すなわち，競争力

が劣ることである。その理由は，大企業と比較して，① 外部資金調達面で大きな制約を受けること，② 労働条件が劣るので必要な人材を確保することが難しいことなどがあげられる。

しかしながら，中小企業は，自らの得意とする分野——供給面では労働集約的であり，かつ，需要面では変化が激しく多品種少量という分野——に取り組むことで独自の存在感を示してきたことも事実である。そうした分野において中小企業はその特性ともいえる機動性・小回り性を発揮して活躍している。近年，産業構造の変革が進むにつれ，そのような中小企業にとって有利な存立分野・条件が発展しつつある（中小企業の時代ともいわれている）。大企業の犠牲となる下請企業という中小企業のイメージは薄れ，大企業と対等の取引関係を結んだ事例や独自の事業分野を確立した事例も数多く知られている。このような状況の中で，中小企業は，① 市場競争活性化の担い手，② 新産業創出の担い手，③ 就業機会増大の担い手，④ 地域経済活性化の担い手など，国民経済において積極的役割を果たしうる存在として大きな期待が寄せられているのである。

2．ベンチャー企業

次に，ベンチャー企業とは，アメリカを中心に先進国にみられる新しいタイプの中小企業であり，一般的には，アントレプレナー（企業家）に率いられた知識集約型の革新的企業を意味する。こうしたベンチャー企業を類型化してみると，次のように3つに分類できる。① 先端技術型ベンチャー企業は，ハイリスク・ハイリターン・タイプであり，ハイテクベンチャーやバイオベンチャーが典型的なものである。② 雇用創出型ベンチャー企業は，ミドル・リスク・ミドルリターン・タイプであり，革新的な経営手法やアジリティ（迅速性）で事業拡大を図るものをいい，ソフト開発や小売業などに多い。③ 自活型ベンチャー企業は，ITや人材派遣・パートタイマーなどを活用する各種サービス業に多く，リスク・リターンについてはローリスク・ローリターンである。

それでは，ベンチャー企業とは社会的・経済的にどのような意義を有する

企業なのであろうか。ここでは，次の4点を指摘しよう。第1に，経済発展のエンジンとしての役割である。停滞した経済を活性化させ，経済発展をもたらす原動力として大きな期待が寄せられている。第2は，第1の意義と密接に関連するが，雇用機会の創出効果である。新企業の創造，特に成長志向の強いベンチャー企業の創造が雇用の創造に大きな役割を果たしている。第3は，社会的な問題の解決である。ソシオダイナミクス・ベンチャーと呼ばれる革新的企業は，社会の様々な問題をメセナやフィランソロピーといった企業の本業から離れたやり方ではなく，事業の創造という企業本来のやり方で解決を図っている。最後に，自己実現の機会の提供がある。ベンチャー企業の創業は夢の実現と密接に結びついていて，夢やロマンのあり方がその創業にも大きな影響を与えているのである。

　さて，今日，日本では経済活性化のために新事業を創出するベンチャー企業が強く待望されている。しかし，1990年代以降，政策の後押しもあってベンチャー振興策が一挙に量的に拡大したものの，今のところ，有力なベンチャー企業を続々と誕生させるような状況にはなっていないようである。その主たる原因には，① ベンチャー・キャピタル（VC）や個人投資家からのリスクをいとわない資金の供給が質量とも十分とはいえないこと，② ベンチャー企業に必要な人材――創造的なアイデアや能力を有する人材――の確保が依然として難しいことなどがある。いずれにしてもベンチャー支援システムが社会的に整備され，それが起業家を輩出しやすい社会風土や価値観の形成に結びついていくことが，今後の大きな課題として残されているといえよう。

VI　お わ り に

　本章で論述してきたことをまとめてみると，次のとおりである。① 企業は私企業・公企業・公私混合企業に分けられる。私企業の代表的企業形態は個人企業・合名会社・合資会社・株式会社・有限会社である。② 株式会社は資本の証券化・全社員の有限責任・会社機関の設置という制度的特徴をも

つが，その実態としては会社機関の無機能化や経営者支配などの問題を有している。③ 企業集中の基本的形態としてカルテル・トラスト・コンツェルンをあげることができる。また，日本の企業集団は株式相互持合いなどヨコのつながりに特徴をもつが，現在，六大企業集団から四大企業集団への再編が進んでいる。④ 中小企業の日本経済に占める割合は高く，今日あらためてその役割が注目されており，とりわけベンチャー企業には経済活性化のため大きな期待が寄せられている。

[注]
1) 国税庁「平成13年度会社標本調査結果（税務統計から見た法人企業の実態）」http://www.nta.go.jp/
2) なお，こうした問題を解決することを意図して，平成14年に商法の大改正が行われた。この改正により，商法特例法上の大会社等いわゆる大規模会社に限って，前項で述べた ① 従来型の経営組織に加えて，② 委員会等設置会社になること，もしくは ③ 重要財産委員会制度を導入することが可能となり，①～③ のいずれかを選択できるようになった。詳しくは，岸田雅雄『ゼミナール会社法入門　第5版』日本経済新聞社，2003年を参照のこと。
3) 中小企業庁『中小企業白書2003年版』ぎょうせい，2003年，付属統計資料の4-8ページ。

[参考文献]
一橋大学商学部経営学部門編『経営学概論』税務経理協会，1999年。
井原久光『テキスト経営学〔増補版〕』ミネルヴァ書房，2000年。
渡辺幸男・小川正博・黒瀬直宏・向山雅夫『21世紀中小企業論』有斐閣，2001年。
増地昭男・佐々木弘編『最新・現代企業論』八千代出版，2001年。
汪志平『企業形態要論』中央経済社，2001年。
金井一頼・角田隆太郎編『ベンチャー企業経営論』有斐閣，2002年。
小松章『企業形態論　第2版』新世社，2003年。
岡本康雄編『現代　経営学辞典〔三訂版〕』同文舘，2003年。
岸田雅雄『ゼミナール会社法入門　第5版』日本経済新聞社，2003年。
橘川武郎「グローバル競争下における日本の企業集団」『社會科學研究』東京大學社會科學協會，第54巻第6号，2003年3月。
中小企業庁編『中小企業白書』各年版。

[学習用参考文献]
小倉昌男『小倉昌男　経営学』日経BP社，1999年。
古田龍助『ベンチャー起業の神話と現実』文眞堂，2002年。
奥村宏『エンロンの衝撃』NTT出版，2002年。
中谷巌編『コーポレート・ガバナンス改革』東洋経済新報社，2003年。
岩井克人『会社はこれからどうなるのか』平凡社，2003年。

〔中間信博〕

第3章　生　産　管　理

I　は　じ　め　に

　第二次世界大戦後，日本の製造業は急速な発展を遂げ，品質と生産性において高い国際競争力をもつようになった。それは各分野での固有の生産技術のみならず，生産管理の発展に負う所が大きかった。戦後から高度経済成長期にかけては，生産管理分野で欧米から多くの概念や技術が導入された。テイラーやフォードが築き上げた大量生産システムや品質管理手法などがそれである。やがてそれらは日本の企業風土にあった生産システムや手法へと変貌を遂げ，トヨタ自動車（以下トヨタと略す）が市場ニーズの多様化に対応した生産システムを独自に築き上げる。1990年代にはこのような日本の生産システムや手法が諸外国に評価され普及する一方で，国内ではグローバル化，長引く不況，少子高齢化などの企業環境の激しい変化に見舞われ，次世代生産システムへの模索が始まる。
　本章では，生産管理について自動車産業を中心に生産システムの歴史的発展に沿って概説する。現代の生産管理は，従来の理論や技術を基礎としながらもさらに重層的な発展を遂げ，サービス分野や発展途上国においては今もなお従来型の理論や技術が用いられているからである。

II　大量生産システム

1．互換性原理

　自動車製造は19世紀末のヨーロッパで本格化したが，当時は手づくりが

主流であった。熟練職人が顧客の注文に応じて細かい仕様を決め，必要な部品を発注し，入荷した部品を調整しながら組み合わせて，完成品に仕上げていた。同じ部品でも微妙に寸法が異なったので，職人たちは部品同士をヤスリがけしてはめ合わせていた。したがって同じ設計図を使っても同じ寸法の車は作れず，1台あたりの製造コストは1台作ろうが10台作ろうが大差なかったのである[1]。

当時のアメリカでは，このような問題を克服するために「互換性原理 (interchangeability)」が考案された。最初は銃器の生産で試みられ，例えば銃身（弾丸が通る円筒形の部分）100個と銃把（握る部分）100個から任意に1個ずつ取り出してもピタリと組み合わせられることを目指した。このように互換性とは，自由に部品を交換できる性質のことであり，それだけの寸法精度が求められるので，ゲージ（寸法計測器）などの工具，フライス盤（平面・曲面・みぞなどを加工する機械）などの工作機械の開発が進み，時計，ミシン，タイプライター，自転車などの機械工業を中心に普及していった。一方，当時のアメリカには欧州から新しく移民が大量流入し労働力として受け入れられたが，多くの移民は農業出身者で工業での技能・経験を持たず，労働者の質の低下が問題となっていた。そこに互換性原理を基礎とした機械化の進展により分業化が進み，大量の移民を未熟練労働者として単純作業に就労させることが可能となった。この分業化と次項で述べる科学的管理が結びついて大量生産システム確立への原動力となったのである。

2．科学的管理
(1) フレデリック・テイラー

当時の出来高給制度では経営者は1単位当たりの賃率切り下げを頻繁に行い，労働者は「組織的怠業」で対抗したため，生産性は著しく低下していた。組織的怠業とは例えば次のような事例に見られる。ある工員が毎日16個の製品をつくっていたと仮定する。1個当たり15セントとすれば，1日の賃金は2.4ドルである。その工員が努力して20個に増やしたとすれば，賃金は3ドルになる。ところが経営者は，日給制度でも出来高給制度でも工

員の1日の収入はせいぜいこれくらいでよいという額を頭から決めてしまっていたので，単価を15セントから12セントに引き下げる。その結果工員は出来高を向上させようとするよりは，賃率を引き下げられないように同僚と示し合わせてほどほどの出来高にしてしまうのであった[2]。

フレデリック・テイラー（Taylor, Frederick. W., 1856-1915）は，このような管理を「成り行き管理」と批判し，作業方法や賃率の設定を経験や勘に頼るのではなく，科学的な根拠をもとに標準設定することを提案した。テイラーは，ポンプ工場に機械工の徒弟として入った4年間に厳しい労働の現実を体験しながら，稚拙な経営管理や未熟な労使関係を広く観察した。1878年ミッドベール製鉄所に転職し，12年の間に機械工，職長そして主任技師へと昇進する。この間に行った様々な研究と考察を，1903年『工場管理（*Shop Management*）』，1911年『科学的管理の諸原理（*The Principles of Scientific Management*）』に発表したことで，「科学的管理」という用語が広く社会に知られるようになった。

(2) 科学的管理の原理

テイラーは，仕事に含まれる一連の作業を要素作業に分け，模範的な労働者の作業時間をストップウォッチで測定することで算出された標準時間を基準に「公平な1日の課業」を設定し，作業を管理した。同時に作業方法，工具，材料などを「標準化（standardization）」し，労働者に対する適切な指導や訓練も実施した。さらに1日の課業をやり遂げた者には高い賃率を支払い，やり遂げられなかった者には低い賃率とする「差別出来高給制度」を導入した。管理の効率化を目指した「職能的職長制度」では，1人の職長が担当していた管理職能を計画的職能と執行的職能に分け，それぞれをさらに4つに細分化し，8人の職長に役割分担させた。これらのことから生産量が増加し，労働者には高賃金，経営者には低労務費が達成され，労使双方の利益となった。

例えばショベルによる運搬作業の研究では，運搬物にかかわらずショベル1杯につき約21ポンド（約9.5キロ）の重さが最適であることを発見した。そこで，鉱石には小さいショベル，灰には大きいショベルを準備するなど

様々な原材料を約 21 ポンドの重さで運搬できるように作業方法や道具を標準化した。その他にもツルハシやカナテコなどの道具類を標準化し，作業を統制することによって，1人1日あたり平均運搬量は 16 トンから 59 トンへと増加し，構内労働者の人数は 600 人程度から 140 人に減った。労働者にとっては1人1日あたり平均賃金が 1.15 ドルから 1.88 ドルになり，経営者にとっても1トンあたりの平均作業費用が 0.072 ドルから 0.032 ドルに低減したので，双方に得るところがあった[3]。

(3) 科学的管理の発展と批判

科学的管理は多くの研究者や弟子たちによって発展していった。例えばギルブレス夫妻（Gilbreth, F. B. and Gilbreth, L. M.）は，「唯一最善の方法（one best way）」を追求して動作研究や微細動作研究などに取り組んだ。ガント（Gantt, H. L.）は進捗管理のためのガントチャートや課業ボーナス制度を開発し，エマソン（Emerson, H.）は「能率」の概念を案出して能率ボーナス制度などの研究に取り組んだ。

科学的管理は，生産の合理化や組織化を提案し，大量生産システムの基礎を築いた。その後は多くの工場で，原材料，製品，設備，生産方法などにテイラーの標準化の概念が導入されるようになった。現代でもマクドナルドなどのファーストフード店の「マニュアル」にその応用例が見られる。

しかしその一方では，科学的管理は人間性軽視との批判が絶えなかった。時間研究では労働者を機械のように分析し課業を割り当てたこと，差別出来高給制度では労働者は経済的な刺激によって労働意欲が高まるとする一面的な人間観に基づいていたからである。

3．フォード生産システム

(1) 自動車製造とヘンリー・フォード

テイラーと同じ時代に徹底的な分業化によって本格的な大量生産システムを実現したのがヘンリー・フォード（Ford, Henry, 1863-1947）であった。

フォードは，エジソン・エレクトリック社の主任技師などを勤めつつ，自力で競技用自動車を完成させ，自動車レースで優勝する。1903 年に自動車

会社を設立し，内燃エンジンによる自動車製造を開始した。当時自動車は上流階級の贅沢品であったが，フォードは必ず大衆の必需品になるに違いないと確信し，大衆車の開発と製造を目指した。フォードが考えた大衆車とは，小型，頑丈，簡素，安価という条件を満たすものであり，そのための大量生産が可能な単一車種として開発を進め，黒一色のみの「T型モデル」を完成させた。

(2) フォード生産システムの原理

車種がT型モデルに限定されたことによって，約5000個の構成部品がそれぞれ標準化された。同時に互換性原理が取り入れられ，加工工程ごとに機械や工具を特化させる「専門化（specialization）」が進んだ。専門化によって分業が従来よりも細分化され，作業の「単純化（simplification）」も進んだ。フォードは，当初，定まった場所に組み立て台を置いて1台の自動車を完成させる「定置組立方式」を採用していたが，生産台数の大幅な増加の必要に迫られ，1913年にハイランドパーク工場において「移動組立方式」を導入した。これは作業場所を作業順に配置し，コンベアを用いて工程を連結し，各工程が一律のスピードで統制される「生産の同期化」を実現した流れ生産方式である。移動組立方式は，すでに精肉，缶詰，製粉などの加工で採用されていたが，多くの工程系列からなる自動車の組立で採用されたのは初めてであった。部品の内製化や供給方法の改善などの効果と相まって，運搬効率の向上やロスタイムの削減が進み，生産能力を飛躍的に高めた。ちなみに1台のシャーシ（車台）の組立延べ時間は，定置方式では約12時間半だったのが，移動組立方式では93分にまで短縮された[4]。

フォード生産システムによるT型モデルの生産は，価格の低下と販売台数の増大という好循環をもたらした。1台あたりの価格（4人乗りのほろ型）は，1909年950ドルであったのが，1924年には290ドルに低下した。年間生産高は1914年の30万台から1923年には200万台以上に増加した。1921年までにはアメリカの自動車市場の少なくとも50%を占めるようになり，1908年から次期モデルに転換する1927年までに約1500万台も生産された[5]。

(3) フォード生産システムの意義と行き詰り

　T型モデルに限定したことで，専門化（specialization），単純化（simplification），標準化（standardization）を合わせた「合理化の3S」が進み，生産性向上と原価低減が達成され，大衆が購入可能な低価格販売を実現したことより大量生産へと発展した。このことからフォード生産システムは20世紀を代表する「大量生産システム」の代名詞ともなるのである。その後，先進諸国では多くの製造業に大量生産システムが導入され，物質的に豊かな社会が到来した。フォード生産システムのコンベア・ラインは，現在でも自動車や家電などの組立型生産に適用されている。製鉄や化学などのプラントは処理装置をパイプラインで連結した生産プロセスであり，これも原理的にコンベア・ラインを応用したものと言える。さらに昨今は「回転寿司」にみられるようにサービス業でも利用されている。

　一方フォード生産システムにも問題はあった。管理機能と作業機能が分離され，作業者は決められたペースによる単純反復作業を強いられることから，作業者の労働意欲の低下を招き，1913年の年間離職率は380％程度に達し，1914年に賃金を倍増した後も労働問題は続いた[6]。さらに，1927年までには多様な車種開発と定期的なモデルチェンジを武器としたGMとシボレーに追い抜かれた。極端な量産志向と統合化によって組織が硬直化し，市場ニーズの変化を読みとれず，唯一のモデルに固執しつづけた結果であった。

Ⅲ　多品種少量生産システム

1．情報システムの進展

(1) 生産管理システム

　大量生産システムが発展したアメリカでは，1921年に起こった生産過剰による在庫恐慌を契機に，適正在庫量の必要性が実感され，経済的発注量が計算されるようになる。1951年GEのデッキーがパレート図表（累積度数図表）をもとに「ABC分析」を発表する。これは購入金額などで重要度の高

い品目順に ABC の 3 グループに分けて重点管理する方式で，最小の努力で最大の成果をあげようとするものであった．

　1960 年代には特に自動車補修部品の在庫管理にはコンピュータが不可欠なものになった．IBM 社が初めて発表した MRP（Material Requirements Planning）は，適時適量生産のために，原材料や部品の所要量を計算する方法で，その後日程計画や進捗管理などにも適用される．1980 年代は POS（Point of Sales）システムの普及で販売動向を正確・迅速に把握できるようになり，物流在庫が削減された．

(2)　自動化設備

　消費者ニーズの多様化の進展により，効率的な多品種少量生産を実現するため，製造設備にマイクロエレクトロニクス技術が導入されていった．1960 年代にテープやカードに命令を入力し自動的に加工させる NC（Numerical Control：数値制御）方式の工作機械が現れた．NC は，コンピュータを内蔵した CNC（Computer NC），複数の工作機械を管理用大型コンピュータで群管理する DNC（Direct NC）へと発展する．さらに多数の工具を自動的に交換しながら連続加工することができるマシニングセンター（Machining Center）が出現した．

　1980 年代には，産業用ロボット（Industrial Robot）に加えて，資材の調達から製品の出荷までの効率的な物流を扱うマテリアル・ハンドリング・システム（Material Handling System）の発展によって，工場全体の自動化が可能となり，FA（Factory Automation）という和製英語で広まっていった．FA が進歩して同じ工程で多種多様な製品を自動的に生産できる FMS（Flexible Manufacturing System）が出現し，多品種少量生産の生産性を高めた．

(3)　CIM

　情報技術は，作業や事務の効率化のみならず，設計や生産管理においても積極的に導入された．コンピュータを利用した図形処理で設計を行う CAD（Computer Aided Design：コンピュータ支援設計），生産計画，工程管理，検査などすべての加工情報をコンピュータ支援で取り扱う CAM（Computer

Aided Manufacturing：コンピュータ支援製造），設計の解析，製造の分析や改善を行う CAE（Computer Aided Engineering：コンピュータ支援エンジニアリング）などである。さらに MRP を中核として，CAD／CAM／CAE を販売や物流などの他機能とも結びつけ，通信ネットワークで統合した生産管理システムが CIM（Computer Integrated Manufacturing：コンピュータ統合生産）である。CIM によって，研究開発から製造，販売，物流までを連携し，市場ニーズの多様化に対応した多品種少量生産を支援する生産管理システムが実現された。

2．トヨタ生産システム

前項で述べた情報システムと並行して，1950 年頃から多品種少量生産に向けた生産システムも発展していった。

(1) 日本の自動車産業とトヨタ

日本の自動車産業は，欧米に比べると歴史が浅く，戦前から豊田喜一郎を筆頭とする技術者たちが自動車の国産化を企てたが，量産と言うにはほど遠い規模であった。トヨタでは，豊田佐吉（1867-1930）の時代に国際競争の激しい紡績業で培われた経営の合理化や「欧米のまねをしない」という創造性豊かな気風が生かされ，戦後「3 年でアメリカに追いつけ。そうでないと日本の自動車産業は成り立たんぞ」という豊田喜一郎（1894-1952）の号令のもと，独自の生産システムの開発に取り組んでいった。

日本の製造業は，高度経済成長期にはアメリカ型の大量生産システムを積極的に導入したが，高度成長が止まると限界につきあたった。その中でトヨタでは，オイル・ショック以降も業績は上がり，数年連続で日本一の利益を確保し，その生産システムが注目され始めた。そこでは多品種少量生産と原価低減を両立させた生産システムの構築に成功していたからである。

(2) トヨタ生産システムの基本概念

トヨタ生産システムの基本概念は，豊田喜一郎の発案による「ジャスト・イン・タイム（Just-In-Time：JIT）」と豊田佐吉の自働織機の発明を源とする「ニンベンの付いた自働化」であり，大野耐一（1912-1990）がこの二つ

の概念を中心にして徹底した「ムダの排除」を追求したものである。昭和20年代，大野はトヨタの機械加工と組立の責任者であったが，アメリカの生産性は日本の8倍だと知って，「日本人はなにか大きなムダなことをやっているにちがいない」と考えたのが発端であった。

ジャスト・イン・タイムとは，「必要な物を，必要な時に，必要な量だけ作ること」を意味している。その体制が全社および協力企業も含めて実現されれば，在庫をゼロに近づけることができる。そこで従来のように前工程から後工程に供給する方式から，後工程が前工程に必要な物を必要な時に必要な量だけ引き取りに行く「引っ張り方式」を採用した。生産指示と引き取りの際にそれらの情報を記載した「かんばん」を各工程間で回すことによって，生産量を統制するので，「かんばん方式」とも呼ばれるようになった。かんばん方式は，大野がアメリカで当時まだ日本にはなかったスーパーマーケットを見た時，棚の商品が売れる都度に補充されることからヒントを得たものである。

在庫を極力もたないで，ジャスト・イン・タイムに生産しようとすると，不良品が出れば，生産計画が狂ってしまう。しかも機械が高速になるにつれて，不良品は大量に作られる。そこでトヨタでは単なる自動化ではなく，ニンベンのついた「自働化」を推進した。これは機械やラインで不良品が出ると自動的に止まる機能を組み込んだ自動化のことであり，豊田佐吉の発明による自働織機の考え方がもとになっている。豊田左吉の自働織機は，経糸が1本でも切れたり，横糸がなくなったりした場合，すぐに機械が止まる仕組みになっていた。

トヨタでは多品種化が進む中でジャスト・イン・タイムに生産するために「平準化」にも取り組んだ。平準化とは，作業量を平均化させるだけでなく，生産量と品種においても平滑化するように生産調整することである。例えば，1本の組立ラインで午前中はコロナ，午後はカリーナとまとめて生産するのではなく，コロナとカリーナと1台ずつ交互に流す。コロナを生産するとしても，生産量に合わせてセダン－ハードトップ－セダン－ワゴンと「混流生産」する。

さらに多品種化と平準化の両立のためには、「段取り替え」を頻繁に行わなければならない。昭和45年当時トヨタの1000トンプレスの段取り替えは4時間を要していたが、内段取り（機械を止めないとできない作業）を外段取り（機械運転中でもできる段取り作業）に変更する「外段取化」などからなる「シングル段取り」の導入によってわずか3分に短縮された[7]。

フォードが同じ車種をまとめて製造することによって原価低減を実現したのに対して、トヨタではジャスト・イン・タイムと自働化をもとに、一個流しの同期化生産を構築し、在庫、人員、時間、スペースなどのムダを徹底的に排除して多品種化と原価低減を両立させることに成功したのである。

(2) 改善活動とトヨタ

第二次世界大戦後、アメリカからデミング（Deming, W. E.）やジュラン（Juran, J. M.）が来日し、「統計的品質管理（Statistical Quality Control：SQC）」の手法を伝えた。1951年に日本科学技術連盟が「デミング賞」を創設し、品質優良企業の表彰を始めた。これを契機として産業界に統計的品質管理が普及していった。当初は経営者や技術者のみが統計的手法を用いて取り組んでいたが、1950年代半ばから現場で作業者と管理者や技術者が協力しながらチームで取り組む「改善活動」へと発展し、「QCサークル」と呼ばれるようになった。改善活動とは、作業者が主体となって現場での問題点を発見し、生産方法や設備を改善することで品質を向上させる活動である。これが設計、購買、検査、販売などの他部門にも広がり、「全社的品質管理（Total Quality Control：TQC）」へと発展する。TQCは、日本科学技術連盟によって1996年にTQM（Total Quality Management）と呼称が変更された。

QCサークルとともに改善活動を活性化したのが「提案制度」である。提案制度は、約100年前にアメリカで考案され、日本では戦前に一部の企業が導入していたものの、本格化したのは戦後である。この制度は参加者と活動領域においてQCサークルと重複していたため、改善活動の一環として取り入れられて普及していった。

トヨタでは1950年に検査部門を中心にSQC、1961年にTQCが導入され

る。1964年には係を単位にしてQCサークルがつくられ，その翌年にはデミング賞実施賞を受賞している。1975年には自主的な運営によるQCサークル活動が開始された。またフォードの提案制度に見習って，1951年に創意工夫提案制度が導入される。初年度の参加率は8％と低かったが，1970年には54％になり，1979年には91％に達した[8]。

トヨタ生産システムは在庫低減を通じて，ムダを排除するだけでなく，設備や品質などの問題を発見しやすくするので，改善活動を促進するという相乗効果がある。

(3) トヨタ生産システムからリーン生産システムへ

1980年代には品質と生産性において高い業績を生み出したトヨタ生産システムに諸外国の注目が集まり，マサチューセッツ工科大学が国際自動車研究プログラムを開始した。この研究によってトヨタ生産システムの諸原理が一般理論化され，リーン生産システム（Lean Production System）と名づけられて世界に伝播していった。リーン（Lean）とは「やせた，脂肪の少ない」という意味である。トヨタ生産システムでは，ムダの排除は在庫はもとより人員，時間，スペースなどを極力少なくすることであるから，リーン生産システムという命名はその本質を示している。現場での改善活動も「KAIZEN」という日本語がそのまま諸外国に普及していった。

(4) トヨタの課題と挑戦

1980年代のバブル経済期において，若年労働者の製造業離れが顕著となり，トヨタにもその影響が現れた。採用がままならない上に離職率も上昇した。1990年には現場作業者のうち入社1年未満の退職率が20％にもなっていた。トヨタでは高性能な自動化設備の導入によって労働力不足を補おうとしたが，保守要員は増加し，作業者はロボットの付属物になったような疎外感からモチベーションが低下した。さらに生産システムの硬直性により変化対応の遅れにつながった[9]。

これに対応するためにトヨタは1992年九州の宮田町に新しい工場を作り，作業負担の軽減と作業者の自律性を生かす「自律型完結工程」の開発に取り組んだ。これは組立ラインを機能的に完結したサブラインに分け，それぞれ

をチームで担当するという人間性に配慮した試みであった。

海外でも，1985年にボルボ社が自律性を持ったチームを編成し，人間工学的に配慮された姿勢で1台の自動車を始めから終わりまで組み立てる方式を同社ウデバラ工場に採用した。これはスウェーデンでの労働力不足と反復作業によるストレスを解消しようとした試みであった。

今後の日本においては若年労働者の減少や高学歴化から現場作業を希望する労働者の割合は減少しつづけると予測されるので，これらの事例は多くの示唆を含んでいる。

Ⅳ　次世代生産システムへの模索

1．セル生産システム

1990年代，国内の製造業は，円高への対応，海外生産の増大などによって合理化が求められる中で，消費者ニーズの多様化や成熟化，従業員の意識変化に対応しなければならず，新たな生産システムの模索が始まった。その1つの生産システムとして，電気・電子機器，精密機械産業を中心に様々な企業で同時発生的に「セル生産システム（Cell Production System）」が出現した。

セル生産システムは，セル生産方式，ワークセル，セルライン，屋台方式などと様々な名称で呼ばれ，その定義や方式も多種多様である。ここでは，セル生産システムと総称し，次のように定義する。

「セル（Cell）」とは，生産主体としての作業者と生産設備の集合であり，自由度と自律能力を持って一定範囲の工程系列を自己完結的に担当する。

「セル生産システム」は，このようなセルが複数連携しあって構成される生産システムである。

セル生産システムには，次のような3つの形態がある（図表3-1）。「一人方式」は，1人の作業者が全作業を担当する方式である。この方式は作業者の責任が明確であり，自主的な改善を進めやすい。一方，設備がセルごとに必要になるので設備投資額が膨らみ，作業速度がマイペースになりやす

い。「巡回方式」は，複数の作業者が時間差をおいてセル内を回りながら，全作業を担当する方式である。人数を増やすことで生産量を増やせるが，遅いペースの作業者にはプレッシャーがかかる。「分割方式」は，セル内での作業を数人で分割する方式である。作業者の人数を変えることによって生産量を調整することができる。一人方式や巡回方式に比べると，多能工化の範囲が狭まるので完結度は低くなるが，作業者の習熟期間が短くなり，セル内での移動が少ない。

　このようにセル生産システムは，ライン生産システム（図3-2）と比べてそれぞれの生産主体が受け持つ工程数が多く（工程範囲が広く），セル内での作業が統合化されている。

図3-1　セル生産システム

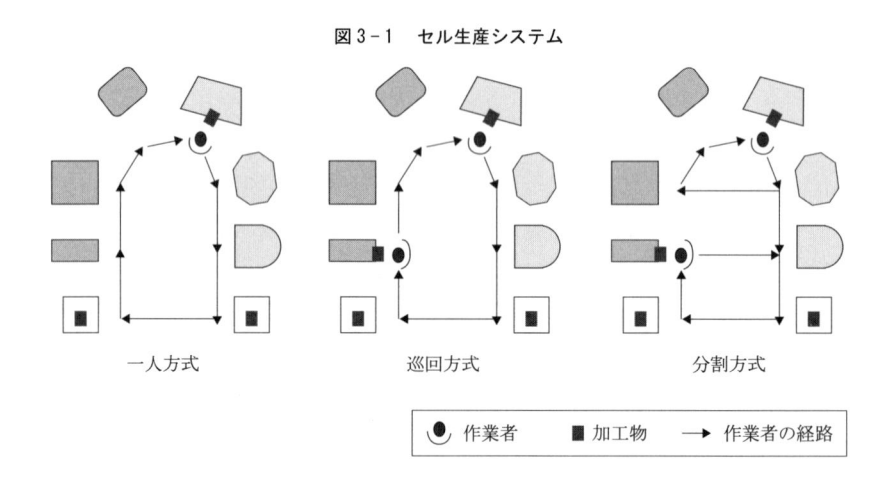

一人方式　　　　　巡回方式　　　　　分割方式

● 作業者　　■ 加工物　　→ 作業者の経路

図3-2　ライン生産システム

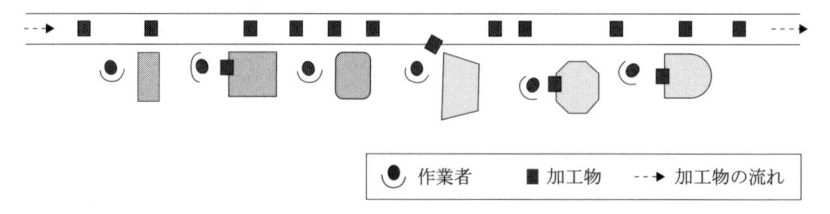

● 作業者　　■ 加工物　　--▶ 加工物の流れ

2. セル生産システムの実際

次にセル生産システムのいくつかの事例をみてみよう。

〔事例1　ソニー木更津―多様なセルで生産増に対応―〕[10]

ソニー木更津は，プレイステーション，VHSビデオデッキなどを生産している従業員数1500名の工場である。トリトリ方式，プルカート方式，ローラー方式，屋台方式などと名づけられた多様なセルが構築されている。セル生産システムを導入してからは，従来よりも需要に合わせた生産ができるようになり，プレイステーションの累計販売台数が1998年度時点で4000万台に達するという予想をはるかに上回る生産増加にも対応できている。1人あたりの付加価値は140％に向上，単位面積当たり付加価値も163％向上，在庫は10日から6.9日へと削減，生産リードタイム（期間）は9日から2.5日に短縮，人員は31人削減などの成果が報告されている。

〔事例2　ローランド・都田工場―製品のライフサイクルの短期化―〕[11]

ローランド・都田工場は，電子ピアノ，電子オルガンの製造拠点として新設された。先行企業の利潤を得るために，セル生産システムを導入し，製品開発期間と生産リードタイムの短期化を目指すものであった。かんばん方式と情報システム構築の相乗効果で生産性が飛躍的に向上した。設備投資額は約2000万円であり，従来のライン生産システムと比較すると10分の1に低減された。生産のリードタイムは2時間から45分～1時間に短縮され，受注から納品までの期間は3カ月から3日へと大幅に縮減された。

〔事例3　NEC埼玉―設備投資額の低減，新機種の早期立ち上げ―〕[12]

携帯電話の生産拠点であるNEC埼玉では，市場ニーズの速い変化に対応し，開発と製造のスピードアップと原価低減を実現するために，設備投資による固定費の増大を抑え，生産機種の変更しやすいセル生産システムを導入した。自動搬送設備や自動倉庫の撤去，生産設備や測定装置の自社開発などにも取り組み，設備投資額が6億円から1700万円へと削減，新機種の立ち上げが2カ月から1週間へと短縮された。

3．セル生産システムの導入目的と効果

セル生産システムの導入目的と効果には，次の2つがあげられる。

第1は，市場ニーズの多様化と変化によって，従来の生産システムでは頻繁な段取り替えによるムダと設備投資額増大が問題となっていた。セル生産システムでは，品種ごとにセルを構築することによって多様化に対応しやすく，長いコンベア・ラインを短縮することで生産リードタイムが縮減され，セルの増減で柔軟に需要変動に対応できる。またセル生産システムでは設備が複数必要になるので，安価でシンプルな設備が求められ，それが結果的に設備開発期間の短縮と管理・保守の容易性につながった。

第2は，生産性と人間性の両立である。セル生産システムは，分業を再統合したことから，「仕掛かりのムダ」「手待ちのムダ」「取り置きのムダ」などを排除し，生産性が向上した。また分業の再統合は多能工化を進展させ，市場との連動性も強まり，従業員の職務満足や責任感が高まった。このことから改善活動が促進され，さらに生産性の向上につながった。

このように日本の製造業においては，セル生産システムの有効性が評価されて様々な業種業態に急速に普及しつつある。サービス分野でもコンビニエンス・ストア，ファースト・フード・チェーン，スピード写真などは，すでにセル生産システムの特徴を有している。製品別や事業別に多くのセルを構築すれば，多様な回収資源に対応する「リサイクル」や「インバース・マニュファクチャリング（廃棄製品から資源への逆生産）」にも有効であろう。すでにワープロを客の目の前で組み立てる「屋台方式」と呼ばれるセル生産システムが現れているが，他の製品への応用も可能である。将来，家電や自動車などの分野でも一品受注のセル生産システムが現れるかもしれない。

V おわりに

生産管理の分野は，それぞれの時代の課題に対応して，新しい理論や技術を生み出しながら発展してきた。大量生産システムは大衆が購入できる安価な製品を大量に供給できる生産管理を確立したものであり，多品種少量生産

システムは，その後の消費者ニーズの多様化に対応するものであった。近年の日本では，不確定性が高まる企業環境に適応するために，従来の生産管理の理論や技術を応用しながら，セル生産システムが急速に普及しつつある。

今後の日本においては，コンピュータ，バイオテクノロジーに見られるように新素材や革新的な技術が次々現れ，発展途上国も含んだ形でのグローバルな競争が激化し，価値観やライフスタイルの多様化，少子高齢化，失業率の上昇，治安の悪化，地球環境問題などによって不確定性がますます高まるだろう。21世紀には，このような不確定性に適応するための生産管理の新しい理論と技術の発展が望まれよう。

[注]
1 Womack, James P., Jones, Daniel T. and Roos, Daniel, *The Machine that Changed the World*, New York, Rawson Associates, 1990, pp.21-26. (沢田博訳『リーン生産方式が，世界の自動車産業をこう変える。』経済界，1990年，31-37ページ。)
2 Taylor, F.W 著，上野陽一訳『科学的管理法＜新版＞』産能大学出版部，1969年初版，2000年23版，23-24, 65ページ。
3 同上書，272-281ページ。
4 Hounshell, David A., *From the American System to Mass Production, 1800-1932*, The Johns Hopkins University Press, 1984, pp.241-256. (和田一夫・金井光太朗・藤原道夫訳『アメリカン・システムから大量生産へ 1800-1932』名古屋大学出版会，1998年，302-324ページ。)
5 *Ibid.*, pp.11-13. (同上書，16-19ページ。)
6 Ford, Henry with Crowther, Samuel, *My Life and Work*, London, William Heinemann, 1923, pp.129-130.
7 シングル段取りは新郷重夫（1909-1991）の考案によるものである。新郷重夫『トヨタ生産方式のIE的考察―ノン・ストック生産への展開―』日刊工業新聞社，1980年，165-176ページ。
8 小川英次『トヨタ生産方式の研究』日本経済新聞社，1994年，156-160ページ。
9 同上書，164-179ページ。
10 西村彰子「セル生産はモノづくりの原点―ソニー木更津の生産革新―」『工場管理』日刊工業新聞社，Vol.44, No.9, 1998年8月号，104-109ページ。ソニー木更津㈱筆者調査，1998年6月8日，9月3日。
11 信夫千佳子「ローランド株式会社の生産革新―都田工場のセル生産システム，かんばん方式，情報システムの導入を中心に―」『産業能率』大阪能率協会，第504号，1999年3月，7-11ページ。
12 信夫千佳子「セル生産システムの適応性について―生きているシステムの視点より―」『甲子園大学紀要』第26号，1999年，73-94ページ。

[参考文献]
Berggren, Christian, *Alternatives to Lean Production: Work Organization in the Swedish*

Auto Industry, New York, Cornell University Press, 1992.（丸山惠也・黒川文子訳『ボルボの経験』中央経済社，1997年。）
Sheldrake, John, *Management Theory: from Taylorism to Japanization*, London U. K., Thomson Learning, 1996.（齊藤毅憲・幸田浩文・川口恵一・吉田誠・池田玲子・藤原敬一訳『経営管理論の時代』文眞堂，2000年。）
朝尾正・森健一・長坂一徳・平林直樹『生産管理』共立出版，2001年。
伊藤收編『経営管理論』建帛社，1989年。
大野耐一『トヨタ生産方式』ダイヤモンド社，1978年初版，1996年61版。
木村達二『生産管理の基礎―史的分析―』マグロウヒルブック，1978年。
並木高矣，遠藤健児編『生産工学用語辞典』日刊工業新聞社，1989年。
日本経営工学会編『生産管理用語辞典』日本規格協会，2002年。
藤本隆宏『生産マネジメント入門［1］―生産システム編―』日本経済新聞社，2001年。
宗像正幸・坂本清・貫隆夫編『現代生産システム論』ミネルヴァ書房，2000年。
信夫千佳子『ポスト・リーン生産システムの探究』文眞堂，2003年。

［学習用参考文献］
宗像正幸・坂本清・貫隆夫編『現代生産システム論』ミネルヴァ書房，2000年。
デーヴィッド・A．ハウンシェル（和田一夫・金井光太朗・藤原道夫訳）『アメリカン・システムから大量生産へ』名古屋大学出版会，1998年。
大野耐一『トヨタ生産方式』ダイヤモンド社，1978年。
ジェームス・P．ウォマック，ダニエル・ルース，ダニエル・T．ジョーンズ（沢田博訳）『リーン生産方式が，世界の自動車産業をこう変える。』経済界，1990年。
日本経営工学会編『生産管理用語辞典』日本規格協会，2002年。

〔信夫千佳子〕

第4章 マーケティング

Ⅰ　は じ め に

　書店のビジネス関連の書棚に行くと，人事管理や財務管理などの経営学関連の書籍と並んで，流通・マーケティング関連の図書が，それと同じくらいのスペースを取っているのに気がつくだろうか？　また新聞を読んでいると，「マーケット志向」という言葉に代表されるマーケティング関連の記事も多い。

　本章では，経営学の中でマーケティング管理が担う固有の領域とはどんな領域なのか，マーケティング管理は生産管理や人事管理，財務管理などの他分野の管理活動をどのような関連でとらえようとしているのか，マーケティング管理の基本的な内容はどのようなものなのかについて，具体的事例も取り上げながら考えてみたい。

Ⅱ　企業のマネジメントとマーケティング管理

1．生産指向，販売指向，マーケティング志向

　現代社会で事業を展開している企業の中には，「ものづくり」の生産や技術の内容やレベルに焦点を当て，いわば「プロダクト志向」というべき高い技術からなる製品にこだわる企業が存在する。「シーズ志向」といわれる製品開発もこうした志向の一つと考えられる。「プロダクト志向」で開発された製品が消費者の高い支持を得てヒット商品となるケースもあるが，消費者の声に耳を傾けないために開発技術者や製造現場の独善に陥って消費者の支持を得られずに失敗するケースもみられる。また消費者への販売を重視した

「販売志向」の企業は、プロダクト志向の企業と同様に生産部門が製造した製品を売り込むことをおもな目的にしているため、消費者やユーザーの欲しいと思っているものを提供することよりも、すでに自社に有している既存の製品を売り込むことに経営の努力を集中することになる。時にはそれが、営業担当者による押し売りや利益確保を軽視した販売促進活動に陥って、事業の存続を危うくするかもしれない。

「マーケティング志向」とは、図表4-1のように、販売志向とは違って企業の顧客となる消費者やユーザーを出発点にして事業を組み立てる考え方である。コトラーは、「企業の目的達成の鍵は、ターゲット市場のニーズとウォンツを明確にし、望ましい顧客満足を同業他社よりも、より有効に能率よく提供することである」(コトラー『マーケティング・マネジメント[第7版]』プレジデント社、14頁)と述べている。このように顧客中心のマーケティング志向に基づいて経営全体を管理しようする考え方がマーケティング思考である。

マーケティングの基本的な考え方とは、製造業者が消費者の生活の中に欠けているか不十分であるニーズや消費者が欲しいと思うウォンツに適合した

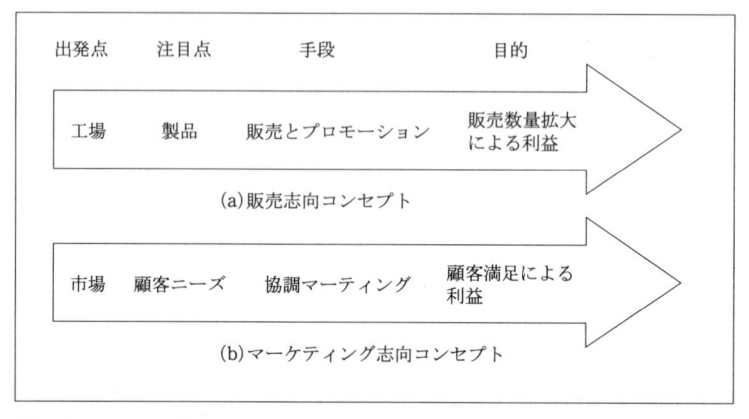

図表4-1 販売とマーケティングのコンセプトの相異

出発点	注目点	手段	目的
工場	製品	販売とプロモーション	販売数量拡大による利益

(a)販売志向コンセプト

出発点	注目点	手段	目的
市場	顧客ニーズ	協調マーティング	顧客満足による利益

(b)マーケティング志向コンセプト

(出所) コトラー『マーケティング・マネジメント』プレジデント社、1996年、14ページより。

もの（これを「プロダクト」あるいは「製品」という）を創りあげて，消費者に提供することによって市場を創造する活動を意味する。自社製品の購入を通じて顧客の満足を実現することで，市場を創造し，そのことによって利益を実現し，企業の成長をはかろうとするのである。マーケティング管理は，まずこの理念の下で展開される企業管理活動とみることができる。

2. 部門別管理とマーケティング管理の関連

　企業のマーケティング活動を管理活動としてとらえるとどのような特徴があるのであろうか。企業の管理活動の対象となるのは，企業内部の人材や資金，設備・原材料，情報などの経営資源である。企業はこうした経営資源を効果的かつ効率的に管理することによって，利益目標など企業諸目標の達成を目指している。

　しかしマーケティング活動における管理対象は，こうした企業内部の経営資源よりも，外部環境としての消費者やユーザーなどの顧客グループである。消費者のニーズにこたえる製品を提供し，売上を実現するためには消費者に働きかける必要がある。それは，新製品の開発であったり，テレビのコマーシャルであったり，小売店での試食イベントを通じた販売であったり，様々であるが，様々な働きかけによって自社や自社製品への理解や愛顧を深めてもらい，購買活動へと誘導する活動は，管理活動とみなすことができよう。マーケティング管理は，何よりも企業外部の消費者を管理対象としているのである。

　こうした企業がターゲットにしている消費者やユーザーの集合を「市場（マーケット）」という。経済学では一般に「市場」は，売り手集団と買い手集団の両者から構成されるが，マーケティング管理では買い手集団のみを「市場」と呼ぶ独特の表現をとっている。

　消費者の集合としての市場への働きかけは，前述のように様々な活動から構成されている。こうしたマーケティングの諸活動がバラバラに実施されていたのでは，効果的に市場に働きかけることはできない。新製品が開発されてテレビで大々的にコマーシャルが流され，多数の顧客がその製品を購入す

るために小売店に押し掛けているのに，市場予測の間違いでわずかな生産量しか工場で出荷していなかったり，小売店への搬送が遅れてしまって顧客が購入できないなどは，売上の機会損失を発生させるだけでなく，その企業や新製品への信頼を失いかねない。したがってマーケティング管理は，製品開発，マーケティング・リサーチ，広告などの自社内のマーケティング担当の関連諸部門内の相互関連と統合を第2の管理対象とする。

マーケティング管理はさらに顧客中心志向あるいはマーケティング志向の視点から，マーケティング部門と企業内の生産，人事，財務など他の職能諸部門との調整活動を管理領域としている。消費者ニーズに応える新製品を開発し，製造し，提供するためには需要予測に基づいて資金計画や生産計画，人事管理など多分野にわたる全社的な調整と統合を管理領域とすることになる。このようにマーケティング管理領域は重層的構造という特徴を持っている。

Ⅲ　マーケティング管理の基本要素としてのマーケティング・ミックス戦略

1．マーケティング・ミックス戦略

前節のマーケティングの管理対象領域について述べた様に，マーケティングの諸活動は統合されてこそ市場に対して効果的で効率的な働きかけができるのであり，製品開発，小売店舗への配送，広告など別々に存在するマーケティング諸活動を統合し，体系的に管理することによってはじめてマーケティング管理と呼ぶにふさわしいのである。したがってマーケティング諸要素を統合し，効果的に組み合わせるマーケティング・ミックスはマーケティング管理において核心的な概念といえる。

マーケティング・ミックスを構成する諸要素は，相互に無関連に存在しているのではなく，相互に関連しており，主要グループにまとめられて理解されることが多い。その代表的な分類が，マッカーシー（E. J. McCarthy）によって提唱された〈4つのP〉である。〈4つのP〉とは，①製品（Product）：品質，特徴，スタイル，ブランド名，パッケージ，保証等製品概念

を構成する諸要素のグループである。② 価格(Price)：表示価格，割引，値引，支払期間等が含まれる。③ 流通（Place）：チャネル，配送，在庫等の流通領域が含まれる。④ プロモーション（Promotion）：広告，人的販売，販売促進等が含まれる。

図表4-2は，4つのPに分類されたマーケティング諸要素を組み合わせて，マーケティング・ミックスを作り上げることによって，標的市場に対応する戦略を説明したものである。どのようなマーケティング要素を重視してマーケティング・ミックスを組み立てるかの決定は，同じ製品分野の企業であったとしても，マーケティング競争の状況や企業のおかれているポジションによって異なった戦略構成が選択されることになる。価格設定をとっても，強固なマーケティング・チャネルを構築しているリーダー企業では高めの価格帯を選択可能であるが，市場シェアの低い企業では低めの価格設定によってチャネルの弱さをカバーするかも知れない。ミックスの構成は企業の保有するマーケティング関連の経営資源全体をどの様に十全に活用できるかが課題となるため，企業規模の格差などに基づく経営資源の多少によって展

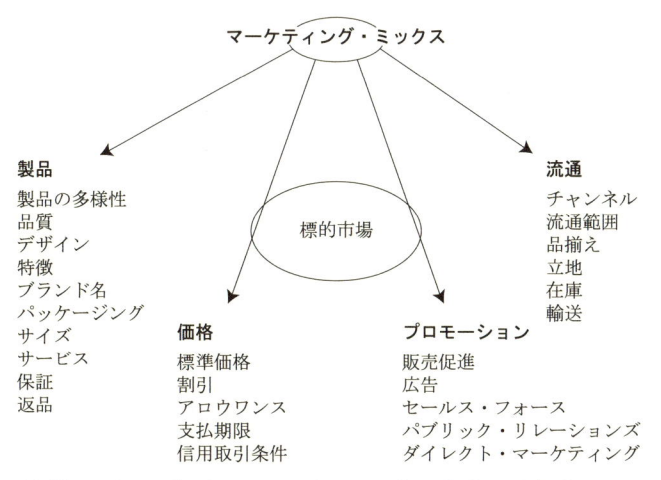

図表4-2　マーケティング・ミックスの4P

```
                    マーケティング・ミックス
         ┌──────────────┼──────────────┐
         ↓          ↓         ↓          ↓
       製品                              流通
    製品の多様性       標的市場         チャンネル
    品質                              流通範囲
    デザイン                           品揃え
    特徴                              立地
    ブランド名                         在庫
    パッケージング                      輸送
    サイズ
    サービス        価格        プロモーション
    保証         標準価格       販売促進
    返品         割引          広告
                アロウワンス    セールス・フォース
                支払期限       パブリック・リレーションズ
                信用取引条件   ダイレクト・マーケティング
```

（出所）コトラー『コトラーのマーケティング・マネジメント』ピアソン・エデュケーション，2002年，13ページ。

開の幅に限界がある。その制約された範囲内で自社の経営資源を有効に活用した個性的なミックス戦略が追求されることになる。

2. 製品政策
(1) 製品概念の重層性

「製品」といえば、われわれの身の回りに溢れている携帯電話やパソコン、チョコレート、カップヌードルのように、目に見える物財（有形財）がまず浮かぶ。そこで有形材を事例に取り上げて製品概念を考えてみる。

事業組織が提供する製品は、幾つかの要素に分解して見ることができる。消費者は、生活の中で必要があって製品を購入するのである。たとえば、炊飯器を購入するのは、ご飯が食べたいからである。「ご飯を手に入れる」ということが、炊飯器に求められている中心的な役割である。こうした消費者の基本的なニーズに応える製品の役割を図表4-3のように〈中核としての製品〉といい、消費者にとっての何らかの便益がその内容となっている。

例えばご飯を手に入れるというニーズに応えるためには、炊飯器という製品を使用するという選択肢だけでなく、鍋や釜でリゾットのように炊いた

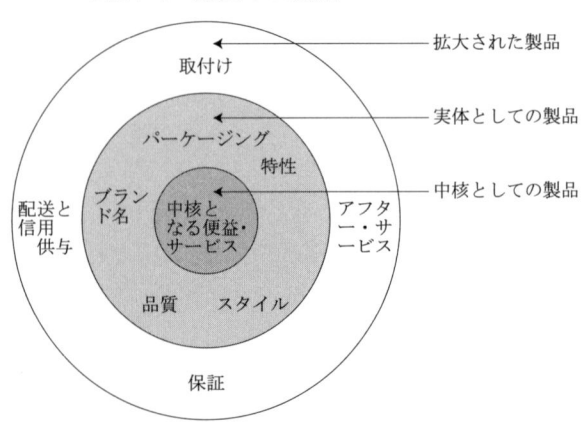

図表4-3　製品の3つの階層

（出所）　P. Kotler, *Marketing*, 3rd ed., p.297.

り，すでに炊かれてパッケージ化されたレトルト食品のご飯を購入して電子レンジで温めて食べるという選択肢も存在する。「ご飯を手に入れる」というニーズに応えるための製品の形態は様々である。このようにニーズ，便益を様々な製品の形態にそれぞれ具体的化する品質，スタイル，特性，パッケージング，ブランド名などを〈実体としての製品〉という。この〈実体としての製品〉によって，製品が目に見える形で具体的につくり上げられ，他の製品との差異が生みだされるのである。

洗濯機やテレビ，乗用車など耐久消費財にみられるように，製品が消費者に提供されるためには，配達や据付，信用供与，保証，アフターサービスなど種々のサービスが伴うことがある。こうした付随的なサービスを〈拡大された製品〉という。パソコン初心者のための電話相談システムやエアコンの室内への据付のように，消費者へのアプローチにとって〈拡大された製品〉は，他の事業体の製品とのマーケティング競争で重要な違いをつくりだす場合もある。

1つの製品としてだけでなく，図表4-3のように，こうした重層的に折り重なっている構成要素に分解してみることは，市場のニーズやウォンツに適合した製品の開発や市場への導入にとって重要な意味を持つ。

(2) 製品の分類と製品ミックス

上述のように様々な要素から構成されている製品は，いくつかのカテゴリーに分類される。まず製品は，用途が個人消費者の消費生活過程で使用され，あるいは消費されるかどうかで消費財とそれ以外の生産財に区分される。生産財は，さまざまな事業活動で使用される財のことで，その製品の機能や品質がとくに重視されるので，「生産財マーケティング」という独自のマーケティングが発展してきた。

消費財は，消費者の購買慣習のパターンという視点からこれまで，食品や日用雑貨品のように購買頻度が高いので，消費者に身近に多数の小売施設を配置する必要のある最寄品，流行のある衣料品や家電製品のように比較購買がおこなわれる買回品，高級自動車や楽器のように消費者が購入のための努力を比較的惜しまない専門品という基本的には3つのカテゴリーに区分され

てきている。こうした分類は企業の生産や技術サイドの要請による分類でなく，市場＝消費者の消費・購買行動の視点からの製品分類であることが重要である。

多種類の製品を提供するためには，製品の組合せをどのようにするかという製品ミックスが検討されなければならない。様々な製品のなかで，ニーズやウォンツ，製品の機能，価格帯などが共通する製品群を製品ラインという。製品ラインをどれだけ持つかをラインの幅といい，各製品ラインに属する個々の製品をアイテムという。アイテムの多さをラインの長さといい，ラインが長くアイテム数が多いほど消費者の多様なニーズやウォンツに対応できる可能性が大きいといえる。どのような製品ラインを持ち，アイテムを持つかという組合せを製品ミックスという。この製品ミックスは，製品政策の中心的な内容である。

3．価格政策
(1) 価格政策と市場における競争

マーケティング論の価格政策は小売業者から消費者が購入する際の製品価格が中心的な課題となる。価格の基礎となる価値は，品質等などとの関連で「値ごろ感」として決まるので，価格政策と製品の品質やパッケージ，ブランドなど製品政策とは切り離して論ずることができない。また製品価格に加えて，チャネル政策に関連したリベートの提供は価格政策の一つといえるし，景品を付けたり，割引価格を設定することは消費者の購買行動からみると価格の一部とみなされるように販売促進も価格政策と関連している。このように価格政策は，他のマーケティング要素と深く結びついている。

現代の市場は，多数の企業による自由競争よりも少数の大企業によって競争が展開される寡占市場であることが多い。著しい技術革新が進行しているような新製品分野の市場などでは，少数企業間の製品開発競争とそれに伴う価格競争が見られる。しかし寡占市場における価格競争は大企業同士の破滅的な競争へと進む可能性があるので，成熟した市場では価格競争を回避するために，製品のブランド化を進めて差異化をはかることで価格競争を回避

し，あるいは管理価格と呼ばれるような企業間の暗黙の了解によって価格の安定化が図られる。

(2) 利益・コストと価格設定政策

価格設定の基礎として，コスト要因，競争要因，需要要因が考慮される。また事業組織は価格設定をする際には，営利企業である以上，同時に利益の確保がなされる必要がある。目標利益を確保するために，期待される売上高などの予定収益と製造原価や営業活動に伴って発生する諸費用の許容費用額を算定する利益計画策定の手続きが，価格設定と関連して重視されることになる。その際に生産高や販売量の増減との関係でコストがどのように発生するかによってコストを変動費と固定費に区分する。変動費（原材料等）は，生産量を増加させるとコストがそれと比例的に増加し，固定費（給料や減価償却費等）は生産量や販売量の増減にかかわらず一定した発生を示すコストである。製品の単価に販売数量を乗じた結果である売上高と総費用との差額が利益となるので，目標利益を確保するためには，製品価格を引き上げるか変動費や固定費のコストを削減する必要がある。そこで固定費と変動費の発生態様の相違に着目することは，目標利益を確保できる売上水準を算定するために意味がある。

価格設定は，2つのタイプに分類される。一つは上層吸収価格あるいは上澄み吸収価格と言われるもので，固定費に変動費を加えた総コストを確実に回収するような高価格設定である。プロダクト・ライフサイクル（PLC）の新製品の導入期のように販売量が少ない時期に一部の高所得者層を対象に新製品の生産・販売に投入した資金をできるだけ回収する必要がある場合や，成熟期でも製品多様化政策として高級機種を販売する際に設定されることが多い。もう一つは浸透価格で，製品価格をできるだけ低く抑えることで，市場への浸透を図ろうとする価格設定である。変動費や限界利益をもとにして設定され，短期的には利益確保が困難であっても，市場シェアを獲得して成長を続けることで，長期的に利益を確保しようとすることになる。PLCの成長期に市場の急速成長に対応しつつ市場シェアを一気に拡大することを狙うような場合に採用される。

(3) 希望小売価格とオープン価格，心理的な価格設定

　メーカーが卸売価格や小売価格を拘束することは，再販売価格維持行為として独占禁止政策上で規制されるため，メーカーが小売の定価を決定することを回避した希望小売価格が設定される。しかし大規模小売業の成長によって，大規模小売業に小売価格を決定する主導権が移行し，値引き幅を示すための名目的な価格としてメーカーの希望小売価格が利用されるようになった。そこで希望小売価格に代えてオープン価格政策が採用されるようになってきた。オープン価格は，希望小売価格を設定せずに小売店頭での自主的な価格設定に任せるものである。

　小売価格設定には，消費者の独特の購買心理に影響を与えるような方法も採用される。100円の商品をあえて98円のように端数価格にすることで安さを訴求したり，100円ガムや缶飲料のように同一カテゴリーの商品を同じ金額で長期にわたり固定させる慣習価格などがある。

4．チャネル政策

(1) 流通チャネルとは

　生産された製品は，製造業者の手から流通に介在するいくつかの中間業者の手をへて，消費者が購買する。こうした生産者から消費者までの製品の流れにおいて，そこに介在する様々な業者や機関を集合的にとらえて流通チャネルという。チャネル政策とは，製造業者の立場から自社の流通チャネルを把握し，消費者までの中間業者や機関を管理しようとする政策である。別の表現をとれば，社会全体からみた流通チャネルをマクロチャネルと言い，マーケティングの主体となる個別事業体（企業）からみたチャネルをミクロチャネルと呼んで区別している。

　流通チャネルを構成している業者や機関の中で中核となるのは，卸売業者や小売業者などの中間業者である。製品を生産者から消費者に直接販売することは少なくて，こうした中間業者に商品としてゆだねることが一般的に多い。中間業者が介在すると流通が複雑化する様に見えるにもかかわらず，なぜ介在するのであろうか。その論拠として指摘されるのは，ホール（M.

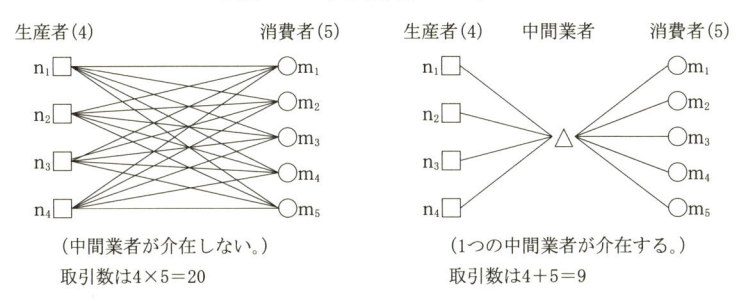

III マーケティング管理の基本要素としてのマーケティング・ミックス戦略　59

図表 4 - 4　取引総数最小化の原理

生産者(4)　　　　　　　消費者(5)　　　　生産者(4)　中間業者　消費者(5)

（中間業者が介在しない。）　　　　　　（1つの中間業者が介在する。）
取引数は4×5＝20　　　　　　　　　　　取引数は4＋5＝9

Hall) が提唱した「取引総数最小化の原理」である。

図表 4 - 4 のように多数の生産者 (n) と多数の消費者 (m) が直接に商取引をした場合，取引回数は多くなり (n×m)，取引は複雑になる。いま仮に1つの中間業者が介在して取引を媒介したとすれば，取引回数は n＋m ですむことになり，取引回数は大幅に減少するので，社会全体でみると商取引に関わるコストなど流通に関わるコストは節約されることになる。この「取引総数最小化の原理」による流通の効率化が，流通チャネルの必要性を説明する一つの考え方である。

消費財の売買に介在する中間業者のうち，最終的に個人消費者に商品を販売する商業者を小売業者といい，それ以外の売買を担う商業者を卸売業者とよんで区別している。したがって消費財の流通チャネルに一つの業者しか介在しない場合は，その業者は小売業者ということになり，二つ以上介在する場合には，最終消費者に直接販売する小売り業者以外はすべて卸売業者となる。

(2)　垂直的マーケティング・チャネル

大規模製造企業の発展に伴い，多くの製品分野で流通チャネルは，伝統的チャネルと呼ばれる卸売業者や小売業者の自立した組織が市場関係を媒介にして商品を取り引きする連鎖から，垂直的マーケティングシステム (Vertical Marketing Systems, 以下 VMS と略称する) と呼ばれるものに取って代わられてきている。垂直的マーケティングシステム(VMS)とは，

生産者，卸売業者，小売業者が一体化してある種のシステムを構成しているとみるもので，次の3タイプに分類される。

〈企業型VMS〉：資本所有関係で企業間の統合を実現し，システムとして機能しているタイプ。家電のメーカーが傘下に販売子会社を設立して，卸売分野まで垂直統合することで，小売企業との取引上の優位性を創りあげようとする事例にみられる。

〈契約型VMS〉：企業が相互に独立性を維持しながら契約関係によって統合し，効率的なシステムを実現しようとするもので，ボランタリーチェーンとフランチャイズチェーンシステムを挙げることができる。前者では布団の西川や食品スーパーのCGCジャパンが，後者ではコカコーラ，ロッテリア，ファミリーマートなどが事例である。

〈管理型VMS〉：企業型でも契約型でもなく，取引規模や強力なブランドパワーなどの商品力，あるいはPOSシステムの活用による情報力などを活用して，チャネルを組織していくタイプである。顧客についての情報力を駆使して大手食品メーカーと共同でオリジナル商品を開発しているセブン－イレブン・ジャパンが代表例といえよう。

　いずれのタイプであれ，チャネルが1つのシステムを形成するようになり，今日では，独立した企業同士による市場における競争でなく，垂直的マーケティングシステム間の競争が支配的な時代に移行してきている。

　(3)　メーカーのチャネル政策のタイプ

　メーカーによるチャネル政策は，自社の製品を取り引きする中間業者をどのように選択するかによって3タイプに分けることができる。

〈専属型チャネル政策〉：自社の製品を取り扱う中間業者を制限し，テリトリーごとに特定の小売業者に販売を担当させる政策で，排他的チャネル政策という。乗用車メーカーによるディーラーの組織化しているのが事例となる。中間業者は，メーカーごとに系列化下におかれるので，チャネルキャプテンとしてのメーカーの意向が強力に貫かれる。専門品や買回品のチャネル政策として採用されることが多い。

〈選択型チャネル政策〉：自社の製品を取り扱う中間業者を選択し，制限す

ることによって，一定のチャネル支配力を確保しようとする政策である。専属型と開放型のチャネル政策の中間的な位置にある。

〈開放型チャネル政策〉：お菓子や調味料などの食品分野や洗剤などの日用雑貨分野にみられるように，消費者にできるだけ近い地点で，多数の小売店舗に陳列されることをのぞむ製品分野では販売する中間業者の数を制限しないで，できるだけ複数のチャネルと多数の販売地点を確保する政策を採用する。したがって，小売段階では自社製品が他社製品とともに店頭に陳列されることになる。メーカーはマーケティング競争上，製品差異化のアピールを狙った広告などプロモーション活動によって消費者が店頭で自社製品を選択するように誘導することになる。

5．コミュニケーション政策
(1) 広告政策と販売促進

マッカーシーの4Pの一つであるプロモーションは，消費者とのコミュニケーションを通じて，提供する製品の販売を実現しようとするものである。したがって内容的には，販売の促進を意味するプロモーションを含めたコミュニケーション政策であるといえる。その中身として，① 広告，② 販売促進，③ 人的販売，④ パブリック・リレーションズ（PR），とくにパブリシティ，⑤ ダイレクトマーケティングが挙げられる。

広告は，様々な媒体を活用して消費者や流通機関にメッセージを伝えることによって，製品や企業についての望ましいイメージやロイヤルティを確立し，購買活動を促す。広告は，購買活動へ消費者を直接に誘導や刺激する販売促進とは異なる。広告には，製品そのものをアピールする製品広告と個々の製品よりも企業としての姿勢や特徴などをアピールする企業広告（制度広告）があり，いずれを重視するかは，業種の特徴や企業の政策（例えば企業ブランドの構築を重視するかどうかなど）によって異なる。広告メッセージを伝える媒体には，テレビやラジオ，新聞・雑誌，屋外広告などがあり，これらの組合せは媒体ミックスといわれている。

販売促進は，広告政策と並んで消費者とコミュニケーションを取るための

重要な手段である。メーカーの販売促進政策は，チャネルを構成する卸売業者や小売業者などの中間業者に対するものと最終消費者に対するものに分けられる。対中間業者向けの販売促進としては自社製品を多く取り扱う場合に販売価格を差し引く「割引」や販売量や販売額に応じて売上の一部を戻すリベートなどがある。対消費者の販売促進としては，小売店舗での食品の試食や洗剤・化粧品などについてサンプル配布のように消費者に新製品を実際に使用してもらうことで支持を得ようとする方法や，新聞やインターネット上でのクーポン券配布なども消費者の反応をみるという方法で利用される。とくに小売業者と協力して特売セールを実施することも，有力な販売促進政策である。

(2) 人的販売とパブリシティ

メーカーの営業担当者が直接に個人消費者に働きかける場合は少ないが，卸売業者や小売業者への販売活動は，新製品の紹介や売買の取引条件をめぐる営業部員のアプローチとコミュニケーションに依存している。こうした人による販売即ち人的販売は，マーケティング活動の成否を左右するので，営業部員の教育・訓練や報酬・昇進等は人事管理だけでなくマーケティング管理としても重要な課題となる。自動車や高額の家電製品では，小売企業の営業部員による見込み客に対する製品の説明や購買を刺激する様々なセールスマンシップが販売にとって不可欠である。メーカーの営業部員が顧客とのコミュニケーションを直接に取る場合だけでなく，チャネルの末端の第一線で見込み客に営業活動を展開している小売店の営業部員に対して，メーカーからの支援が必要な場合もある。従って人的販売もまた，間接的な小売支援として意義を持つ。

パブリシティは，広告と違ってメディアが取材して記事や番組で取り上げる形式で企業の事業内容や製品について消費者にアピールしようとするもので，広告に比べると報道としての客観性や信頼性が高く評価されるために，消費者への浸透をより図ることができる。効果的なパブリシティのためには，広報部が担当部門としてニュースリリースを積極的に行いマスメディアへの働きかけが行われる。

Ⅳ　マーケティング戦略の展開

1．差異化とブランド戦略

　以上のようなマーケティング・ミックス戦略及び個別分野別ミックス戦略はマーケティング要素の組合せの効果によるマーケティング戦略である。この組合せが一層効果を上げるには，他の企業の製品や事業と異なる何らかの特長や競争上の優位性を消費者やチャネル構成員にアピールすることが必要である。こうした他社とあるいは他製品と異なっていることをアピールする戦略を差異化（差別化）戦略という。

　マーケットから同質的あるいは同レベルのグレードの製品とみなされる製品間の競争では，当然安い製品が買われることになり，その結果として価格競争に巻き込まれてしまう。価格競争を回避し，消費者に支持を獲得するために異質化すること，しかも優位性のある異質化を追求することが必要になる。例えば，これまでスーパーマーケットで特売セールの目玉商品として安売りの対象となってきた食用油の分野で，花王が開発したエコナ・クッキングオイルは，「体に脂肪が付きにくい」という特性をアピールし，健康志向の消費者の強い支持を獲得し，従来の食用油の価格帯よりもはるかに高い価格で販売することができている。この成功例の後，既存の食用油メーカーも競ってヘルシーをキーワードに食用油の新製品の差異化を進めていったのである。

　差異化戦略の展開として重視される基本戦略となっているのは，ブランド戦略である。ブランドとは，Sonyの「Walkman」，ライオンの「植物物語」のシャンプーのように，製品や企業につける名称やロゴなどの総称である。製品をブランド化することによって，その製品の特長を明確に消費者に対してアピールしやすくなる。こうしてブランド化することで獲得できる企業の資産価値をブランド・エクイティと呼んでいる。ブランド化や製品だけでなく企業そのものがブランド化される。Sony，IBM，花王等，企業名自体がブランドとして認知されるようになってきている。

2. プロダクト・ライフサイクル戦略

　新製品の売上は，人の一生が幼少期，青年期，壮年期，老年期などに区分されるのと同じように，新発売によって市場に導入され，売上が成長し，その後市場の成熟，衰退に向かうという変化が存在する。市場に提供される製品の売上について，こうした時間的な変動に着目して，それぞれの時期にふさわしいマーケティング戦略の立案の必要性と各時期のマーケティング戦略の特徴を明らかにしようとするのが，プロダクト・ライフサイクル戦略である。プロダクト・ライフサイクル戦略は，マーケティング戦略に時間軸を導入したものである。

　プロダクト・ライフサイクルの時期区分は，図表4-5のように売上高（と利益）の時間的な変動に着目して以下の4期に区分することが多い。

導入期：新製品の発売を開始した段階で，売上の増加は緩慢である。消費者に認知してもらうために，広告や販売促進のコストが大きく，また販売チャネルを確立するための支出も大きい。製品製造コストも高く，損益的には赤

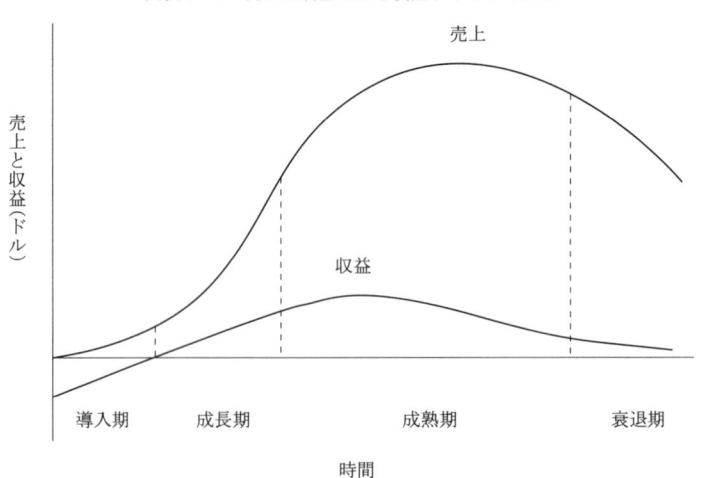

図表4-5　売上と利益にみる製品ライフサイクル

（出所）　コトラー『コトラーのマーケティング・マネジメント』ピアソン・エデュケーション，2002年，212ページより。

字となることが多い。
成長期：製品が市場に受容され，売上が急成長していくとともに利益も確保できるようになり，増加していく。競合企業の参入も始まり，マーケティング競争が進行する。
成熟期：売上の増加率が低減し，利益もしだいに減少していく。価格競争が激化し，限界企業が市場から脱落し，寡占化が強まる。競争優位性を確保するために，この時期のマーケティング戦略はとくに重要な意味を持つ。
衰退期：売上が減少していく段階で，撤退企業が出てくる。現状維持で行くか，製品アイテム数を絞り込むか，市場から撤退するかの決定を迫られるし，意志決定の選択肢しだいで採用するマーケティング戦略の内容が異なる。

このライフサイクル戦略は，市場に販売されている製品のおかれている段階，時期を識別することによってマーケティング戦略を的確に展開しようとするものである。しかし一般的なモデルを提示したにすぎず，実際にライフサイクルは① 製品の種類によってかなりの相違があり，② 実際のライフサイクルはブランド品として開発，生産，販売され，ブランドのライフサイクルとして展開される，③ 寡占企業間の競争戦略の影響を受けるので，かなり多様なサイクルを描くことになる。このように製品の様々なレベルによって描かれるサイクルは異なってくるので，そうした点への留意を前提にプロダクト・ライフサイクルの評価を行うことになろう。

Ⅴ おわりに

以上みてきたように，マーケティング管理は，企業組織における職能別部門管理の一部門である販売管理として成立した。製造部門で生産された製品の市場への販売活動を固有の領域としながら，市場＝顧客中心志向の導入によってマーケティング管理として発展してきた。マーケティング管理では，単なる販売活動の管理でなく，市場のニーズやウォンツに適合した製品を開発し，提供するという新たな論理の展開が見られる。そのことによってマー

ケティング管理は，経営全体を積極的に統合する理念を提供し，また他の職能部門との緊密な調整のもとで展開されることになったのである。

[参考文献]
保田芳昭『マーケティング研究序説』ミネルヴァ書房，1976年。
石原武政『マーケティング競争の構造』千倉書房，1982年。
森下二次也『マーケティング論の体系と方法』千倉書房，1993年。
D. アーカー『ブランド・エクイティ戦略』ダイヤモンド社，1994年。
阿部真也編『流通研究の現状と課題』ミネルヴァ書房，1995年。
P. コトラー『マーケティング・マネジメント』プレジデント社，1996年。
風呂勉『マーケティング・チャネル行動論』千倉書房，1998年。
保田芳昭編『マーケティング論』大月書店，1999年。
米谷雅之『現代製品戦略論』千倉書房，2001年。

[学習用文献]
陸正『変わる消費者，変わる商品』中公新書，1994年。
石井淳蔵『ブランド－価値の創造』岩波新書，1999年。
和田充夫他『マーケティング戦略』有斐閣，2000年。
天野祐吉『広告論講義』岩波書店，2002年。
薄井和夫『はじめて学ぶマーケティング（応用編）マーケティングと現代社会』大月書店，2003年。

〔齋藤雅通〕

第5章 財務管理

I はじめに

　企業活動は，社会的に有用な財・サービスを提供する社会的活動としてとらえられる。同時に，それは利潤獲得をめざす経済的活動としても見ることもできる。これらは同じ企業活動をそれぞれ社会的側面，経済的側面からとらえたものである。これに従えば，企業の目的は社会的に有用な財・サービスを提供するという社会的目的と利潤最大化という経済的目的の2つの目的から構成されていることになる。

　これら2つの目的はいずれも独立して達成できるものではない。経済的目的は，社会的目的の達成なくしては実現されない。また，継続的な社会的目的の達成は，経済的目的の達成なしには維持できない。両者は車の両輪の関係にある。

図表5-1　2つの企業目的―社会的目的と経済的目的

| 社会的目的　財・サービスの提供 | ⇄ | 経済的目的　利潤最大化 |

　財務管理はこれらのうち，後者の経済的目的すなわち利潤最大化目的を実現可能にするために実施される。つまり，財務管理の目的は，利潤最大化への貢献ということになる。

　財務管理の目的は利潤最大化への貢献であるとしたが，それだけでは不十分である。利潤最大化という場合，それが短期利潤最大化なのか長期利潤最大化なのか明確ではないからである。

現代企業は，ゴーイング・コンサーン（継続企業体）を前提としている。すなわち，現代企業は，存続・維持・発展しなければならない存在である。そのためには，経営者は常に明日を見据えた経営を行わねばならない。この前提に立てば，企業の経済的目的も長期利潤最大化でなければならないことになる。これに対応して，財務管理の目的も長期利潤最大化への貢献となる。それでは，長期利潤最大化目的への貢献をめざす財務管理が果たすべき役割・課題ならびに技法はどのようなものであろうか。本章ではこれらについて見ていくことにする。

II　財務管理の役割と課題

1．キャッシュフロー経営

今日，新たな企業経営パラダイムとしてのキャッシュフロー経営が注目されている。キャッシュフロー経営とは，企業そのものを一般的な投資と同様の投資機会と見なし，投資したキャッシュに対してどれだけのリターンが得られたか，あるいはこれから新たに投資をした場合に，将来どれだけのリターンが期待できるかによって企業経営の是非を判断するものである。具体的には，以下の式により求められるフリー・キャッシュフロー（ただし，ここで示した定義は一例である）によって評価される。この式で明らかなように，フリー・キャッシュフローにより評価するというのは，キャッシュ流入としての営業キャッシュフロー（経常的な事業活動から得られるキャッシュ流入）の状況とキャッシュ流出としての投資活動の両面から経営状況を評価するということを意味するものである。（図表5-2参照）

〈フリー・キャッシュフロー算出式〉

　　フリー・キャッシュフロー＝営業キャッシュフロー
　　　　　　　　　　　　　　　（キャッシュ流入）
　　　　　　　　　－　投資活動キャッシュフロー
　　　　　　　　　　　　　　（キャッシュ流出）

これは基本的に企業への投資を考える投資家の立場から見た基準である

Ⅱ　財務管理の役割と課題　69

図表 5-2　企業財務の基本的構図

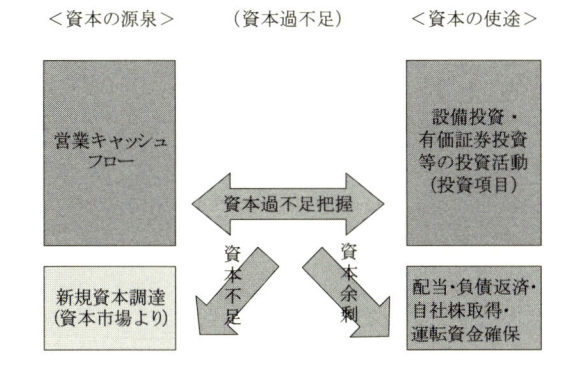

＜資本の源泉＞　　（資本過不足）　　＜資本の使途＞

- 営業キャッシュフロー
- 新規資本調達（資本市場より）

←資本過不足把握→

資本不足／資本余剰

- 設備投資・有価証券投資等の投資活動（投資項目）
- 配当・負債返済・自社株取得・運転資金確保

（適合関係の維持）
量的適合（必要額の確保）
時間的適合（運用期間と調達期間の一致）
コスト的適合（運用収益率と調達コストの比較）

が，今日のように年金基金，生命保険会社，投資信託，銀行といった大口投資家（彼らを総じて機関投資家という）が大株主として君臨し，その評価が企業経営を大きく左右する時代にあっては，経営者としても機関投資家の意向を無視するわけにはいかない。それゆえ，経営者の行動も投資家の判断基準を考慮し，いかに投資家を満足させるかを行動基準としなければならなくなっている。そのためには，経営者みずからがキャッシュフロー経営を実行せざるをえないこととなり，その結果，キャッシュフロー経営が企業経営の主流になりつつあるのである。（キャッシュフロー経営にあっては，企業の社会的目的は経済的目的達成のための手段と見なされる）

2．課題としての収益性確保

キャッシュフロー経営の下では，長期利潤最大化という目的の達成は，現在の事業活動からもたらされる営業キャッシュフローの増大努力（資本の源泉の確保）と事業活動を含めた経営全般の維持・発展に不可欠な投資活動（資本の使途の決定）により達成される。投資活動として代表的なのは設備投資であるが，それ以外にも関係会社有価証券投資といったものも含まれる。

これらはまさしく財務管理の領域に属するものであり，財務管理の重要な課題となるものである。これらのうち営業キャッシュフローの増大は，短期的な収益性確保に焦点を合わせたものであり，短期利益計画として具体化される。この資本の源泉としての営業キャッシュフローの確保なしには資本の使途である投資活動はありえない。このことを考えれば，短期収益性の確保は，長期利潤最大化という目的の達成への貢献をめざす財務管理の第1の課題であるといえるであろう。

長期利潤最大化という目的の達成のためには，収益性確保に関して，短期収益性だけで終わることはできない。将来にわたる収益性確保もまた重要である。その役割を担うのが投資活動である。というのもこの投資が将来の営業キャッシュフローの増大，ひいては将来のフリー・キャッシュフロー増大の重要な源泉となるからである。それゆえ，財務管理の第2の課題は，投資活動を通じての長期収益性の確保ということになる。この課題は投資計画として具体化される。

3．課題としての財務健全性確保

財務管理の課題は上掲のものにとどまらない。長期収益性を確保するために，企業が将来を見越した投資活動を継続的に行うことが不可欠であることは上に述べたところである。この投資は，現在の事業活動から創造された営業キャッシュフローにより全額支出されるのが理想であるが，それだけでは不足であることもありうる。その場合は資本市場に出向いて不足分を株式・社債発行あるいは銀行借入といった形で新たに調達することになる。（資本調達の種類・方法についてはここでは触れない）

しかし，外部から資金を調達することは企業にとって容易なことではない。このリスクを回避するために，企業は，投資家，債権者，銀行など資金提供者あるいは取引先に対して，日頃から財務の健全性をアピールしておかねばならない。財務の健全性を確保するためには，すでに見た資本の源泉と資本の使途とを対応させる際に，常に両者の適合関係を意識しておくことが必要である。適合関係を見る上での基準としては，資本の使途として必要な

資金量の確保（量的適合）にまず注意が払われる。さらに，資本の使途の回収期間と資本の源泉の調達可能期間との適合（時間的適合），そして資本の使途の予想利益率と資本の源泉の調達コストとの比較（コスト的適合）も含まれる。

一方，フリー・キャッシュフローを用いて新規投資を行ってもまだ資金余剰である場合に，負債返済，自社株購入，あるいは運転資金に充当することもあるだろう。これらもまた，財務健全性確保の方策の１つと考えられる。

このような財務健全性確保もまた，財務管理の対象領域の１つである。よって，財務管理の第３の課題は，財務健全性確保ということになる。これはさらに長期・短期の視点から，財務安全性確保および財務流動性確保に分けられ，それぞれ長期資本計画，運転資金計画として具体化される。なお，長期資本計画は，投資計画と密接に関係しており，３つの適合関係の中でもコスト的適合がより重要視される。したがって，同計画は，財務安全性確保とともに長期収益性確保という課題にも寄与するものでもある（これまで述べた財務管理の課題をまとめたものが図表5-3である）。

このような課題を果たす財務管理の手法について，以下，具体的に見ていくことにする。

図表5-3　長期利潤最大化目的（経済的目的）と財務管理の課題

```
                          財務管理の課題
                    ┌── 短期利益計画
                    │     フリー・キャッシュフローの継続的確保 ── 短期収益性
  経済的目的        ├── 投資計画（長期利益計画）
              貢献  │     将来のフリー・キャッシュフロー増大  ┐
  長期利潤最大化 ⇐  │           ⇕                              │ 長期収益性
                    ├── 長期資本計画                           │
                    │     財務安全性確保                       ┘
                    │                                          ┐
                    └── 運転資金計画                           │ 財務健全性
                          財務流動性確保                       ┘
```

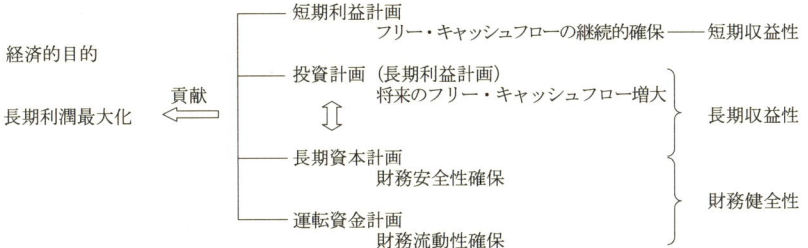

Ⅲ　財務管理の基礎となる財務諸表

　財務管理の基礎となるのは，損益計算書，貸借対照表，そして，その両者から作成されるキャッシュフロー計算書である。まず，これらを紹介することにしよう。

1．損益計算書

　損益計算書とは，会計期間中の収益と費用を対応表示し，企業の経営成績を示す計算書のことである。総売上高から売上に対応する仕入原価，製造原価といった売上原価を差し引いたものが売上総利益である。売上総利益から販売員給料・旅費，広告・宣伝費，発送費等の販売費および，事務員給料，地代，家賃，事務用消耗品費等の一般管理費を差し引けば，営業利益となる。営業利益は企業本来の事業活動から生み出されたものである。
　営業利益に，受取利息，受取配当金，有価証券売却益，あるいは支払利息，支払割引料といった営業外損益を加減すれば，経常利益となる。経常利益は企業の平常活動により生み出された利益を意味する。
　経常利益に当該事業年度に特別に生じた特別損益を加減すると税引前当期純利益となり，さらに法人税・住民税充当額を差し引くと当期純利益（税引後純利益）が出る。この税引後純利益がキャッシュフロー算定の基礎となる（図表5-4）。

図表5-4　損益計算書

Ⅰ 売上高	***	
Ⅱ 売上原価	***	
売上総利益		***
Ⅲ 販売費・一般管理費	***	
営業利益		***
Ⅳ 営業外損益	***	
経常利益		***
Ⅴ 特別損益	***	
税引前当期利益		***
法人税・住民税		***
当期純利益		***

2. 貸借対照表

貸借対照表とは，決算時点における企業の資産，負債・資本の全体像を把握するためにまとめられたものである。資産の部は，企業資産の運用状況・有高を示し，負債・資本の部は運用のための資本がどこから調達されているか，すなわち資本調達源泉を示している。したがって，資産の部と負債・資本の部は表裏一体の関係にある。なお，貸借対照表では，当期純利益は資本の部・未処分利益項目の中に含まれている（図表5-5）。

図表5-5 貸借対照表

資産の部		負債・資本の部	
＜流動負債＞	＊＊＊	＜流動負債＞	＊＊＊
		＜固定負債＞	＊＊＊
＜固定資産＞	＊＊＊	負債合計	＊＊＊
		＜資本＞	＊＊＊
＜繰延資産＞	＊＊＊		
		資本合計	＊＊＊
資産合計	＊＊＊	負債・資本合計	＊＊＊

3. キャッシュフロー計算書

キャッシュフロー計算書は，企業活動評価の基準としてキャッシュフローが注目されるようになり，企業に対して新たに作成・公開が求められるようになったものである。従来の損益計算書，貸借対照表に加えて作成・公開されるようになったことから，同計算書は第3の財務諸表ともいわれている。

キャッシュフロー計算書が求められるようになったのは，損益計算書に示される当期純利益（税引後純利益）とキャッシュの増減は一致せず，当期純利益は必ずしも企業活動の実態を表すものではないという批判に始まる。

損益計算書上で純利益が出ていても，実際のキャッシュは不足しているかもしれない。「勘定あって銭足らず」とはまさにこのような状況を示すものである。それが深刻な場合には，いわゆる「黒字倒産」もありうる。逆に，損益計算書上の純利益はそれほどではなくとも，キャッシュは潤沢に持っているというケースも考えられる。長期利潤最大化という観点から見れば，後者が優位であることはいうまでもない。このような理由から，企業の経営状

況を正確に評価するには損益計算書の当期純利益(税引後利益)だけでは不十分であり，キャッシュフローによる評価も合わせて取り入れられるべきとの意見が主流となってきたのである。

　キャッシュフロー計算書の基本的な考え方は，損益計算書の税引後純利益(貸借対照表の資本の部に記載されている当期純利益と同額)を修正し，貸借対照表・資産の部の最上位に位置する，現・預金および現金等価物(現・預金＋一時保有の株式や債券)の残高に一致させるというものである。キャッシュフロー計算書において最終的に算出されるキャッシュフロー期末残高とは，現・預金および現金等価物の期末残高合計に他ならない。(キャッシュフロー計算書作成法には直接法と間接法があるが，ここでは間接法に準じて説明する)

　この修正作業を，キャッシュフロー計算書では，営業活動によるキャッシュフロー部門(資本の源泉チェック)に始まり，投資活動にかかわるキャッシュフロー部門(投資活動のチェック)，財務活動によるキャッシュフロー部門(資金過不足処理チェック)の3つの部門に分けて行うことになる。これにより，企業全体のキャッシュフロー増減の原因が明確となる(図表5-2参照)。

　まず，営業活動によるキャッシュフロー部門から見ていこう。営業キャッシュフローは，企業の経常的な事業活動から得られるキャッシュの収支を示すものであり，同部門の収支は，当期純利益(＝当期売上高－当期費用)に対して事業活動にかかわる項目に関する修正を加えて算出される。

　修正は，損益計算書上の現金支出を伴わない費用項目(非キャッシュ項目)を調整することから始まる。費用のうち減価償却費は，支出を伴わない費用項目である。退職給与引当金等の引当金も費用計上されているが実際には支出されていない。これら非キャッシュ項目を当期純利益に足してやらねばならない。

　次に，貸借対照表上で売掛勘定(売掛金や受取手形)，買掛勘定(買掛金や支払手形)，棚卸資産勘定(在庫)といった事業活動にかかわる項目を取り上げ，これらを修正する。というのは，実際の企業活動ではすべて現金取引

ということはありえない。売上として計上されていながら受取手形，売掛金といった売上債権勘定でキャッシュの回収が遅れているものがあるであろう。費用についても同じように，費用として計上されていながら支払手形，買掛金といった買入債務勘定でキャッシュの流出を遅らせているものもあるはずである。

また，在庫の増大は事業活動の結果生じたものであると考えられるので，これも営業キャッシュフロー減少要因として修正項目の中に含めなければならない。

営業キャッシュフローは，当期純利益にこれらの修正を加えて算出される。これを式で示すと，以下のようになる。（修正項目は，これ以外にもあるが，ここでは基本的なものに留めておく）

　　営業キャッシュフロー＝当期純利益（税引後純利益）＋減価償却費
　　　　　　　　　　　　＋各種引当金増加額＋買入債務増加額
　　　　　　　　　　　　－売上債権増加額－棚卸資産増加額

投資活動にかかわるキャッシュフロー部門は，貸借対照表上の設備投資，有価証券投資などの企業の投資活動にかかわる収支をまとめたものである。固定資産の購入・売却，関連会社への投資および貸付，投資有価証券の売却および貸付金の回収，その他運用のための有価証券の購入・売却，定期預金の増減といったものがその内容である。これにより，企業の当期投資活動の全体像が明らかになる。

財務活動によるキャッシュフロー部門は，営業キャッシュフロー（資本の源泉）と投資活動キャッシュフロー（資本の使途）との間に生じた資本過不足をどのようにカバーしたかを示すものである。増資・自社株買い，社債発行・償還，長期借入・同返済，短期借入金の増減，現金配当金といったものがその内容である。これにより企業の当期の財務活動が明らかになる。

キャッシュフロー計算書では，このように当期純利益を出発点として，営業キャッシュフロー部門での修正，投資活動にかかわるキャッシュフロー部門さらに財務活動にいるキャッシュフロー部門での収支による修正を経て，最終的に当期における現・預金および現金等価物の純増減が算定される。こ

れに同期首残高を加えれば，当期貸借対照表上に記載されている現・預金および現金等価物の期末残高となる。

　営業キャッシュフロー＋投資キャッシュフロー＋財務キャッシュフロー＝現・預金および現金等価物の純増減

Ⅳ　財務管理の技法

　さて，損益計算書，貸借対照表，キャッシュフロー計算書の概要について理解できたところで，それらを利用した財務管理の技法について紹介していく。なお，財務管理の課題は，すでにⅡ節において短期利益計画，投資計画（長期利益計画），長期資本計画，運転資金計画に分類されている。以下，この区分にしたがって見ていくことにする。

1．短期利益計画

　短期利益計画は，短期収益性確保，具体的には営業キャッシュフロー増大を目的として立てられる。その基準となるのが，キャッシュフロー・マージン，売上高営業利益率，損益分岐点分析である。短期利益計画ではまず，自社の各比率，損益分岐点を把握し，それぞれ ① 全産業の最大および平均，② 同種産業の最大および平均，③ 同種産業における自社の地位，④ 自社の競争力または潜在力を勘案しながら，各目標数値を設定することになる。

(1)　キャッシュフロー・マージン

　キャッシュフロー・マージンは，営業キャッシュフローを年間売上高で割って求められる比率で，高いほど有利である。これを高めるために財務管理担当者は，営業キャッシュフローを構成する各要素について問題点を検討し，改善努力を図ることになる。

$$\text{キャッシュフロー・マージン} = \frac{\text{営業キャッシュフロー}}{\text{売上高}} \times 100\ (\%)$$

(2)　売上高営業利益率

　企業の現時点における収益力は，損益計算書により把握される売上高営業

利益率によっても判断することができる。

$$\frac{営業利益}{売上高} \times 100 \ (\%) = \frac{売上総利益-(販売費+一般管理費)}{売上高} \times 100$$

$$= \frac{売上高-売上原価}{売上高} \times 100 - \frac{販売費+一般管理費}{売上高} \times 100$$

＝売上高売上総利益率－販売費・一般管理費比率

　売上高売上総利益率は，企業の生産コストないしは仕入れコストの高低を反映した指標である。また，販売費・一般管理費比率は，売上高に占める販売費・一般管理費の大きさを示す。この式から，売上高営業利益率を改善するには，生産コスト・仕入コストとなる売上原価を引き下げるだけでなく，販売費・一般管理費削減に努めなければならないことが分かる。これらのうち最も実行しやすいのが一般管理費の削減である。これらの各項目についての検討によって，具体的な目標売上高営業利益率（目標営業利益額，目標売上高ならびに許容費用）が決定される。

(3) 損益分岐点分析

　上記の売上高営業利益率において，目標営業利益額，目標売上高さらには目標営業利益額確保のために許容される費用（許容費用）が関係することが明らかになった。三者の関係は，営業利益額＝売上高－総費用として示される。企業の現在の事業活動について，これら三者の関係を具体的に明示するのが，損益分岐点分析である。損益分岐点とは，営業利益がゼロとなる売上高のことであり，現在の事業活動における損益分岐点を知ることは，企業にとって極めて重要である。

　損益分岐点分析は，総費用を固定費と変動費とに分解することから始まる。固定費とは減価償却費など売上高の増減に関係なく発生する費用のことである。変動費とは原材料費など売上高の増減により比例的に変動する費用のことである。分解の方法としては，個別費用法，二期間法（総費用法），スキャター・グラフ法，最小二乗法等がある。（それぞれの分解方法については各自で学習されたい）

　総費用の分解が終われば，固定費，変動費の実績を利用して，公式によっ

て求めることができる。企業の当期の実績が，売上高 S，変動費 V，固定費 F，営業利益 G であったとすると，$S=V+F+G$ で示される。この式から損益分岐点を求めるのであるが，前提として，(1)変動費 V は，売上高 S に比例して発生する，(2)固定費 F は，売上高にかかわらず一定額発生する，と仮定している。(1)の仮定から，変動費の売上高に対する発生率は，売上高にかかわらず，常に $\left(\dfrac{V}{S}\right)$ となる。$\left(\dfrac{V}{S}\right)$ を変動費率という。これを用いて限界利益（貢献利益）を示すと，

$$限界利益 = S - V = S - \left(\dfrac{V}{S}\right) = S\left(1 - \dfrac{V}{S}\right)$$

ここで得られた $\left(1-\dfrac{V}{S}\right)$ を限界利益率（貢献利益率）という。$\left(\dfrac{V}{S}\right)$ が仮定により一定であるから，限界利益率も一定である。つまり，変動費 V，限界利益（貢献利益）は売上高 S に対して，それぞれ常に変動費率，限界利益率の比率で発生するのである（図表5-6）。

図表5-6　売上高・変動費・固定費・営業利益の関係

Ⅰ 売上高 (S)		***
Ⅱ 変動費 (V)		***
限界利益（貢献利益）		***
Ⅲ 固定費 (F)		***
営業利益 (G)		***

さて，損益分岐点は $G=0$ となる売上高である。これを S'，その時の変動費を V' すると，

$$S' = V' + F = S'\left(\dfrac{V'}{S'}\right) + F \quad \cdots\cdots ①$$

ここで変動費率 (V/S) は売上高にかかわらず一定であるから

$$\dfrac{V'}{S'} = \dfrac{V}{S}$$

これを①式に代入すると，損益分岐点売上高 S' は，以下の式で示される。

$$S' = \frac{F}{1-\dfrac{V}{S}}$$

損益分岐点がわかれば，次に，実際の売上高と損益分岐点売上高の比較が可能となる。それにより，現在の売上高の余裕率，安全度が測定できる。

$$安全余裕率 = \left(\frac{S-S'}{S}\right) \times 100 \ (\%)$$

また，これを利用すれば，目標利益額 G'' を達成する売上高 S'' は，以下の式で求められる。

$$S'' = \frac{F+G''}{1-\dfrac{V}{S}}$$

2. 投資計画

企業が長期収益性を確保するには，将来を見越した投資活動が不可欠であるが，それはまた企業の命運にかかわる重要なものである。このため可能な限り将来を予測してリスクを軽減し，さらに各投資案について量的適合，時間的適合，コスト的適合の面から分析し，慎重に検討する必要がある。

投資案の選択を考える前に，まず，現在の企業全体の長期収益性に関する総資本利益率（企業の経常的な活動における収益力を示す），経営資本利益率（企業本来の営業活動の収益力を示す），株主資本利益率（出資した株主に対するリターンの比率を示す）といった資本利益率指標を確認しておくことが必要である。というのも，投資計画はこれらの指標を改善するために立てられるものだからである。

$$総資本利益率 = \frac{経常利益}{総資本} \times 100 \ (\%)$$

$$経営資本利益率 = \frac{営業利益}{経営資本} \times 100 \ (\%)$$

$$\text{株主資本利益率} = \frac{\text{当期純利益}}{\text{株主資本}} \times 100 \quad (\%)$$

これらをふまえて，回収期間法，正味現在価値法（NPV：net present value 法），内部利益率法（IRR：internal rate of return 法）といった手法により投資案の選択が行われる。相互排他的な投資案がある場合，回収期間法，正味現在価値法，内部利益率法による結果を総合的に判断しなければならない。（それぞれの手法については各自学習されたい）

3．長期資本計画と運転資本計画

長期資本計画，運転資本計画は財務健全性確保を目的として立てられる。財務健全性確保は，財務管理の長期・短期収益性確保という課題達成を円滑にし，それにより企業の長期利潤最大化目的達成へ寄与するものである。その基準となるのは，財務安全性（長期）に関しては，自己資本比率，長期資本比率，営業キャッシュフロー設備投資比率，固定比率，固定長期適合率，財務流動性（短期）に関しては流動比率，当座比率，キャッシュフロー版当座比率である。長期資本計画，運転資本計画ではこれら指標について，短期利益計画と同様，① 全産業の最大および平均，② 同種産業の最大および平均，③ 同種産業における自社の地位，④ 自社の競争力または潜在力を考慮しながら自社にとって最適な数値になるよう努力することになる。

(1) 財務安全性分析

自己資本比率，長期資本比率は，貸借対照表上の資産・負債の部の構成比率を表す。

$$\text{自己資本比率} = \frac{\text{自己資本}}{\text{総資本}} \times 100 \quad (\%)$$

$$\text{長期資本比率} = \frac{\text{長期資本}(=\text{自己資本}+\text{長期負債})}{\text{総資本}} \times 100 \quad (\%)$$

自己資本比率は一般に50%超であるのが理想であるが，大企業でそれを達成しているものは少数である。しかし，長期資本比率で見ても50%を下回るようであれば問題である。

資本の使途としての投資とその資本の源泉の関係は，営業キャッシュフロー設備投資比率，固定比率，固定長期適合率で見る。営業キャッシュフロー設備投資比率は，設備投資の第一義的源泉と見なされる営業キャッシュフローが設備投資額をどれだけカバーしているかを見るものである。

$$営業キャッシュフロー設備投資比率＝\frac{設備投資額}{営業キャッシュフロー}×100（\%）$$

固定比率，固定長期適合率は貸借対照表から求めることができる。一般的には固定比率で100%を上回っても，固定長期適合率で100%以内であれば財務安全性は確保されていると見なされる。

$$固定比率＝\frac{固定資産}{自己資本}×100 （\%）$$

$$固定長期適合率＝\frac{固定資産}{自己資本＋固定負債}×100 （\%）$$

(2) 財務流動性分析

財務流動性指標は，企業の運転資本確保すなわち支払い能力の程度を知るものである。まず，流動比率（返済期限が近い流動負債に対して，支払源泉となる流動資産をどれだけ持つかを示す）であるが，これは200%以上が理想とされている。

$$流動比率＝\frac{流動資産}{流動負債}×100 （\%）$$

しかし，流動資産には，すぐには支払源泉にはならない原材料・在庫等の棚卸資産も含まれる。したがって真の財務流動性は当座資産（流動資産から棚卸資産を引いたもの）により見るべきである。これが当座比率であり，一般には100%超であれば健全であるとされる。

$$当座比率＝\frac{当座資産}{流動負債}×100 （\%）$$

当座比率における当座資産を営業キャッシュフローに置き換えたものがキャッシュフロー版当座比率である。企業の支払能力を見るには最もふさわしい指標であるといえる。

$$\text{キャッシュフロー版当座比率} = \frac{\text{営業キャッシュフロー}}{\text{流動負債}} \times 100 \quad (\%)$$

V お わ り に

 以上,財務管理の役割と課題ならびに具体的な手法について見てきた。しかし,ここで紹介した財務管理の手法はごく基本的なものに過ぎない。これをベースに財務管理技法についてさらに深く学習されることを期待する。

[参考文献]
市村昭三編著『財務管理論』創成社,1994年。
井手正介・高橋文郎『経営財務入門』日本経済新聞社,2000年。
岡部政昭『企業財務論』新世社,1990年。
亀川雅人『入門経営財務』新世社,2002年。
菊池誠一『連結経営におけるキャッシュフロー計算書―その作成と分析・評価』中央経済社,1998年。

[学習用参考文献]
同上

〔浦野倫平〕

第6章　人的資源管理

I　はじめに

　4大経営資源はヒト，モノ，カネおよび情報である。これらの経営資源のうちヒトに関わるマネジメントが人的資源管理（Human Resource Management, HRM）である。

　組織体内のヒト（＝人的資源＝従業員）に対する諸方策の総体を意味する言葉としては，日本では人事管理，労務管理，人事・労務管理，経営労務管理などの概念が用いられてきた。1990年代初頭頃から，これらに加えて「人的資源管理」という言葉がしだいに広まってきている。

　アメリカでは1980年代初頭頃から，伝統的な人事管理（personnel management, personnel administration）という言葉に代えて，人的資源管理という言葉が広く用いられるようになった。ドイツにおいても，Human Resource Management という言葉が，翻訳されることなく英語のまま用いられるようになってきている。フランスでも，Human Resource Management をフランス語に翻訳した gestion des resources humaines または management des resources humaines が用いられるようになってきている。

　人的資源管理の基本的分野は，雇用，人的資源開発（教育訓練），労働時間，賃金，福利厚生，労使関係などである。

　本章では，まず1990年代初頭頃から強化されてきている能力・成果主義に触れ，ついで能力・成果主義のもとで大きく変容をとげつつある雇用管理と賃金管理について論述することにしたい。

Ⅱ 能力・成果主義と人的資源管理

1. 年功主義から能力・成果主義へ

　1990年代初頭以降，日本の労働・雇用慣行は激変した。国際化の進展，IT革命，技術革新の急激な展開，少子・高齢化，低成長経済と成熟社会への移行などの外部環境変化により，日本も大競争時代に突入した。このような情勢のもとで，いわゆる終身雇用制（長期安定雇用慣行）も大きく変容しつつある。これにともない年功主義から能力・成果主義への転換も急である。1991年5月のバブル経済崩壊以降，とりわけ1997年のアジア通貨・経済危機以降は一段と，日本では能力・成果主義が強化されてきているのである。「読売新聞」2003年3月13日付朝刊は，「成果主義賃金へ大改革が始まる」という社説を掲載した。

　年功制とは，学歴，年齢，勤続年数といった属人的要素を基準とする，賃金や昇進等についての管理方式をいう。これに対して，能力主義は，個人の能力に応じた管理方式を意味する。この場合の能力とは，職務と直接関係のない能力ではなく，職務遂行能力を意味する。また，能力の発揮度（＝成果）を重視した管理方式をいう場合は，一般に成果主義という言葉が用いられている。能力主義の中核をなしているのは，職能資格制度と人事考課制度である。

2. 職能資格制度

　能力主義のもとで，職能資格制度が広く採用されている。職能資格制度でいう職能とは，職務遂行能力のことであり，職務と直接関係のない能力は除外される。職能資格制度は，それが果たす目的と役割を人的資源管理の中心に位置づけている。

　職能資格制度を設計するにあたっては，まず軸となる職能資格制度の枠組みや，職能資格ごとの能力要件を明示した職能資格基準を設定する。即ち，次のような作業を行う[1]。

① 役割やキャリア形成からみた縦割り区分としての「職掌」の設定
② 職務遂行能力の段階からみた横割り区分としての「職能資格」の設定

職掌とは，従業員の役割区分，キャリア形成などからみて，その差異を明らかにした縦割り区分をいう。事務職掌，販売職掌，技術職掌，管理職掌，スタッフ職掌，専門職掌といった区分例を挙げることができる。職掌の下位単位として，職群や職種が用いられることもある。また，「総合職掌」と「一般職掌」に大別する場合もある。

職能資格とは職務遂行能力の段階区分のことである。これは，例えば，役割や責任に注目し，管理専門職層，監督指導職層，一般職層といったように区分される。そして，これらは，さらに細分化されることが多い。ここで職能資格制度の事例を図表6-1として掲げておこう。

職能資格を基準として，従業員の配置・異動，職能開発・育成を行い，従業員の職務遂行能力の発揮度・伸長度に応じて昇格，賃金，賞与などに反映させるのが職能資格制度の具体的な運用となる。このように，職能資格制度

図表6-1　職能資格制度の構成（山武）

階層	資格	呼称	職能等級
専門階層	理事	理事	
専門階層	M3	部長	X
専門階層	M2	次長	IX
専門階層	M1	課長	VIII
基幹階層	L3	課長代理	VII
基幹階層	L2	係長	VI
基幹階層	L1	主任	V
一般階層	G4		IV
一般階層	G3		III
一般階層	G2		II
一般階層	G1		I

トリプルラダー
- ライン専門職
- スタッフ専門職
- 技術専門職

ライン専門職：組織の長として，その構成員の育成・活用と業績に関する統括責任を負う組織管理職。
スタッフ専門職：担当分野における専門知識と豊富な経験，熟達のもとに特定業務を遂行し，高い業績をあげる責任を負う高度専門職者（研究・開発職種を除く全職種共通）。
技術専門職：高い専門技術を有し，特定分野における課題解決のための調査・研究・開発を行い，かつ他への有効適切な援助助言を行う高度技術者（研究・開発職種）。

（出所）笹島芳雄監修『成果主義の人事・賃金IV』社会経済生産性本部，2000年，174ページ。

86　第6章　人的資源管理

図表6-2　職能資格制度を軸とした人事トータルシステム

（出所）　日経連職務分析センター編『職能資格制度と職務調査』日経連広報部，1989年，14ページ。

を基軸として，人事考課をとおして従業員の配置・異動，職能開発・育成，賃金，賞与などを関連させながら，総合的な制度として運用しようとするのが，「職能資格制度を軸とした人事トータルシステム」である（図表6-2）。

3．人事考課

　人事考課制度は，日本においては1980年代から強まってきている能力主義のもとで，とりわけバブル経済崩壊後は一段と，人事システムのなかで見直されるとともに，その活用目的も多様化してきている。

　人事考課は，職務分析や職務評価とならんで，職務中心の人的資源管理を展開するための基礎的手段である。職務分析との対比で言えば，職務分析が職務についての基礎的情報を収集するのと同様に，人事考課はヒト（＝従業員＝組織構成員）についての多面的な情報を収集する。また，職務評価との対比でいえば，職務評価は職務の（相対的）価値または困難度を評価し，人事考課は職務の担当者であるヒトの（相対的）価値を評価する。即ち，ヒトの能力，業績，適性等を体系的に評価する。評価をとおしてヒトについての多面的な情報を収集するのである。

　例えば，一般社員と管理職とを区分して，昇給・昇進・昇格用の人事考課

図表6-3　人事考課の考課項目（考課要素）

		（一般社員）	（管理職）
〔態度考課〕	規律性	○	
	協調性	○	
	積極性	○	○
	責任性	○	○
	コスト意識		○
	経営認識		○
〔能力考課〕	知識・技術	○	
	理解力	○	
	判断力	○	
	表現力	○	
	折衝力	○	○
	企画力		○
	決断力		○
	指導育成力		○
	管理力		○
〔成績考課〕	仕事の質	○	○
	仕事の量	○	○

（出所）　日経連出版部編『人事考課フォーマット集』
　　　　日経連出版部，1996年，11ページ。

の考果項目（考果要素）を示すと，図表6-3のとおりである。

　人事考課は非公式な個人の意見や評価より相対的に公正・公平な評価ではある。しかし，それは主観的なものを排除できない。それは科学的な行為ではありえず，その本質において，あくまでも主観的なものである。

　人事考課は，アメリカにおいては19世紀の中期頃に考案されたと言われている。そして，第一次世界大戦中から1930年代までに人事考課の主要な方法は開発された。しかし，アメリカ，ドイツ，日本といった諸国で人事考課が普及していくのは1960年代以降のことである。

　以上のように，日本では能力主義ないしは成果主義が強化されてきているが，その限界や弊害を論じるものも目立つようになってきている[2]。

　労務行政研究所の2002年11月の調査によると，成果主義のメリットと問題点は次のとおりであった[3]。

　成果主義人事制度で実現したメリットとしては，①「個人の貢献度と賃金のギャップが縮小し，貢献度の高い者へ有効に報いられるようになった」，

②「処遇のメリハリの拡大により、"やればやったなりの報酬"の実現と納得性が高まった」、③「社員のヤル気や能力を引き出せるようになった」などが挙げられている。

逆に、成果主義人事制度で現実に生じた問題点としては、①「納得できる評価制度が確立できず、不満が生じている」、②「目先の成果や目標達成ばかり追うようになった（長中期的な視点の欠如）」、③「会社（部門）業績や異動配置など自分では律することができない部分で賃金が決まり、不満が強まった」などが挙げあられている。

Ⅲ　雇　用　管　理

1．雇用管理と雇用情勢

人的資源管理は雇用管理に始まる。雇用管理という言葉は、狭義には採用管理を、広義には採用から配置、異動、人的資源開発（教育訓練）、昇格・昇進、退職に至る一連の管理過程を意味するものとして用いられている。雇用管理は、雇用慣行や景気変動（好況、不況）に大きく規定される雇用情勢に強い影響を受ける。

(1) 雇用慣行と雇用情勢

日本の企業経営を特徴づける要素の1つとして終身雇用制（長期安定雇用慣行）が挙げられていた。この雇用慣行は、第一次世界大戦後の大正末期から昭和初期（ほぼ1920年代）に成立し、1929年にアメリカで勃発した「大恐慌」という激動期を経て、しだいに大企業のなかに普及していった。そして、第二次世界大戦後の1950年代に、このような雇用慣行は確立をみた。

終身雇用制は、1960年代の高度成長期には企業を中心に広く認められたが、1970年代の2度にわたる石油危機以降は、くずれ始めた。1991年のバブル経済崩以降、雇用調整という名の人員整理（雇用リストラ）が強化され始めた。1997年のアジア金融・経済危機はこのような傾向に拍車をかけた。21世紀に入って、もはや終身雇用制という雇用慣行は崩壊したと言ってよいであろう。

高い失業率のもとで，失業対策として，労働者1人当たりの働く時間と賃金を減らして雇用機会を分かち合うワークシェアリング（worksharing）が注目されている。これは失業問題が深刻になった欧州を中心に1980年代から導入が進んだ。日本でも，21世紀に入って，5％台の高い失業率が続くなかで，ワークシェアリングに関する議論が始まった。

(2) 雇用形態の多様化

雇用とは，労働力の購入者（企業，政府・官庁等）による労働力の販売者（労働者）の購入を意味する。両者が出会う場が労働市場である。

バブル経済の崩壊以降，とりわけアジア金融・経済危機以降，雇用形態の多様化が進んでいる。すなわち，パート・アルバイト，派遣社員，契約社員など非正規従業員が増えてきている。企業が正規従業員を減らして，非正規従業員を増やす傾向も強まっている。その主な要因としては，企業の雇用方針，労働者の転職意識の変化，年功主義から能力・成果主義への人事制度の転換，退職金前払い制度の導入，「労働者派遣法」の改正（1999年，2003年）および「職業安定法」の改正（1999年）などが挙げられる。

総務省の2001年2月の労働力特別調査では，正社員数3640万人に対し，パート・アルバイトは1152万人で前年に比べて74万人増え，7年連続で増加した。全雇用者の23％を占める。また，2001年8月の同上調査によると，パート，派遣など非正規従業員の比率は27.7％で，1993年に比べ6.9ポイントも増えている[4]。

2．採用・配置・異動

企業の維持・発展のためには，ヒトの採用が不可欠である。これは雇用情勢を配慮して実施される。日本における支配的な採用方法は「新規学卒一括採用」である。しかし，通年採用制を導入している企業も徐々に増えてきている。通年採用制とは，新規学卒者の採用時期を4月など一時期に限定せず，また，既卒者についても新規学卒者と同等の条件で必要な人員を複数回にわけて採用する制度をいう。

選考の方法としては，書類（履歴書，内申書，推薦書等）審査，筆記試験，

適性検査（心理学的検査），面接試験（個別面接，集団面接，集団討論），健康診断などがある。

　労働者が採用されると，特定職務へ配置されることになる。また，必要に応じて配置転換（他の職務また他の職場への異動）の必要性が生じる。これはヒトと職務との最適結合により，労働力をもっとも有効に活用する，即ち個人の能力を最大限に発揮させるためである。また，能力開発のために，計画的に配置転換が行われる制度もある。

　適正配置を実施するためには，一方においては職務分析により遂行業務と遂行要件（資格要件）を明らかにして，これを職務記述書（または職務明細書）にまとめること，他方においては人事考課や適性検査によって従業員の能力，性格といった個人的特性を的確に把握しておくことが望ましい。

3．雇用調整

　バブル経済崩壊（1991年）以降，とりわけアジア金融・経済危機（1997年）以降，景気停滞のもとで，過剰人員削減の方策として，雇用調整が一段と強化されてきている。

　日本では，例えばレイオフ（layoff）が中心的役割を演じているアメリカにおけるのとは異なって，ただちに解雇が行われることは稀である。日本企業の雇用調整のパターンは，残業規制に始まり，新規採用や中途採用の削減・停止，配置転換，一時帰休等を実施することである。そして，直接の人員削減も，定年退職等の自然減から始まり，早期退職や希望退職を募るといった形態をとるのが普通である。このように，アメリカ的なレイオフとは異なって，日本では多様な形態で雇用調整が行われているのである。

Ⅳ　賃　金　管　理

1．賃金とは

　賃金はもっとも基本的，かつ重要な労働条件である。賃金なくして，労働力の所有者・販売者としての労働者の生存はありえないからである。

賃金とはなにか。賃金は，労働の対価（対償），すなわち労働者（従業員）の一定量の労働給付に対して経営者（使用者）によって支払われる一定額の現金（通貨）による反対給付である。これは労働者にとっては，その生計を維持するための現金収入であり，使用者にとっては生産手段に対する支出と同様に1つのコストを構成するものである。

日本の労働基準法第11条は，「この法律で賃金とは，賃金，給料，手当，賞与その他名称の如何を問わず，労働の対償として使用者が労働者に支払うすべてのものをいう」と規定している。ここでも，賃金という言葉はこのような包括的な意味で用いている。

総務省統計局の調査によると，2001年度の就業者総数は6412万人（農林業286万人，非農林業6126万人），雇用者総数は5369万人（農林業38万人，非農林業5331万人）である[5]。約84％の労働者が賃金により生計を維持していることになる。このことからしても賃金問題の重要性がわかる。

賃金の基本的問題は，賃金形態（日本では賃金体系），賃金構造および賃金水準である。ここでは賃金体系を中心に論述することにしたい。

2. 賃金形態と賃金体系

給付された労働の度量単位として時間が用いられると，時間賃金の形態が成立する。労働力の販売は常に一定の時間決めで行われる。したがって，時間賃金は，もっとも基本的な賃金形態であるといえる。歴史的にも時間賃金が先行した。時間の単位として，時間，日，週，月または年が用いられると，それぞれ時間給，日給，週給，月給，または年俸が成立する。

給付された労働の度量単位として，時間ではなく，労働の成果（出来高）が用いられると，出来高賃金（個数賃金）の形態が成立する。

アメリカや西ヨーロッパ諸国では賃金形態という言葉が一般的である。これに対して日本では，賃金形態という言葉に代えて，賃金体系という概念が広く用いられている。

賃金体系とは何か。賃金体系とは賃金（支払い）項目の複合体・全体を意味している。これは，賃金項目の「組み合わせ」を示すと同時に「決め方」

をも表している。即ち、賃金体系は、賃金がどのような種類の賃金項目の組み合わせから成っているか（基本的賃金項目または基本給と付加的賃金または諸手当の組み合わせ＝賃金構成），また各賃金項目はどのような基準によって決められるのか（賃金決定基準）を示している。このように，賃金体系は基本給と諸手当に区分され，前者が賃金体系の主要部分を成している。このような賃金体系の必要性は，日本の賃金の決め方の複雑性を反映している。

　日本の賃金体系は，時とともに変化してきている。日本では，伝統的な年功賃金（体系）とならんで，高度成長下の1960年代初頭以降，なかんずく1960年代中期に入ってからは一段と，他の賃金体系，すなわち職務給（体系）や職能給（体系）などが採用されてきた。

　1990年代に入ると年俸制も導入され始めた。労務行政研究所の2002年調査によると，賃金体系のタイプは「属人給＋仕事給」が主流となっている（図表6-4）。これを内容的にみると，「年齢・勤続給＋職能給」が支配的である。また，全国の主要企業100社を対象として「朝日新聞」が2003年に実施したアンケート調査によると，賃金を年齢や勤続年数に応じて決める年

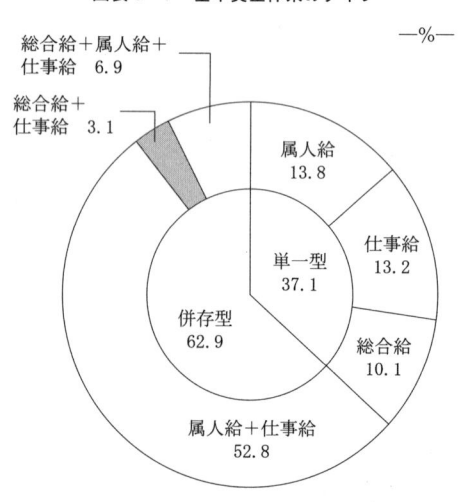

図表6-4　基本賃金体系のタイプ

―%―

- 総合給＋属人給＋仕事給　6.9
- 総合給＋仕事給　3.1
- 属人給　13.8
- 仕事給　13.2
- 総合給　10.1
- 属人給＋仕事給　52.8
- 単一型　37.1
- 併存型　62.9

（出所）『モデル条件別昇給・配分』(2003年版) 労務行政研究所, 2002年, 35ページ。

図表6-5　賃金制度

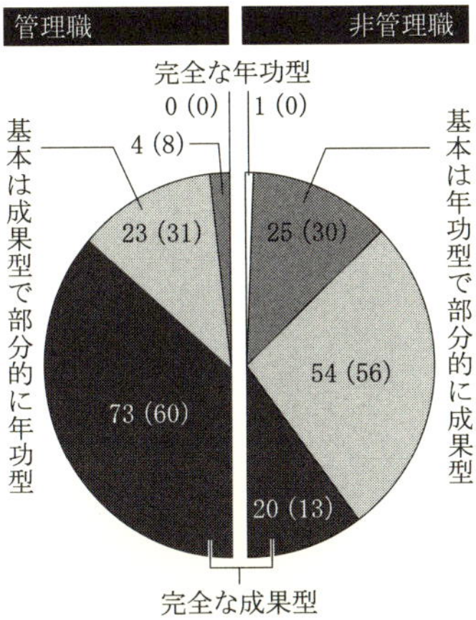

管理職
- 完全な年功型　0 (0)
- 基本は成果型で部分的に年功型　73 (60)
- 4 (8)
- 23 (31)
- 完全な成果型　20 (13)

非管理職
- 完全な年功型　1 (0)
- 25 (30)
- 54 (56)
- 基本は年功型で部分的に成果型

（注）（　）内は2002年夏の調査時の社数。
（出所）「朝日新聞」2003年7月28日付朝刊。

功型から，仕事の成果を個別に評価して増減する成果型に軸足を移す企業が広がっている（図表6-5）。

3．年功賃金と職能給

年功賃金とは何か。これは年齢・勤続年数といった属人的要素によって決められる賃金のことである（図表6-6）。年功賃金のもとでは，賃金を決める第1次的要素が年齢・勤続年数となっている。これに対して，欧米で主流となっている職務給の場合は，職務の相対的価値ないしは困難度に応じて賃金が決められている。すなわち，年功賃金のもとでは職務給のもとにおける第1次的要因が副次的要因にすぎないのである。これが日本の年功賃金の決め方と欧米のそれとの原理・原則上の相違である。

年功賃金は，第一次世界大戦後の大正後期から昭和初期（ほぼ1920年代）に終身雇用制を基盤として成立し，第二次世界大戦後の1950年代に確立をみた。しかし，日本経済が高度成長期に入った1950年代中期頃から年功賃金の矛盾が指摘されるようになり，賃金の合理化が問題となってきた。1960

図表 6-6　戦前の賃金体系（いわゆる年功賃金制度）

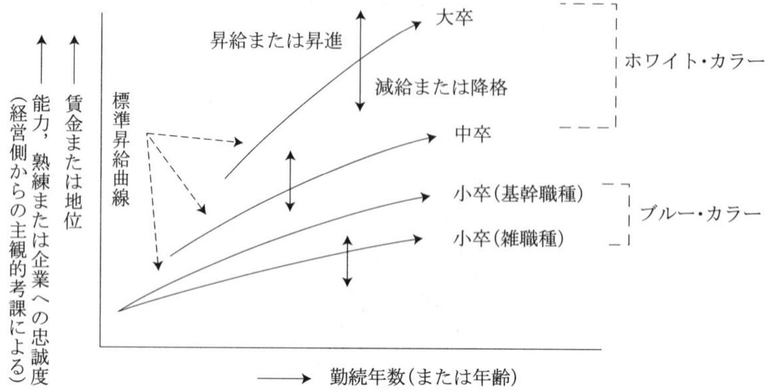

（出所）　川野廣『日本の賃金構造と賃金決定機構』関西大学出版部，1990 年，43 ページ。

年代初頭頃から，賃金合理化の方向として，仕事給（職務給，職能給など）の本格的導入が始まった。

　仕事給化の初期の段階では年功賃金の職務給化が試みられたが，1960 年代後半頃からは職務給化に代えて職能給化が急速に進行した。このような現象をもたらした主要な要因は，当時の日本の賃金実態と職務給という賃金制度が余りにも乖離していたという現実にあった。

　1960 年代後半以降の日本の賃金管理を特徴づけるのは，職能給の導入による能力主義的賃金管理の進行である。1969 年，日経連（現在は日本経団連）は，『能力主義管理―その理論と実践―』を刊行して「能力主義管理」を提唱した。これが職能給化に拍車をかけたと思われる。能力主義管理のもとでは，賃金は（職務遂行）能力に対する賃金，すなわち職能給となるからである。

　職能給とは何か。これは，職務担当者の職務遂行能力（職能）の種類（職掌）と程度（能力段階）を基準として決定される賃金のことである。職能給は，職務遂行能力という意味では職務と係わる賃金であるが，ヒトの能力に応じた賃金であるという意味では本質的に属人給である。そうであるがゆえ

Ⅳ 賃金管理 95

に，職能給は，職務との結びつきを柔軟に処理することができ，年功賃金ともなじみやすいのである。

　賃金決定の基礎となる職務遂行能力の把握・評価の仕方によって，職能給はいくつかの形態に分類できるが，主流となっているのは「職能資格制度」を基礎とする職能給である。

　職能資格制度を基礎とする職能給の事例を掲げておこう（図表6-7）。A社は専門能力をベースに職能資格を3つのゾーンに分けた「職能ゾーン資格制度」を1998年4月に導入した。新制度の特徴は，職能資格体系を専門性や能力要件に応じて大きく3つのゾーンに区分し，ゾーンごとに異なる処遇を用意している点にある。同社の新人事制度は，年齢給の廃止や昇給・昇格から年齢基準を除くなどの措置を講じ，年功から能力・成果主義へのシフトを徹底して行っている。

　職能資格制度の設計にあたっては，従来のあいまいな能力主義を改め，発

図表6-7　職能資格制度・職能給制度見直し（A社）

① 職能資格体系の概要

ゾーン	等級	昇格試験	階層	賃金	ゾーンの能力要件
E エグゼクティブ	E1 E2 E3 E4 E5	○	経営職層／世界一流専門職層	年俸制	経営管理に貢献できるマネジメント力・高度専門能力
P プロフェッショナル	P1 P2 P3	○	高度専門職層	職能給 （査定幅大） ＋業績賞与	業務の最前線で実務をリードし推進する専門能力
S スタッフ	S1 S2 S3 S4 S5	○	専門職層／一般職層	職能給 ＋業績賞与	担当する業務について，目標レベルを上げながら達成していく業務能力

② 職能給制度の見直し

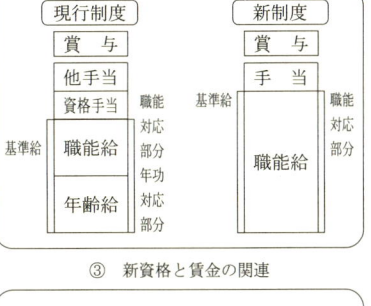

［現行制度］賞与／他手当／資格手当／基準給〔職能給（職能対応部分／年功対応部分）／年齢給〕

［新制度］賞与／手当／基準給〔職能給（基準給／職能対応部分）〕

③ 新資格と賃金の関連

賃金―Pゾーン／Sゾーン―資格

◆Eゾーンは年俸制となり，全く違った体系となる

（出所）日経連経済調査部編『1998年版・春季労使交渉の手引き』日経連出版部，1998年，92ページ。

揮能力を軸とした各人の専門能力を資格等級に反映する仕組みとし，専門性や能力要件によって資格等級を再編成し，S職およびE職を各5段階，P職を3段階に分類している。賃金体系は，職能ゾーンごとに設定され，年功的要素を極力排除している。具体的には，P・S職では従来の基本給のうち年齢給を廃止し，資格手当を職能給に組み込むことで職能給1本の賃金体系とし，E職ではさらに能力・成果主義を徹底するために年俸制を採用している。

V おわりに

経営環境の激変によって，2000年前後から日本の人的資源管理制度は大きく変容してきている。とりわけ年功主義から脱却し，能力・成果主義を強化する傾向が顕著である。しかし，一方で，このような傾向に対する疑問の声も聞かれる。より好ましい人的資源管理制度の構築をめざして，いまその改定努力が続けられている。日本の実情を踏まえた人的資源管理制度の確立が望まれる。

[注]
1) 日経連職務分析センター編『職能資格制度と職務調査』日経連広報部，1989年，29-42ページ。
2) 例えば，次を参照。①「検証－成果主義は機能しているか」『労政時報』(第3568号，2003年1月3日)労務行政研究所；②「成果主義の崩壊」『週刊朝日』(2003年8月29日号)。
3) 『労政時報』(第3568号，2003年1月3日)労務行政研究所，48-49ページ。
4) 「朝日新聞」2001年9月3日付朝刊，2002年3月30日付朝刊。
5) 厚生労働省大臣官房統計情報部『平成13年度・労働統計要覧』財務省印刷局，2002年，39-40ページ。

[参考文献]
田島司郎／江口傳／佐護譽『賃金の経営学』ミネルヴァ書房，1981年。
佐護譽『人事管理と労使関係―日本・韓国・台湾・ドイツ―』泉文堂，1997年。
日経連能力主義管理研究会編『能力主義管理―その理論と実践―』(新装版) 日経連出版部，2001年 (初版，1969年)。

[学習用参考文献]
白井泰四郎『現代日本の労務管理 (第2版)』東洋経済新報社，1992年。
森五郎編著『現代日本の人事労務管理』有斐閣，1995年。

原田實／安井恒則／黒田兼一編著『新・日本的経営と労務管理』ミネルヴァ書房，2000年。
奥林康司／今井斉／風間信隆編著『現代労務管理の国際比較』ミネルヴァ書房，2000年。
佐護譽『人的資源管理概論』文眞堂，2003年。

〔佐護　譽〕

第7章 経営情報

I はじめに

　人は，朝出かけるとき天気予報により，傘を持っていくかどうかを決める。商店は，在庫と売れ行きの予測から，商品を仕入れる。一般に，人や組織が目的に適合した行動を選択しようとするとき，情報は不可欠な役割を演ずる。情報とは，ある目的にそって現実や抽象的な知識・観念を，人が利用できるように写し取ったものである[1]。工業企業の製造担当者がある部品の在庫数を在庫台帳に記録することは，その部品の在庫数（＝現実）を人が理解できるように写し取ったということであり，その情報は，部品の仕入れを担当する資材調達部門によって利用される。

　本章の主な課題は，企業経営における情報の重要性と現代の企業において情報活動がどのように行なわれているかを明らかにすることである。以下，①経営プロセスにおける情報の役割，②企業が情報活動を行なうための仕組みとしての経営情報システムの概念，③IT革命による経営情報システムの発展，④日本企業の経営情報システムの現状と課題について述べる。その際，次節では，私たちにとって身近な存在であるレストランを事例に取り上げるなど，できるだけわかりやすく説明するように努めた。

II 経営と情報

1．経営資源としての情報

　企業は，社会が必要とする財やサービスを効率的に提供して，利益を得て，存続している。経営とは，そうした活動を意味するが，企業が経営を行

うには，そのための資源＝経営資源が必要である。通常，経営資源として，ヒト・モノ・カネ・情報の4つが指摘される。これら4つの経営資源の特徴として，ヒトだけが主体的要素（活動的要素）であり，経営におけるヒトの重要性が強調される。つまり，ヒトによって初めて，原材料（モノ）が調達され，また機械によるその加工が行われるのであって，モノがひとりでに動くわけではないし，またカネが，自動的に手元に入ってくるわけでもない。さて，それでは経営活動における情報はどのような役割を果たしているのか，この点をレストランに例をとって考えてみよう。

2．レストランで食事をする時の情報の役割

　レストランに行って食事をする場合，おおよそ図表7-1のようなプロセスをたどる。これから，次のことが理解できる。第1に，このプロセスのうち，情報にかかわるものが多数あるということ（情報に関わるプロセス要素は網掛け文字で示している）。メニューはレストランが作った情報であり，客は

図表7-1　レストランにおけるヒト・モノ・カネ・情報

```
食べようとする料理を大体決めて，
レストランを選び，レストランに行く
              ↓
     店員の挨拶を受け，席に着く
              ↓
       メニューを見て注文する
              ↓
  店員は伝票に注文を書き，厨房に伝える
              ↓
 厨房ではコックが順次調理していく（モノの加工）
              ↓
  注文した料理ができれば，店員に伝えられる
              ↓
   店員は，料理を席まで運ぶ（モノの運搬）
              ↓
        食べる（モノの消費）
              ↓
 食べ終われば，伝票を持ってレジのところへ行き，
         料金を支払う
```

それを見て料理を選択する。客は店員に注文するが，これは情報の伝達である。店員は注文を伝票に書き，厨房（調理場）に伝える。これは情報の生産と運搬（伝達）である。

　第2に，情報にかかわる活動があって初めて，言い換えると情報に先導されて，食材が加工され，できあがった料理が運搬されて，消費（食事）が行われ，また料金の支払いも行われる。つまり情報によって，客と店員，店員と厨房のコック，レジの係員，これらの人々の行動がつながって，客が注文した料理が生産され，運搬され，消費され，料金が支払われるのである。

　このプロセスで情報活動にミスが発生すると，例えば，隣の席の客が注文した料理がこちらに運ばれてくるといった問題がうまれる。また，厨房に注文が伝わっていないと，いくら待っていても料理が来ないということになる。このようなことは実際に時々体験することでもあるが，それはレストランにおける情報活動の品質管理のずさんさに起因している。

　以上の考察から，情報によって，人々は一定のまとまった行動（モノを加工し，運搬し，消費し，お金を支払う）をとることができるし，情報活動にミスが発生すると，注文に応じて料理を提供し，料金を徴収するというレストランの目的の達成に支障が生まれるということがわかる。

3．レストラン閉店後の情報活動（営業活動の把握）

　閉店後のレストランでは，さまざまな情報活動が行われる。どの料理がどれだけ売れたか，総売上高はいくらか，レジの現金の勘定と伝票とのチェック，来客数とその特徴は，食材の在庫はどうか，店員・コックの労働時間の把握，客からのクレームの把握などである。これらの情報は所定の用紙に記録され，保管される。つまり，その日の営業状況全般が把握されるのである。

　これに基づいて，いくつかの行動がとられる。1つは営業継続のためのものであり，在庫状況を勘案しての食材の発注，食材発注先への支払ないしその準備，給料日であれば店員への給料の支払ないしその準備などといったことである。またそれらの情報を基にして，損益計算書などの財務諸表も作成

される。

　もう1つは，営業改善のためのものであり，来客数を増やすための新しいメニューの開発や，クレーム発生の防止方法の検討，価格の再検討などである。これらの検討には，このレストランの営業実態の把握とともに，近隣のレストランの状況，外食産業全体の動向などについての情報も必要になる。

　営業活動全般の情報や，改善の方法，営業目標などのなかで，必要なものは，会議や朝礼などを通して，店員やコックに伝えられ，共有される。これによりレストランの従業員は，1つの方向を目指してそれぞれの仕事に取り組むことができる（図表7-2参照）。

　レストランは，以上の情報活動によって，一定の来客を獲得し，その地域に根づいて，存続・発展することができるのである。

図表7-2　閉店後の情報活動

営業状況の把握：売上，来客数，在庫など　→　食材の発注／支払準備／財務諸表の作成／新メニュー開発／会議資料作成　など

4. 経営における情報の重要性

　以上，私たちにとって比較的身近な存在のレストランに例をとって，情報の役割を考えた。客の注文に応じて，効率よく調理し，運搬し，食事してもらうという，毎日のレストランの営業にとって，また営業の仕方の改善にとっても，情報の重要性が理解できるであろう。

　レストランは，客の注文した料理をいくつかの食材を加工して，提供する，いわば小さな工場である。経営における情報の重要性は，レストランだけではなく，工業企業にとっても，商業企業にとっても，同じように重要である。

　一般に，一定の目的を複数の人間の協働によって達成しようとする組織＝経営体にとって，情報は不可欠なものである。経営プロセスにおいて，モノ

やカネの動きは情報に先導される。ヒトは情報に導かれて，モノとカネの処理を行うのである。情報は，外部の組織との交渉・連絡・調整のために，そして内部の専門化された各部門の連携を維持し，1つの組織として活動できるようにするために不可欠である。これは人間が，その神経系＝情報網によって，環境を認識してそれへの適応を図り，また身体の各部分を統制しているのと同じことである。経営における情報の重要性は，すでに Chester I. Barnard が『経営者の役割』で明らかにした。

収集・加工・保管・活用される情報量は，経営体の規模の拡大と環境変化の激化とともに増大し，経営体の情報活動はその重要度を高める。経営体の情報活動にかかわる能力を情報力と表現すれば，経営体の情報力は，その環境への迅速な適応，そして経営資源の調達とその効率的利用など，経営能力を決定する1つの大きな要因であり，したがってその競争力を決定する大きな要因である。ここに，ヒト・モノ・カネと並んで，情報が第4の経営資源と言われる理由がある。

Ⅲ 経営情報システムの概念

1. 飲食店における情報システム

私たちの身の回りにはさまざまな形の飲食店がある。飲食店に行ったとき，どのように情報活動が行われるかを観察すると，いろいろな方法があることに気づく。小さな飲食店では，単に口頭で客の注文が調理人に伝えられ，支払い金額も客の前にある皿などで計算する。大きなところでは，口頭による方法では情報の伝達は困難になり，複写式の伝票が用いられる。伝票の1つは客席に置き，他は厨房に持っていき，そこで利用される。また店員が電子的携帯端末を所持していて，店員の操作によって，無線で厨房に注文情報が伝達される事例もある。回転寿司では，客が選んだすしの色分けされた皿は，料金計算に際しての情報源として用いられている。

閉店後の情報処理についてみると，それぞれの店において，品目別の売上の記録，従業員の勤務記録，在庫台帳など，一定の情報の生産と保管，活用

の方法があり，それに基づいて経営に必要な情報活動が行われている。

2．経営情報システムの概念

　一般に経営体の情報活動は，①情報の収集，②情報の加工・生産，③情報の保管と取出し，④情報の伝達と共有，⑤情報の発信，⑥情報の活用の要素から構成されている。レストラン経営を例にとれば，食材の在庫を目で確認することは情報の収集，それを在庫台帳に記録することは情報の生産と保管，それを調達部門の人間が見て，調達先に食材を発注するのは，情報の取出しと情報の活用（この場合は，発注情報を発注先へ例えば電話で連絡するという内容を持つ）ということになる。またレストランの店頭にメニューを掲示するということは，メニューの作成（情報の生産）とその発信ということになる。

　経営体において，情報は，人がペンや紙，電卓，コンピュータなどを用いて生産し，またそれは社内便や電話，会議などにより，流通し，共有される。各経営体は，独自に蓄積されてきた経験を背景に，各書類の様式やその保管方法，提出の時期，会議の開催など，情報活動のための体系化された方法をつくりだし，その効率化を図るようになる。経営情報システムは，①情報活動に従事する人，②人が用いる紙やペン，電卓，コンピュータ（ソフトウエアを含む），電話などの物的手段，③人が物的手段を用いて情報活動を行うための方法，の3つから形作られる[2]。経営体における日常的なコミュニケーションは構成員間の情報流通と共有の場として，経営情報システムを支える土台としての役割を担っている。

　経営情報システムの能力（どれだけ低コストでどれだけ速く一定量の情報活動ができるか）は，その構成要素に依存する。物的要素と方法が同じでも能力の高い人が情報活動を行う場合，能力の低い人が行う場合と比べて，経営情報システムの能力は高くなるであろう。しかし，歴史的に見て大きな変革要素は，物的要素＝情報技術である。後述するIT革命は，この経営情報システムにおける物的要素を大きく変革するものである。

Ⅳ　IT革命と経営情報システム

1．コンピュータ導入以前の経営情報システム

　IT革命による経営情報システムの変革を見る前に，まずそれ以前の経営情報システムの特徴を見てみよう。

　コンピュータが広く導入される以前の経営情報システムでは，人間が，紙とペンなどの筆記用具で情報をさまざまな書類として生産し，またそろばんや電卓などを使って，情報を加工する。書類として生産された情報は，その部門で保管され，必要なときに取り出されて活用される。またそれは他部門に運搬されて，部門間の情報の流通が行われる。また適宜，電話連絡や会議によって，部門間の意思疎通が図られる。

　他企業との情報流通も書類の送付が基本であり，これには郵便やFAXが用いられる。また電話連絡や面談によって商談が進められる。

　こうして，コンピュータとそのネットワークが広く導入されるまでは，企業内の情報の生産・加工・保管・流通および企業間の情報の流通は，筆記用具やそろばん・電卓，そして電話やFAX，郵便などの通信手段を用いて，人間が中心となって行われていたのである。その際，情報の媒体は紙と言葉そのものであり，情報活動には多数の人員が必要で，大きなコストと時間が必要とされた。

2．IT革命による情報力の強化

　IT革命という言葉が2000年ごろ雑誌や新聞を大いに賑わした。ITのIはInformation（情報），TはTechnology（技術）のことであり，IT革命は情報通信技術の飛躍的な発展とそれによる社会の大きな変化を意味する言葉である。私たちの生産力を大いに高めた産業革命をもたらしたものは機械であった。ではIT革命をもたらしたものは何か。それはコンピュータ（パソコン）とインターネットの普及である。当初コンピュータは膨大な量の数値計算をすばやく行うために開発されたが，現在では数的処理のほか，文字

や画像（動画を含む），音を電子的デジタル信号として統一的に取り扱うことが可能になっている。インターネットとその関連技術は，低コストでデジタル化された情報を世界規模で運搬（情報の運搬を通信 telecommunication という）・保管・閲覧する手段を私たちに与えた。

　第二次世界大戦後，コンピュータは軍事目的に開発され，その後企業の経営にも用いられるようになったが，政府や大企業などの経済力をもつ組織だけがそれを使うことができた。コンピュータは大変高価であったからである。ネットワークを使ったコンピュータ間通信も銀行や運輸業などの企業によって利用されていた。

　パソコンとインターネットがこのような状況を大きく変えた。パソコンとインターネットは大きな情報力を組織と個人に与える。情報リテラシーと10数万円の購買力があれば，個人が大きな情報力を手にすることができるのである。経営体では，インターネットにつながったパソコンの一人一人への配置を可能にし，経営情報システムのあり方を大きく変え，またその能力を飛躍的に高めた。

3．現代の経営情報システム

　日本の企業がコンピュータを導入し始めたのは，1960年代のことである。その導入は，たとえば営業部における顧客情報の作成や人事部における給与計算，財務部における財務諸表の作成など，主として各部門の大量の計算業務に適用された。その後，コンピュータの劇的な低価格化と機能の向上を背景に，コンピュータの導入が進み，コンピュータの端末を各部門に配置してそれらをネットワークで結んだ LAN（Local Area Network 事業所の構内やビル内など，比較的狭い範囲でコンピュータや周辺機器などを接続し，データをやり取りし，ファイルやプリンタなどを共有するネットワーク・システムのこと）も構築されるようになった。そして1990年代にはいって，企業の中に低価格・高機能のパソコンが大量に導入されるようになった。それらは LAN に接続され，また同じ時期に普及を始めたインターネットにも接続されるようになり，現代の経営情報システムが形成された。

106　第7章　経営情報

それでは現代の進んだ情報システムはどのようなものであるか，そのイメージを説明しよう（図表7-3参照）。

(1) 基幹系システムと情報系システム

進んだ経営情報システムは基幹系システムと情報系システムの2つのシステムから構成されている。基幹系システムでは，販売事務，経理事務など，日常の企業活動を支える基本的な業務の処理を行うためのソフトウェアがネットワーク上のホストコンピュータにインストールされている。営業部の顧客管理システム，製造部の生産管理システム，財務部の会計システム，人事部の給与計算システムなどである。それらのためのソフトウェアはパッケージとして販売され，それを導入する企業が増えている。その代表的なものがERPパッケージである。ERP（Enterprise Resource Planning）は企業資源管理と訳され，生産や販売，物流，在庫，財務会計，人事といった企業内の「経営資源」を一元的にリアルタイムで管理していく経営概念のことで，それを汎用のソフトウエアとして提供するものがERPである。独SAP社のR/3，米オラクル社のOracle Applicationsなどが著名である。基幹系システムは，入力された情報をプログラムにもとづいて加工する。入力さ

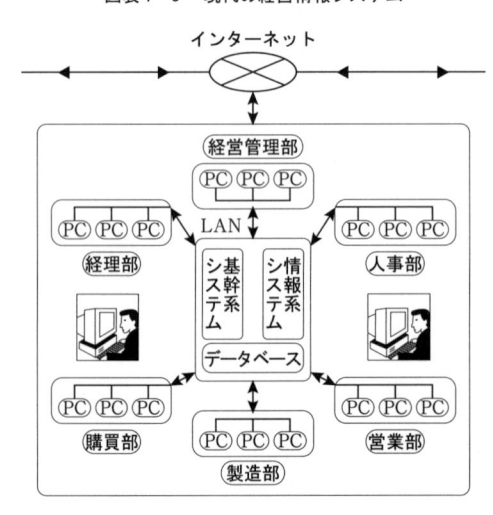

図表7-3　現代の経営情報システム

れた情報と加工された情報はデータベースに保管される。それらは，各部門のパソコンによって取り込まれ，参照・印刷されて，利用される。

　情報系システムでは，社内用のホームページに，製品・部品情報や製品別・地域別の売上状況など，経営状況が掲載されて，それらは販売活動や製造などに役立てられる（組織内のインターネット技術を用いたネットワークをイントラネットという）。また電子掲示板に掲載された，経営トップや各部門の情報を閲覧し，書き込む。

　以上，企業内部の情報システムについて説明したが，企業の経営情報システムは，インターネットに接続され，また専用のデータ回線などによってEDI（Electronic Data Interchange 企業間の受発注や見積もりなど企業間の商取引をデジタル化し，ネットワークを通じてやり取りする仕組み）を利用して関連する企業と結ばれている。

(2) 現代の経営情報システムの特徴

以上のような経営情報システムは次のような特徴を有している。

① 従業員一人一人にパソコンが配置され，彼らが情報処理を行ういわゆるEUC（End User Computing）が展開されている。システム部門はシステムのメンテナンスやシステムの改善，従業員の研修などを行うサポート部門となる。

② 電子化される情報の範囲が拡大され，共有される。製品別・販売地域別売上や顧客情報，クレーム情報など，日々の経営活動に関する情報，製品カタログや設計図，社内報や従業員の意見など，広く企業内の情報が電子化されて，共有され，活用される（顧客情報を管理・活用するための手法とそれをコンピュータ上で実現するソフトウエアはCRM（Customer Relationship Management）顧客関係管理と言われている）。

③ 電子化された情報は，一つのデータベースに格納されて，その管理と利用を効率化する方向が目ざされる。

④ 情報の加工や書類作成，LAN上での情報の流通の自動化が進展する。

⑤ 経営管理部と各部門での，情報の参照やシミュレーションデータの作成により，意思決定が支援される。

⑥ コンピュータはネットワークを経由して接続されていて，情報処理と通信が統合されている。
⑦ 関連企業の情報システムともインターネットや専用回線で結ばれている。取引関係にある企業間で，販売情報や在庫情報を共有して，在庫の圧縮や変動への迅速な対応が目指されている（このための手法とそれをコンピュータ上で実現するソフトウエアは SCM（Supply Chain Management）と言われている）。
⑧ インターネットのホームページの利用により，企業の情報発進力は高まり，顧客への販売（B to C）や企業間取引（B to B）に，そして投資家への財務情報の提供などに役立てられている。

　コンピュータとネットワークは，企業の経営情報システムを大きく革新した。それは，紙やペン，そろばん，そして電話や FAX などによる情報通信に比べて巨大な情報力を企業に与える。今日，コンピュータとそのネットワークは，企業の経営情報システムの根幹を形成している。
　けれども，電話，書類の流通，会議，日常的会話などの人を中心とした従来の情報システムはまったくなくなったわけではない。またコンピュータを自在に使いこなせる人間が存在して始めて，コンピュータによる情報システムは機能する。情報処理と通信の自動化は一定程度実現しているが，コンピュータは完全に自立して情報収集・加工・送信するわけではない。人間が情報を入力し，なすべき作業を指示してはじめて，コンピュータによる情報システムは機能するのである。この意味では，現代企業の経営情報システムの中心にはやはり人間が存在しており，人間がコンピュータによる経営情報システムを活用しながら，情報活動が行われているのである。経営体の構成員は現代の「読み書きそろばん」ともいうべきコンピュータとインターネットに関する知識とその活用能力を持つことが不可欠となっている。学生も大学での学習や日常生活の場でその能力を養成する必要がある。

V おわりに

1. 企業によるコンピュータとネットワーク利用の実態

前節で，最新のITを活用した先進的な企業の経営情報システムについて解説した。それは情報通信産業などの進んだ企業ですでに実際に見られるものである。しかしその実態は業種や企業規模によって大きく異なり，傾向として規模の小さな企業では，IT導入は大企業と比べて遅れている。1998年におけるコンピュータ導入の実態を見ると，図表7-4のとおりである。

図表7-4　従業者規模別コンピュータ導入状況（1998年）

従業者規模	導入している	導入を予定している	導入していない
1～4人	22.9	4.9	72.2
5～19人	58.8	5.6	35.6
20～49人	86.1	2.6	11.3
50～99人	93.0	1.4	5.6
100～299人	94.2	0.5	5.3
300～以上	99.1	0.4	0.4
合計	46.8	4.4	48.8

（出所）『平成11年版中小企業白書』
　　　（http://www.meti.go.jp/hakusho/chusyo/H11/2-4-1z.htm）

図表7-5　企業によるネットワーク利用状況（1999年）

従業員数	LANの構築	イントラネットの構築	インターネットの利用	パソコン通信の利用	EDI利用状況
100～299人	37.0%	15.9%	24.7%	7.9%	22.4%
300～499人	54.8%	20.2%	26.6%	7.2%	30.2%
500～999人	59.2%	26.2%	33.9%	9.9%	39.5%
1,000～1,999人	67.1%	34.6%	46.5%	9.4%	50.8%
2,000人以上	77.3%	49.2%	51.9%	8.9%	64.1%
全企業	43.5%	19.1%	27.5%	8.1%	27.3%

（出所）　郵政省「通信利用動向調査」
　　　（http://www.zaimu.mpt.go.jp/tokei/tdmkkg99.html）

また企業によるネットワークの活用状況をみると図表7-5のとおりであり，企業によるITの導入は企業規模によって大きく異なる。中小企業や零細企業でのITの導入が大きな課題である。

2. 経営革新と情報化投資のダイナミズム

総務省の「情報通信白書平成15年版」によると，日本の企業の情報化投資総額（「電子計算機・同付属装置」など物的要素とソフトウエアへの投資）は，1990年以降，増加しているものの，アメリカと比べるとかなり少なくなっている（http://www.johotsusintokei.soumu.go.jp/whitepaper/ja/h15/summary/summary01.pdf）。日本企業の国際競争力を高めるために，もっと積極的な情報化投資が求められている。

ここで大切なことは，情報化投資の推進それ自身を自己目的にするのではなく，経営革新の手段として情報化を進めることである。情報化投資を行っても，十分その効果を見ていない，あるいは逆に，業務が混乱し，効率が低下したなどの事例は，経営革新と情報化投資のダイナミズムの理解不足が原因となっている。

情報化投資を推進する前提は，業務効率化，調達コスト削減，間接コスト削減，部品在庫圧縮，顧客満足度向上などといった経営革新の目標を具体的に設定することである。そして設定された目標を実現するときに制約要因となっている情報活動を発見し，その要因を解決するために必要な情報活動を実現するための経営情報システムを構想し，構築する必要がある。

1例を示そう。あるレストランで，店員数を抑制しているため，来客が多いときには，注文をとり，それを厨房に伝えるための情報活動に時間がとられて，客の待ち時間が発生し，また時々，注文違いの料理が運ばれるなどの問題も発生しているとする。このとき，客の待ち時間を短縮して，顧客満足度向上を図るという目標を設定し，それに結びつく情報システムを構想する。たとえば，店員に受注用の携帯端末を持たせて，受注情報の作成とその伝達に要する労力を軽減し，時間を短縮するといった具合である。さらにその情報を売上情報としてシステムに取り込めば，売上台帳の作成も効率化す

ることができる。

このように，情報化投資を行う場合，経営革新の目標の設定 ⇒ 目標実現に際して制約要因となっている情報活動の発見 ⇒ その制約要因を除去するための情報システムの設計 という手順を踏むことが必要である。

3．経営情報システム活用上の課題

前節で述べたように，現代の経営情報システムの特徴の一つは，製品・部品情報や，顧客情報，従業員の情報，財務情報など，経営に関するほとんどの情報が電子化・デジタル化されて，保管・活用されているということであった。このことはそうした経営情報システムを活用している企業に大きな情報力を付与するが，他方では，解決すべき大きな課題を企業に提起する。それは，情報のセキュリティ（安全性）をいかに確保するかという課題である。

情報が電子化・デジタル化されると，大量の情報が物理的に小さな空間で保存でき，また複製して持ち出すことが容易になる。さらにネットワークを介して簡単に送付することも可能になった。外部の人間がコンピュータ・システムに侵入して，情報を盗み見したり，改ざんしたりすることも不可能ではない。ここから，悪意の個人が，企業が蓄積した顧客情報を外部に持ち出すということも現実に起こっている。さらにコンピュータ・ウイルスによるシステムへの攻撃も多発している。

そこで，経営情報システムの安全性の確保と，外部への情報の漏洩などを防ぐための情報の管理が大きな課題になっている。日本では，経済産業省の外郭団体である日本情報処理開発協会が，企業の情報セキュリティマネジメントシステム（ISMS）適合性評価制度により，認証を行なっている。その制度は，情報資産を守るための対策を10項目にわたって定めていて，社外からの不正アクセスを防止するといった技術的な対策や，「離席時に机上へ情報を放置することを禁止する」などの，従業員への対策も重視している（http://www.isms.jipdec.jp/v2/v2.html 参照）。ISMS の認証を受けることは，企業の情報セキュリティのレベルを上げ，情報漏洩などの問題を未然に

防ぐとともに，取引先や顧客に対する信頼の強化にも貢献する。

[注]
1) この情報の定義は杉田繁治氏による情報の第2の規定，情報とは「代理記号－物理的な実在としての物の代理，あるいは抽象的な知識や観念などを代理する記号としての役割を演じているもの」（杉田繁治「システムとしての情報社会」『高度情報社会と日本のゆくえ』NHK ブックス，1986年，83ページ）を，わかりやすく言い換えたものである。氏によれば，情報化とは「物や観念の世界を記号化することによって，時間と空間を超えて，あたかも実態を取り扱うのと同じ効果を，記号の操作によって得ようとする工夫」（同上書86ページ）である。
2) 経営情報システム（management information system）には，さまざまな理解がある。狭義には，企業内に構築されたコンピュータによる情報システムを意味するものとして用いられている。しかし一方では，人間による情報活動も視野に入れる広義の概念規定がある（その代表的なものは遠山暁『現代経営情報システム』日科技連，1998年）。本章の概念規定は後者に属する。

[参考文献・ホームページ]
下條哲司『経営情報システム』オーム社，1988年。
増田米二『原典情報社会』TBS ブリタニカ，1985年。
Larry Long, *MANAGEMENT INFORMATION SYSTEMS*, London: Prentice-Hall, Inc 1989.
島田辰巳・高原靖彦編『経営情報システム』日科技連，1993年。
杉原敏夫・菅原光政・上山俊幸『経営情報システム』共立出版，1997年。
中小企業庁『中小企業白書』大蔵省印刷局。
本文中の ERP, CRM, SCM については，以下のホームページを参照。
　　　http://www-6.ibm.com/jp/e-business/crm/
　　　http://www-6.ibm.com/jp/servers/eserver/iseries/solu/scm.html
　　　http://www.baan.co.jp/product/
　　　http://www.sap.co.jp/
　　　http://www.oracle.co.jp/

[学習用参考文献]
Chester I. Barnard（山本安次郎・田杉競・飯野春樹訳）『経営者の役割』1956年，ダイヤモンド社。
濱口恵俊編著『高度情報社会と日本のゆくえ』NHK ブックス，1986年。
遠山暁『現代経営情報システム』日科技連，1998年。
総務省『情報通信白書平成15年版』
　　　(http://www.johotsusintokei.soumu.go.jp/whitepaper/ja/h15/index.html)。
能塚正義・川村洋次編著『「IT 革命」講義』春風社，2001年。

〔能塚正義〕

第8章 経営組織

I はじめに

　ひとびとが協力して何かを成し遂げようとするための活動のことを「組織」と呼ぶ。ある財やサービスを提供して利益を獲得しようとする企業の活動の中にも，もちろん組織が存在する。もっと小さな活動，たとえば友達と一緒にキャンプに行くこととか，サッカーの試合をすることの中にも組織は存在する。組織は，われわれの日常生活におけるあらゆる場所に入り込んでいるので，普段から意識することはほとんどないかもしれない。

　活動に関わる人数が少なく，その活動が成功してもしなくても大して気にならない程度のことであれば，組織を意識しなくとも何の問題もない場合がほとんどであろう。しかし，その活動をどうしても成功させねばならない場合には，組織というものをよく理解して活動を行なわなければならない。よって，とりわけ企業においては，組織をどのように設計・管理すればよいのかということが非常に大きな問題となる。

　本章では，組織の設計という問題に焦点を合わせて，企業活動の中にみられる組織，すなわち「経営組織」について学んでいくための基本的な考え方について論述する。

II 組織を理解するための視点

　経営組織の設計をするためには，まず組織とはどのようなものであるのかについて理解していなければならない。本節では組織を理解するための基本的な視点として，① 組織の存在意義，② 組織の評価基準および ③ 組織の活

動領域について述べる。

1．組織の存在意義

　改めて，組織がなぜ必要であるのかについて考えてみよう。「はじめに」において，組織とは「ひとびとが協力して何かを成し遂げようとするための活動」であると述べた。このような活動が生まれるのは，(1) 成し遂げようとする「何か」が1人では達成できないとき，(2) 1人で行うときよりも2人以上で協力したほうが，よりよい結果がでるとき，である。

　引越し業者のことを考えてみよう。大きな荷物であるクローゼットやベッドを移動させようとするとき，1人の力ではどうしようもない場合がある。また，無理をすれば1人で抱えて運ぶことができるときでも，客の荷物を落として壊す危険があるときには，ゆっくりとしか運べない。こうした「荷物が重すぎる」とか「運ぶのに時間がかかりすぎる」などといった条件を「制約」と呼ぶ。ひとびとは制約を克服するために協力（バーナードはこれを「協働」と呼んでいる）をする。

　この制約という視点から考えれば，ほとんどの企業に組織が必要となることは明らかである。自動車を生産するときに，または携帯電話のような通信サービスを行うときに，1人の力で必要な業務をすべてこなすことはできない。また，多くの顧客がいるレストランで，注文受けから料理，配膳から会計などの仕事を1人で行なっていたら，応対に時間がかかりすぎることになって顧客は逃げてしまうだろう。

2．組織の評価基準

　ひとびとは協力して活動するほうが「よい結果」になると判断するときに組織をつくる。この「よい結果」がどのような結果であるかわからなければ，より良い組織はつくれない。より良い組織をつくるためには，組織を評価するための基準を知っておかねばならない。

　組織の評価基準として最も一般的なものは目的の達成度である。これを「有効性」と呼ぶ。例えば，拘禁を目的とする刑務所などであれば，囚人の

逃亡率が低いときには目的の達成度が高いということができるであろう。また，治療を目的とする病院であれば，より多くの患者の健康状態を回復させたならば，目的の達成度が高いということができる。

　しかしながら，多くの組織において単に「目的を達成する」ことだけが「よい結果」であるとは限らない。例えば，ある市の警察が犯罪を防止することを目的として，市民と同じ人数の警官を配置し，市民のひとりひとりを24時間見張らせたとしたら犯罪はほとんど起こらなくなるかもしれない。しかし，警官を市民と同じ人数だけ配置するためには莫大な費用がかかってしまう。これでは警察が「よい結果」をもたらしているとは言えない。つまり，単に目的の達成度を考えるだけではなく，「目的の達成度と目的の達成のために使用した費用との比率」も考慮にいれる必要がある。この比率は「効率性」と呼ばれる（効率性は「能率」と呼ばれることもある。バーナードもまた「能率」という概念を使っているが，その場合には組織に参加するひとびとの満足度という意味で使われる）。

　とりわけ企業において効率性は重要な基準である。企業において効率性が低いということは，その目的を達成するために本来なら必要のなかったはずの余計な費用がかかっていることを意味する。おそらく，そのような企業は，他の企業との競争に負けて早かれ遅かれ倒産に追い込まれる。経営組織はとくにその効率性を高めるようにつくられなければならないのである。

3．組織の活動領域

　組織の研究者であれ，企業の経営者であれ，有効性や効率性を測定しようとすると，ある問題に直面することになる。次の例を考えてみよう。「ある商品を製造しているA社は，可能な限り余計な費用をかけず，ある年に100億円の利益を達成した」。これだけの情報で判断するならば，A社の組織の有効性および効率性に高い評価を与えてもよいかもしれない。しかし，「その一方でA社の商品は不良品が多く，消費者の間では不評である」という情報がここに加わったとしてみよう。この場合には，A社の商品に不良品が多いことを知った消費者は将来的にA社の商品を買うことを避けるよう

になる可能性が高い。すなわち、どのような要因を結果として含めるかによって、組織の有効性および効率性の評価が変わってしまうのである。

　上記の例のなかに表れているように、要因 a （上記の場合では組織の活動）によって要因 b （上記の場合では消費者）が影響を受けるとともに、要因 b が要因 a に対しても影響を与えている関係にあるとき、これを「相互作用」の関係にあるという。そしてある組織と相互作用の関係にある要因のことをその組織の「環境」と呼ぶ。そのなかでも組織の目的の設定および目的の達成に影響を及ぼしている、および及ぼしている可能性が高いと考えられる環境のことを「課業環境（タスク環境）」と呼ぶ。企業でいえば、顧客、取引先の企業、競争関係にある企業、政府、従業員などが課業環境にあたる。組織の有効性および効率性の適切な評価をおこなうためには、課業環境を視野に入れて判断しなければならない。

　課業環境の状態を見極めることは、よりよい組織を設計するための方針を定めるときにも重要である。もし、ある組織の課業環境がその組織の活動に非常に小さな影響しか与えていない、もしくは課業環境の状態がほぼ一定でほとんど変化がみられないならば、組織による活動の結果をより正確に予測しやすい。このような状況においては、有効性や効率性を高めるように組織を設計することは容易である。その一方でもし、ある組織の課業環境がその組織の活動に大きな影響を与えていて、課業環境の状態が常に変化しているときには、組織にとって予測はほとんど役に立たない。そのような状況下においては、環境の変化を敏感に察知し、変化に対応することができる仕組みが組織になければ、有効性や効率性を高めることは難しい。

Ⅲ　組織設計の基本的コンセプト

　前節では、その企業の課業環境を考慮したうえで有効性や効率性を高めるように組織を設計していかねばならないということを述べた。ここでは組織を設計するための基本的なコンセプトとして、①分業、②調整および③階層を取り上げる。

1. 分　　業

「分業」(「専門化」または「部門化」と表現されることもある) は，組織を設計する際の中核となる最も基本的な原理である。経済学者アダム・スミスは『国富論』(1776年) のなかで分業が用いられる理由として次の3つのことを挙げている。(1) 複雑な作業よりも，分業によって分割された単純な仕事のほうが熟達しやすい，(2) ある種の仕事から別な仕事へと移る場合には時間が必要となるが，分業によってその時間を省くことが可能になる場合がある，(3) 単純な作業に従事しているひとびとは，自分の作業をより容易にするための機械や道具を考える余裕ができる (それが発明されて導入されることによって分業による効果はさらに高まる)。これらの理由は現代の企業においても，全く色あせてはいない。

企業の活動を分割しようとするときには，さまざまな基準を考えることができる。よく知られているのは，(1) 製品別 (目的別とも呼ばれる)，(2) 職能別 (過程別とも呼ばれる)，(3) 顧客別，(4) 場所別といった基準である。経営組織を設計するときには，これらの分業の基準のうちのひとつだけを用いることを避けなければならない。実際にほとんどの企業は，利潤の最大化もしくは存続という最終目的を達成するために，細分化された複数の目的 (「中間目的」と呼ばれることもある) を同時に追っている。それと同時に，ほとんどの企業は，さまざまな過程を通じて製品やサービスを提供している。さらに，ほとんどの企業はさまざまな要求をもった顧客に向かい合いながら，その活動は地理的な広がりをもっている。要するに，経営組織の設計においては，これらのうちのひとつだけを基準として採用するべきではない。分業の基準の優先順位を考えなければならないのである。

分業によってひとびとが別々の役割に配置されると，ひとびとは自分に割り当てられた職務の遂行に集中する。しかし，その一方でひとびとは他の職務には注意を払わなくなってくる。また，同じ役割に従事するひとびとには，能力に個人差があり，そこから成果の差が生じてくることもある。そうなると，ひとびとの間の足並みが揃わないということがしばしば起きてくる。これらの役割間での連携を保つためにかける費用は，効率性を低下させ

る要因となる。経営組織の設計の際には，こうした費用の発生を最小限に抑えることのできるように，分業の基準の優先順位を決めていかねばならない。

2．調　整

　分割された役割が相互に影響を与え合っているときには，特定の役割における作業が遅れたり，逆に進みすぎたりすることによって役割間の連携が乱れて，効率性が低下する。効率性の低下を防ぐためには，分業の基準の優先順位を決めることだけでなく，どのような「調整」を行うのかを決めておくことが重要である。

　調整の方法の第1は「標準化」である。標準化とは，起こりうる状況をある程度の数にしぼって予測したうえで，それぞれの状況においてどのような行動をするべきかを定めることである。標準化によって，日常繰り返し行われる作業の手順や方法，予想されるトラブルへの対処方法，禁止事項などが設定される（これらは「ルーティン」と呼ばれる）。ルーティンを整備し，組織で働くひとびとにそれを受け入れさせることで，彼らが調和のとれた行動をすると期待することができる。

　調整の方法の第2は「計画」である。計画とは，どのような仕事がいつ（もしくはいつまでに）なされるのかを定めたものである。計画が設定されていれば，前もって予測した状況からズレが生じた場合であっても，新たに企業で働くひとびとの行動をすばやく修正することができる。行動の内容ではなく，費用の観点から金銭的に数値化された計画は，一般的に「予算」といわれている。特にその企業が金銭的な面での効率性を重視している場合には，予算から行動の修正がなされることになる。

　調整の方法の第3は「相互調節」である。相互調節は，分業によって別々の作業に従事しているひとびとがお互いに「コミュニケーション」を行って，どのように行動を修正したらよいのかを決定する方法である。このとき，それぞれの役割に従事しているひとから代表者を選び出し，一時的な委員会を結成して調整問題の解決に当たらせることがある。この一時的な委員

会は「タスク・フォース（task-force）」と呼ばれる。問題が解決されれば，タスク・フォースは解散して，そのメンバーはもとの役割に戻ることになる。

　標準化・計画・相互調節のいずれを利用すればよいのかということは，その企業の置かれている課業環境の性質から決定されなければならない。課業環境がほとんど変化しない場合には，標準化がもっとも有力な方法であるといえよう。しかし，課業環境がしばしば変化する場合には，計画を取り入れるべきである。さらに，課業環境がどのような変化を起こすのか予測できない場合には相互調節を取り入れるべきである。

　ただし，標準化にはルーティンの設定と監視のための費用がかかる。また，計画においても，その策定，計画進行のチェックおよび行動の修正を指示するために費用がかかる。相互調節においても同様に，ひとびとがお互いにコミュニケーションを取り合って新たな行動を決定するために費用がかかる。経営組織の設計者は課業環境の性質をよく観察しながら，もっとも効率性が高まる調整方法の組み合わせを考える必要がある。

3. 階　　層

　多くの経営組織では，調整を行うための役割を専門的に設ける。その役割は一般的に「管理者（マネジャー）」と呼ばれる。調整役である管理者の行動や決定は，その組織の有効性と効率性に大きな影響を与える。管理者の行動や決定次第で，その組織が崩壊してしまうことは珍しくない。

　したがって，管理者には調整の実現という重い責任が課せられる。しかし，管理者に責任だけを与えても，調整がスムーズに進められるとは限らない。そこで，まず調整の必要が生じたときに誰が誰に対して状況を報告するのか，そして誰が誰に対して調整の指示を出すのかを定めなければならない。すなわち，「コミュニケーションの経路（チャネル）」を決めておかねばならない。

　コミュニケーションの経路を設計するときには，ひとりの管理者が調整の責任を果たすことのできる範囲を超えないようにしなければならない。その

管理者個人の能力と調整の対象となる作業の内容に応じて，その管理者の調整可能な活動の範囲が限られてくることは明らかである。一般的には，その組織によって行われる活動に関わる人数が増えるほど（企業においては主に従業員の人数），より多くの管理者を配置する傾向にある。

複数の管理者が配置されることになれば，今度は管理者の間に調整役を置く必要がでてくるかもしれない。すなわち，管理者の間に調整のための管理者を付け加えていき，管理者間でのコミュニケーションの経路を設定しなければならないかもしれない。この考え方に沿っていくと，ピラミッドのように段をなして管理者が配置されることになる。この段は「階層」と呼ばれる。このとき，より下位の階層に位置する管理者はより狭い責任範囲をもち，より上位の階層に位置する管理者はより広い責任範囲を持つことになる。

組織において調整がスムーズに進むためには，管理者を配置してコミュニケーションの経路を確保するといったことに加えて，下位のひとが上位のひとの指示に従うような状態になければならない。そのような状態を「権威（オーソリティ）」が確立されている状態という。権威を確立するために，管理者は，指示を出す側と指示を受ける側の両方における心理的要因を考慮しなければならない。権威の確立は管理者がもっとも注意を払わねばならない問題のひとつである。

IV 代表的な組織モデル

実際に設計される経営組織はその企業ごとに異なるものの，いくつかのモデルに分類することができる。これから紹介する代表的な組織モデルの性格を理解しておくことは，実際に組織を設計する際の参考になるだろう。

1．ファンクショナル組織

「ファンクショナル組織」は，テーラー（F. W. Taylor）が構想した職能的職長制度（functional foremanship）にみられる組織モデルである。ファ

ンクショナル組織は、特に大規模な機械工場の操業において、分業の効果を最大限に引き出せるように設計されている。ファンクショナル組織ではまず、工場で行なわれる生産作業を過程別に分割し、ひとびとを割り当てる。そして、分割された役割間の調整のために「職長」とよばれる管理者を設置する。職長は、準備、速度、検査、修繕、作業の準備と手順、指導票（各作業内容の詳細が書かれたもの）、時間および原価、訓練などといった発生すると想定される問題の分類にしたがって配置される。作業員は、これらの管理者から作業に関する指示を受けながら作業を進めるのである。このように、管理者が各々の専門分野から作業員に指示するように設計されているので、より適切な調整（とりわけ標準化）がなされやすい。

　ファンクショナル組織をコミュニケーションの経路という観点からみると、作業員は複数の管理者に報告を行い、複数の管理者から指示を受けるようになっている。つまり、作業の中で発生した問題に対して、複数の管理者から調整の指示が出てくる可能性がある。例えば、ある作業員に対して、作業の手順係を受け持つ管理者から「今すぐに作業の手順を〜のように変更せよ」という指示がでたとする。それと同時に、修繕係を受け持つ管理者から「今すぐに機械の点検をせよ」という指示も出されたとしよう。その作業員はどちらの指示に従えばよいのかわからなくなって、混乱するにちがいない。ファンクショナル組織では、複数の管理者から出される指示によって混乱が生じる可能性に十分に注意を払わねばならない。

2. ライン組織とライン・アンド・スタッフ組織

　「ライン組織」は、ファヨール（H.Fayol）によって提唱された「命令の一元性」の原則に基づく組織モデルである。ライン組織では、いかなる指示も必ずひとりの管理者から出されるように設計されている。したがって、ライン組織はファンクショナル組織のように下位の階層に位置するひとが複数の管理者から指示を受けることがない。

　しかしながら、ライン組織において命令の一元性を保つことに執心すると、問題の解決に時間がかかりやすくなる。一例として、図表8-1のよう

図表 8-1　ライン組織

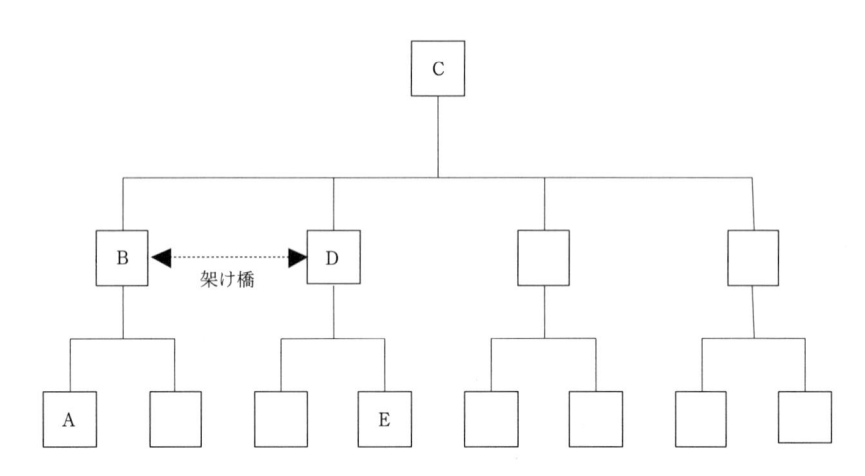

なライン組織を考えてみよう。Aにおいて発生した問題を解決するためにEへの指示が必要な場合には、Aから一旦、最高位の管理者であるCまで報告が挙げられ、そののちにEへと指示がくだっていかねばならない。より効率的に問題を処理するためには、管理者であるBとDが積極的に相互調節を行なったほうがよい。ファヨールはこのような仕組みを「架け橋」と呼んだ。管理者間の架け橋はライン組織をより効率的に機能させるために欠かせない仕組みである。

　また、ライン組織では発生する問題の分類に合わせて管理者が配置されていない。そのために、生じた問題の解決が高度に専門的な知識を必要とするようなときには、管理者が適切な指示をすることができない場合がでてくる。このような弱点を補強するために、管理者に専門的な知識や技術の見地から助言・助力をする役割（このような役割を「スタッフ」と呼ぶ。一方、「ライン」とは、組織の目的の達成に直接的に関わる役割を指す。）をおくことがある。

　スタッフを配備した組織モデルは「ライン・アンド・スタッフ組織」と呼ばれる。スタッフの責任はあくまで助言・助力であり、最終的にどのような指示をするのかを判断する責任はライン組織の管理者にある。とはいうもの

IV 代表的な組織モデル　123

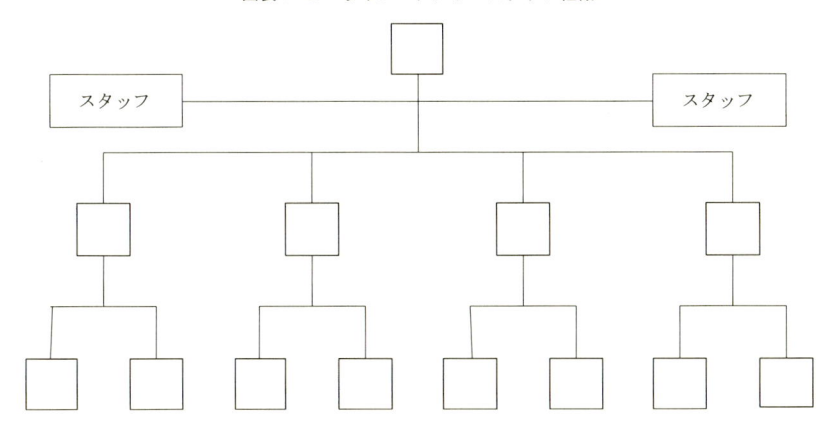

図表 8-2　ライン・アンド・スタッフ組織

の，調整すべき問題が高度で難解なものになればなるほど管理者が独自で判断することが難しくなり，スタッフの発言力が強くなって管理者との関係が崩れる危険がある。ライン組織では，その組織のおかれている課業環境の状態を見極めて，スタッフと管理者との関係の調整方法を決める必要がある。

3．マトリックス組織

　ファンクショナル組織およびライン・アンド・スタッフ組織は，課業環境が不安定になると有効性および効率性が低下しやすい。その最大の原因は，課業環境が変化することによって，分業の基準の優先順位が変わってしまうことにある。

　しかし，課業環境が変化したからといって，安易に組織を再設計しようとするのは危険である。組織の再設計には莫大な費用が必要となるだけでなく，これまでの分業によってひとびとが蓄積してきた経験や知識が失われてしまうことにもなる。このようなときには，基本的には，これまでの分業の形態を維持しつつ，それぞれの部門からひとびとを選出して「プロジェクト・チーム」を設定するという方法がしばしば採用される。

　課業環境の変化がさらに激しくなれば，複数のプロジェクト・チームが常にかつ同時に進行している状態となる。つまり，これまでの分業とプロジェ

クト別の分業という2つの軸のラインを交差させて格子（マトリックス）状に役割を配置している状態になる。このように複数の分業の基準を取り込んでいる組織モデルを「マトリックス組織」と呼ぶ。

　複数の分業の基準を取り込むということは，マトリックスの中の役割に従事するひとびとが複数の管理者から指示を受ける立場に置かれることを意味する。ファンクショナル組織と同じように，複数の管理者から出される指示の間の不一致が生じてくる可能性があるのである。複数の分業の基準を取り込んでいるマトリックス組織では，ファンクショナル組織以上に調整のための費用が発生することになる。したがって，その組織にとってマトリックス組織が本当に必要であるかどうかを慎重に判断する必要がある。

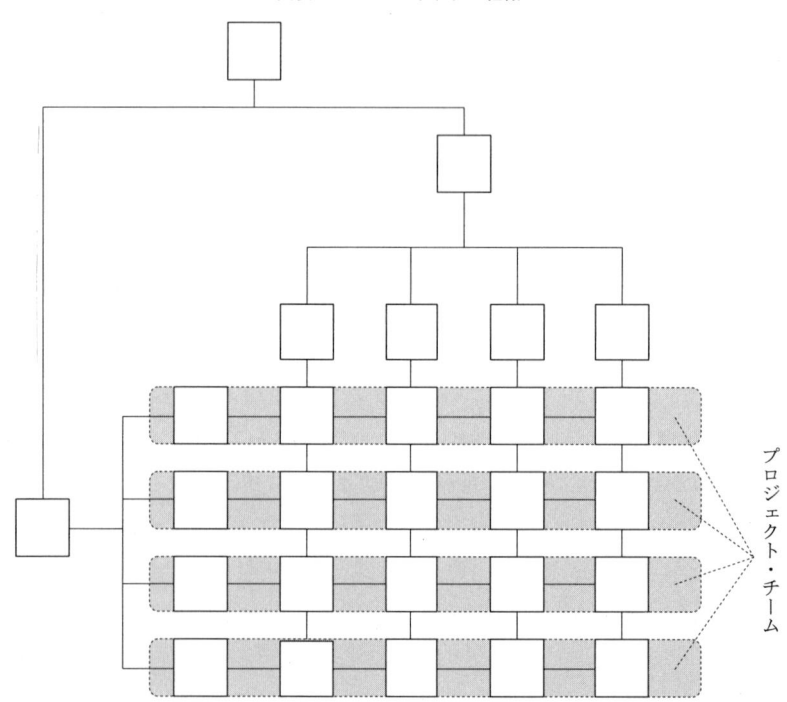

図表8-3　マトリックス組織

V おわりに

　本章では，経営組織の設計のための基本的な考え方について論述してきた。もちろん，ここに述べたことだけで，有効性および効率性の高い経営組織をつくることができるわけではない。本章で述べられていない重要な問題のひとつとして，組織において働くひとびとの「モチベーション」（動機づけ）の問題がある。とりわけ企業においては，ひとびとが無償で働くことはほとんどないといってよい。経営組織はひとびとの「貢献」を引き出すための仕組みを持ち，その運用のために多くの費用をかけざるをえない。

　また，経営組織の中での人間関係の問題もある。経営組織で働くひとびとは，組織設計において公式（フォーマル）に決められた役割関係ではない非公式（インフォーマル）な関係を作り出す。ひとびとがつくりだす非公式な関係は，公式の関係以上に組織の活動に大きな影響を及ぼすことが多い。

　さらに，現代の企業の多くは，その課業環境をはっきりと捉えることが難しい状況，すなわち「あいまいな状況」に直面するようになってきている。あいまいな状況においては，組織は自らの課業環境を積極的に規定して，新しい目的や活動を創造していかねばならない。現代の企業の経営組織の設計においては，モチベーション，非公式な関係という問題を考慮にいれるとともに，組織に創造性を持たせることが，必要不可欠な条件となってきている。

[参考文献]
Barnard, C. I., *The Function of the Executive*, Cambridge: Harvard University Press, 1938.（山本安次郎・田杉競・飯野春樹訳『新訳　経営者の役割』ダイヤモンド社，1968 年。）
Dill, William R., "Environment as an influence on Managerial Autonomy," *Administrative Science Quarterly*, vol.2, March, 1958, pp.409-443.
ファヨール，H.（山本安次郎訳）『産業ならびに一般の管理』ダイヤモンド社，1985 年。
Galbraith, J. R., *Designing Complex Organizations*, Massachusetts: Addison-Wesley, 1973.（梅津祐良訳『横断組織の設計』ダイヤモンド社，1980 年。）
Gerloff, E. A., *Organizational Theory and Design*, New York: McGraw-Hill, Inc., 1985.（車戸實監訳『経営組織の理論とデザイン』マグロウヒル，1989 年。）
経営学史学会編『経営学史事典』文眞堂，2002 年。

北野利信編著／津田達男・鶴見直輔・桐村晋次著『マトリックス組織の編成と運営』ダイヤモンド社，1981年．
March, J. G. and J. P. Olsen, *Ambiguity and Choice in Organizations*, Bergen: Universitetsforlaget, 1976. （遠田雄志／アリソン・ユング訳『組織におけるあいまいさと決定』有斐閣，1986年．）
March, J. G., and H. A. Simon., *Organizations*, New York: John Wiley & Sons, Inc., 1958. （土屋守章訳『オーガニゼーションズ』ダイヤモンド社，1977年．）
大河内一男編／玉野井芳郎・田添京二・大河内暁男訳『世界の名著　アダム・スミス』中央公論社，1968年．Simon, H. A., *Administrative Behavior*, 3rd edition, New York: Free Press, 1976. （松田武彦・高柳暁・二村敏子訳『経営行動』ダイヤモンド社，1989年．）
Simon, H. A., W. Smithburg and V. A. Thompson, *Public Administration*, New York: Alfred A. Knopf, Inc., 1950. （岡本康雄・河合忠彦・増田孝治訳『組織と管理の基礎理論』ダイヤモンド社，1977年．）
田島壮幸編『経営学用語辞典』税務経理協会，1997年．
テイラー，F. W. （上野陽一訳）『科学的管理法（新版）』産業能率大学出版部，1957年．
Thompson, J. D., *Organization in Action*, New York: McGraw-Hill, 1967. （高宮晋監訳／鎌田慎一・新田義則・二宮豊志訳『オーガニゼーション　イン　アクション』同文館，1987年．）

[学習用参考文献]
スチュアート・クレイナー（嶋口充輝監訳／岸本義之・黒岩健一郎訳）『マネジメントの世紀』東洋経済新報社，2000年．
リチャード・L. ダフト（髙木晴夫訳）『組織の経営学』ダイヤモンド社，2002年．
デリック・S. ピュー／デービッド・J. ヒクソン（北野利信訳）『現代組織学説の偉人たち』有斐閣，2003年．
山倉健嗣・岸田民樹・田中政光『現代経営キーワード』有斐閣，2001年．
デービッド・A. ナドラー／マイケル・L. タッシュマン（斉藤彰悟監訳／平野和子訳）『競争優位の組織設計』春秋社，1999年．

〔聞間　理〕

第9章 経営戦略

I　はじめに

　売上，利益，利益率，資産などの経営指標の改善に示される会社の成長というものは，日常的に反復される作業労働や事務労働，管理的業務の実行のみから生まれるものではない。経営戦略という上級管理者の意思決定が中級，下級管理職に至る業務の指針を誘導し下位の管理的・業務的労働と結びついて初めて長期にわたる企業の維持・成長がもたらされる。

　トップマネジメント（最高経営指導部）は，会社全体の重要な事業目標を設定するだけでなく，その実現のための方法である経営戦略を構想・決定して，それを基準に下位の管理者の日常活動を指導している。

　この経営戦略という手法の特性とメカニズムを認識し社会的に公正な基準から使用するなら社会貢献度の高い企業成長を可能にすることができる。

　本章の課題はつぎの3点に要約される。

　第1に，経営戦略の概念を定義づけ現代の経営管理における有効性を分析する。

　第2に，経営戦略の作成方法や実行のプロセスについて最新の事例を紹介し，経営戦略の実践とその理解にも役立てる。

　第3に，「収益と競争優位」に主導される20世紀型の古い経営戦略に代わって環境保全や社会的責任というキーワードに特徴づけられる21世紀型経営戦略のモデルを提示する。

II 経営戦略とは何か

1. 経営戦略の有効性

　現代の大企業は，自社の本業を柱としながらも複数の異業種に進出して多角的な事業を営んだり，複数の国に進出拠点（子会社）を置き国際的な事業活動を営んでいる。また，事業活動の拡大に伴う生産，販売，財務，人事・労務，法規対策，環境，研究開発，情報化などの組織横断的な機能領域も拡大している。

　事業の多角化や国際化，機能の拡大に迅速に対応するために，専門的スタッフを配下に本社組織を設置し，トップマネジメントを筆頭に経営戦略の立案作成が行われている。人体に例えるなら，本社組織は世界各地に展開する工場や事務所，販売店，研究所などに対する指揮命令系統の中枢に相当する。経営戦略とは，この中枢から発される最も重要な指令といえる。この指揮命令の内容の適確性が会社の事業活動の命運を決める。この点を少し具体的に見ておこう。

　例えば，ゲーム機器業界では，1994年当時，任天堂のファミコンとスーパーファミコンがゲーム市場の大半を握っていたが，同年，ソニーはプレイステーション（PS）でゲーム市場に参入した。セガに次ぐ3番手の後発参入だったが，それから約10年後の2003年9月，任天堂は連結最終損益で30億円の赤字になることを発表した。1962年の上場以来初めての赤字決算である。一方，ソニーのPS2は，2000年の発売後3年足らずで世界販売台数で5000万台を超え，現在ゲーム機として世界のトップシェア（80％）を握っている。[1]

　任天堂が最初に開拓してきたゲーム市場の成長可能性を慎重に見極めたうえで高級AV機器と独自のソフトウェア（映像・音楽）をもつソニーの技術力を結集し参入して既存の有力なゲームメーカーを駆逐しリーダー的地位を獲得しようとするソニーの多角化戦略を読み取ることができる。[2]

　次に，自動車業界における事例を見ておこう。2003年度のアメリカにお

ける新車販売台数（予想）は，日本のトヨタ（185万台），ホンダ（138万台），日産（81万台）の3社で約400万台に達した。それに対し，アメリカのビッグ3であるゼネラル・モーターズ（GM），フォード・モーター，ダイムラー・クライスラーのクライスラー部門の総計では1000万台割れになる見込みである。アメリカ全体の新車販売台数の総計が約1650万台（見通し）なので，日本のトップ3社だけの市場占有率（アメリカ国内の新車販売）は約4分の1に達している。

アメリカ自動車企業にとって深刻なのは，純利益の低下だけでなく自動車1台あたりの利益率の低下である。GMの売上高営業利益率は1.6％，それに対し，日産は10.8％，トヨタとホンダは，ほぼ8.5％でGMに対し数倍の格差をもたらしている。この財務力の格差の大きな原因の1つは，アメリカ自動車企業の1台当たりの新車販売奨励金（新車販売時の事実上の割引）が3000ドルを超える水準に対して，日本の企業の新車販売奨励金は1000ドル以下にすぎない点にある。日本の自動車企業が割引率を少なくできる理由として，燃費の向上など環境性能や品質で日本車が米国車に対し優位に立っているために顧客の信用を獲得しやすい事情が考えられる。[3]

アメリカの自動車企業が供給する自動車の商品構成においてトラックなど大型車の割合が高く平均販売価格が相対的に高い事情も斟酌すると1台あたりの販売奨励金の単純な比較はできない。だが，日本企業の現地生産，現地販売による積極的な進出攻勢とアメリカ自動車産業の競争力の低下が近年鮮明になってきた。

自社の利益の7割を北米市場で生み出すトヨタを筆頭に，日本の有力な自動車企業は国内自動車市場の停滞を打破するために，本国よりもむしろ欧米，アジアなど世界市場に販路を求め自動車市場で世界トップをめざす国際化戦略を推進しているといえよう。

2．経営戦略の定義

上記の戦略の事例から，経営戦略は企業の長期の成長と競争優位を実現する管理手法であることがわかる。経営戦略とは，ある企業の現在の経営をと

りまく環境を認識しその将来の変化を先取りして，自社の事業成功をもたらすために必要とされる大胆な手段に関わる構想である。

経営戦略論の実質的な開拓者といえるアンゾフ（H. Igor Ansoff）によれば，経営戦略は事前に代替案を用意できない「意思決定のルール」と述べている。[4] これまでの事業体験になかった未知の領域への挑戦（会社の発展のスピード・アップ，事業構造の再編成，相対的地位の改善など）に関わる重要な意思決定の手法である。

図表9-1は，経営戦略の作成，実行，統制の過程を図解したものである。

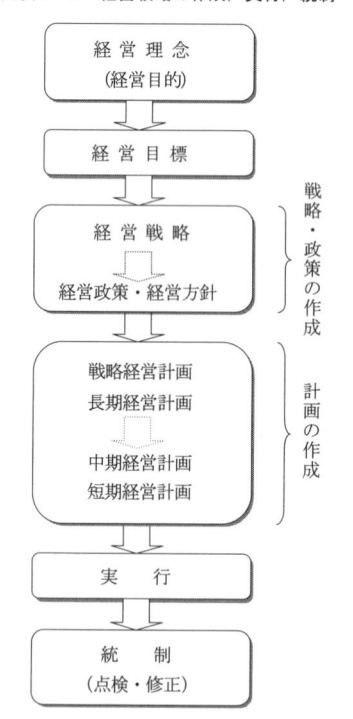

図表9-1 経営戦略の作成，実行，統制[注]

```
        経 営 理 念
        (経営目的)
            ↓
        経 営 目 標
            ↓                    ┐
        経 営 戦 略               │ 戦略・政策
        経営政策・経営方針          │ の作成
            ↓                    ┘
        戦略経営計画              ┐
        長期経営計画              │ 計画の
        中期経営計画              │ 作成
        短期経営計画              ┘
            ↓
        実    行
            ↓
        統    制
        (点検・修正)
```

（注） 実線の矢印は意思決定とそのフローチャートを示し，点線の矢印は実線で囲まれた意思決定内部における階層関係を表す。事業体によっては戦略経営計画と長期経営計画を同義で使用するケースもある。

Ⅱ 経営戦略とは何か 131

　経営理念または経営目的は会社の創立の精神や設立目的などを表し，経営目標は，期限を定めた事業の具体的な成長目標である。つぎに数年後の事業の成長方法を明確にした経営戦略とその下位の意思決定領域に位置する経営政策，経営方針が作成される。その後に戦略経営計画（多角化や国際化，事業再構築など全社の事業方向を決定する戦略自体の計画），長期経営計画，中期・短期経営計画の策定が続く。

　企業の戦略作成部門では，通常，社長直属の本社スタッフ組織が経営戦略の作成または戦略経営計画の作成を担当する。企業によっては，戦略立案と計画立案部門が合体して運営されているケースも多いが，通常，各事業部や地域ごとの管理対象となりうる経営政策や経営方針，中期経営計画や短期経営計画の作成の権限は下位の管理者に委譲されている。

　最後に，経営計画の実行とその実績が当初の目標通りに進んでいるかどうかを点検し必要ならフィードバックして経営戦略もしくは経営計画の修正を行う。

　20世紀型の経営戦略を大きく特徴づける指標を以下の3点にまとめておこう。

　第1に，競争優位性である。すなわち，経営戦略実施後の競争環境で自社の相対的地位の改善が図られることを科学の対象にした最初の管理手法である。軍事用語にルーツをもつ経営戦略の宿命ともいえる特徴だが，同時に自社の利己的な成長や競争優位への信仰をもたらしかねない側面をもっている。

　第2に，計画性である。いかに精緻に作成された経営戦略であっても将来の時間の経過と空間的・機能的範囲への資源配分の具体的構想（経営計画）がなければ，実践的には無効になる。第二次世界大戦後に生成し展開した長期経営計画，戦略経営計画などは，経営戦略を実践するための計画である。

　第3に，機動性である。長期的将来に向けて自社の飛躍的な成長をめざす目的・目標を実現するために，既存の人的・技術的・資金的資源を集中して構成員の能力を最大限発揮したり，将来性ある他社の事業を買収して有力な事業部門などを強化する。経営環境の激変に対応して資源の集中と廃棄のス

ピード化を図る。構成員の合意のない大量の人員削減や工場閉鎖，会社（または事業）売却も有効な戦略とみなされ，労働意欲や忠誠心の低下，構造的失業，企業倫理の喪失の問題も生じる。

III 経営戦略の作成

1. 経営戦略の立案過程

　有効な経営戦略を作成するためには，企業内外の環境要因（企業の利害に影響を与える内外の諸要因）の正確な分析と将来予測が不可欠になる。企業内外の環境要因には全般的環境（経済的，政治的，社会的，政治的，国際的要因など）と企業内部環境（技術，組織，財務，文化など），経営環境または事業環境（競争，供給業者，顧客，労働など）の3つに大別される。

　全般的環境は日常業務に直接の変化をもたらさないが，長期的には，すべての産業，企業に影響をおよぼすマクロな要因である。企業内部環境は企業組織内部の諸要因からなる。経営環境または事業環境は全般的環境と内部環境の中間に位置するがとりわけその中の競争要因が重要な要因である。[5]

　環境要因の分析の主眼は，企業目標の実現のために重要な関連をもつ環境要因を特定し，競争優位を獲得しうる事業領域を絞り込むことにある。経営戦略を成功に導く環境要因は戦略的要因（バーナード）という。[6]

　たとえば，地球温暖化問題と自動車企業の対策を事例に考えてみよう。日本の運輸部門における CO_2 の大きな排出源（1999年度で約88％を占める）である自動車の排ガスに対する規制は年々強まっている。自動車業界は燃費の良い低公害車の開発を進める一方で化石燃料依存型のエンジンに替わる完全無公害の燃料電池に注目している。世界に先駆けて日本の自動車メーカー（トヨタと本田技研）が燃料電池車のリース販売を2002年に開始した事情を経営戦略の視点からみると環境技術が戦略的要因であることがわかる。

　企業は，自社の強み（Strength）と弱み（Weakness）を把握し，外部環境の機会（Opportunity）と脅威（Threat）を探究する。自社の強みと外部の機会を結びつければ，経営目的または経営目標達成へのルートが描かれ

る。

　アメリカのGEによって開発された上記のSWOT分析（強み，弱み，機会，脅威の英語の頭文字からなる）を図解すれば図表9-2のように描かれる。縦軸は自社の成長（売上，利益，利益率など経営目標達成）の程度を表し，横軸は時間の流れである。この図の左側には自社の現在地点を意味する土台（base）がある。右側の縦軸には数年先の自社の達成目標がある。現在と将来の目標の間には，一枚の壁が進路を塞いでいる。そこには機会の窓（Window of Opportunity）と呼ばれる穴が開いておりこの窓を貫通すれば，経営目標の達成へ導かれる。

図表9-2　経営戦略の図解

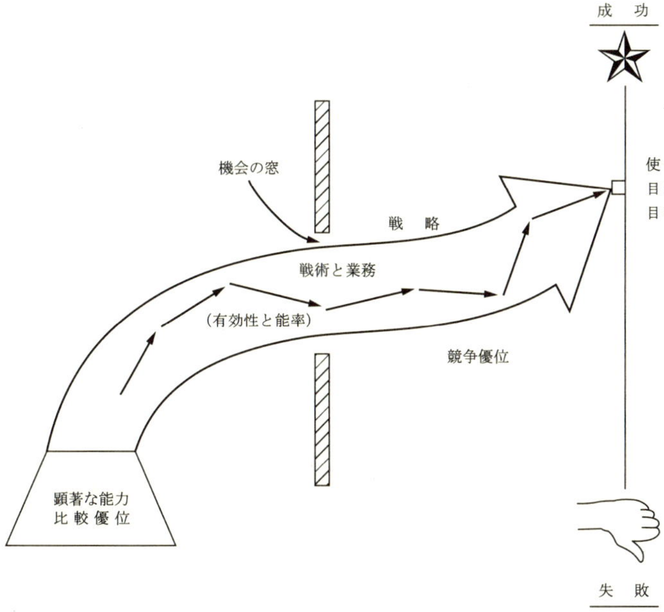

（注）　図の原タイトルは「戦略は成功あるいは失敗の第1次決定要因である」とされているが，煩雑なので引用者の責任において簡潔な表現に直している。また，経営戦略の特徴を強調するために，図解の一部を加工していることを断っておきたい。
（出所）　Lester A. Digman, *Strategic Management*, 1990, p.14.

この窓はSWOT分析の機会（有利な外部環境のことで戦略的要因の意味）を意味し、経営戦略成功への鍵を握る要因である。この環境要因の探求を間違えたり、ライバル企業とのスピード競争に負けると壁に阻まれ他社に先を越されて塞がれてしまう。経営戦略の失敗である。

　自社の強み（技術的、組織的、資金的資源）と外部環境の機会を結んで大きな矢印を描いてみる。自社の優れた能力（図解では顕著な能力、比較優位となっている）から伸びた右上がりの曲線になる。なぜなら、数年先の目標時点までに予測不能の事態（環境要因の劇的変化）が出現したり、各年次の目標通りの実績が得られなかったり、上下動の紆余曲折があるからである。

　大きな矢印（戦略）の中の小さい矢印は戦術（tactics）と呼ばれるもので直線状で示される。これは、概ね、短期経営計画や予算のようにいったん決定すると途中で容易に変更できない固定的な性質を表している。戦術（あるいは業務）の段階的な実践と蓄積によって次第に企業の成長（大きな矢印）は経営目標・経営目的達成へ導かれて右上がりの曲線状に描かれる。

　この戦術の方向を規定しているのが戦略である。戦略は戦術を誘導し同時に戦術に依存している。戦略は各年次の事業活動を企業の成長方向へ目的意識的に誘導している。戦略なき事業経営の場合には、各年次の事業活動に統一性がなく期限内の経営目標達成への強い動機は生まれない。事業の成功にとって戦略がいかに重要であるかが理解しうる。

2．**経営戦略の種類**

　企業は、SWOT分析を終えると、次に適切な経営戦略の種類を選択する。これは図表9-3のように、組織階層別レベルと職能別レベルに分かれる。

　組織階層別レベルは、総合経営戦略（corporate-level stategy or enterprise strategy）と事業経営戦略（business-level strategy）に分かれる。総合経営戦略は、最高次元の経営戦略であり、企業全体の目標設定のために固有の使命と資源をもつ事業部または事業所の有効な組み合わせと活用をはかる。多角化（本業以外の事業への進出）や国際化、リエンジニアリング（reengineering, ITを駆使して作業工程や労働能率を改善し従業員の意識改革を

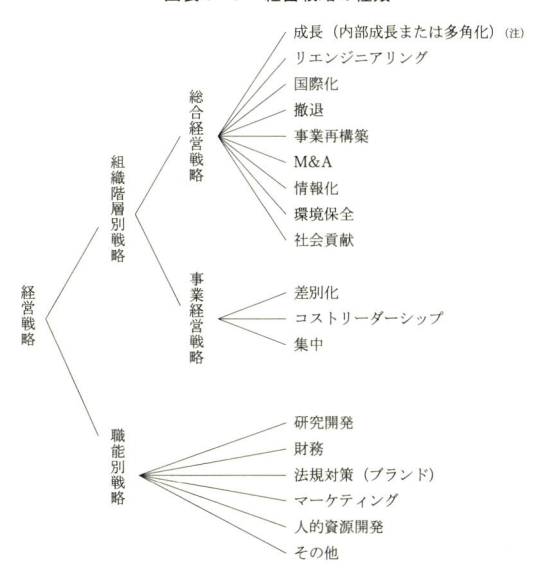

図表 9-3　経営戦略の種類

```
                                    ┌ 成長（内部成長または多角化）(注)
                                    ├ リエンジニアリング
                                    ├ 国際化
                          ┌ 総合経営 ├ 撤退
                          │ 戦略    ├ 事業再構築
                          │        ├ M&A
              ┌ 組織階層別 ┤        ├ 情報化
              │ 戦略      │        ├ 環境保全
              │          │        └ 社会貢献
              │          │
   経営戦略 ──┤          │        ┌ 差別化
              │          └ 事業経営 ├ コストリーダーシップ
              │            戦略    └ 集中
              │
              │                    ┌ 研究開発
              │                    ├ 財務
              └ 職能別戦略 ────────┤ 法規対策（ブランド）
                                    ├ マーケティング
                                    ├ 人的資源開発
                                    └ その他
```

(注)　現在自社が抱える事業部門にない異業種へ進出することから多角化は外部成長と呼ばれることもある。

図る生産性向上運動），リストラクチャリング（restructuring，将来性と採算性ある部門とそうでない部門を分類し前者を強化して事業の再構築を図ること）などが相当する。

　加えて，最近では，事業のプロセスで消費される資源やエネルギー，廃棄物の削減，リサイクル率の向上など環境負荷の計画的削減をめざす環境保全や地域雇用・地域経済への貢献，消費者意見の経営への反映，労働安全衛生管理の確立と説明責任，法律遵守などの社会貢献，社会的責任の要素も大きなウェイトを占めるようになってきている。

　他方，事業経営戦略（business-level strategy）は各事業部単位での競争業者への対抗措置を図る戦略である。たとえば，ソニーの競争相手は国内だけで見ても，AV機器では松下（日本ビクター），シャープ，東芝，パイオニア，日立製作所などだが，半導体では，日本電気，東芝，日立製作所，富士

通などである。また音楽ソフトでは，東芝ＥＭＩ，ビクター音楽産業などがある。一事業部門の競争業者が一社とは限らないし事業部門が異なると競争業者も異なる。複数の業種にわたって同一業者が競争相手であることもある。これに，国際市場での競争相手が加わるので，多角的な事業構成をもつ企業の競争関係は複雑に入り組んでいる。将来の自社の成長に直結する中核的な事業領域（コア）に対応する競争相手を絞りこむことが重要である。[7]

この事業経営戦略の方法には，新製品開発や製品改良，サービス，広告などの差別化（differentiation）や，効率的な操業度，原価削減努力などで競争業者より一製品あたりの原価を引き下げるコストリーダーシップ（cost leadership），限定された地域市場や顧客グループを標的にして進出する集中戦略（focus strategy）がある。

事業経営戦略を確立するためのベンチマーキング（benchmarking）という手法を紹介しよう。ベンチマークとは，本来，基準または指標という意味だが，その動詞形から「指標を立てる」，「基準を設ける」という意味に解されている。自社の業績向上と競争優位確保のための課題（劣っている問題点）を明らかにしその中で最良の実践（best practice）を行っている他社を見つけだし，そこから学び取った成功事例を自社の業務の改善に適用する手法のことである。

図表9-4は日本の代表的自動車メーカーのいくつかの財務指標を比較したものである。図表9-5は図表9-4で算出された数字で最も高い数字が優れている会社（売上や利益率）を1とし，その測定値で他社の測定値を除して商を求める。逆に，低い方が優れている会社（例えば製品の納期やクレーム発生率など）には，最低値を1とし他社のそれぞれの測定値で最小値（優秀な企業の測定値）を除して求める。この作業を正規化といい，1を最高値（基準）として比較対象される企業間のランキング（優劣）が作成される。

図表9-5をExcel処理すれば図表9-6のレーダーチャートが得られる。図表9-6は，2002年度の経営実績からトヨタ自動車，本田技研工業，日産自動車の3社の財務の競争力を比較したものである。トヨタは売上高，増収率，当期利益，総資産で3社のトップであり，日産自動車は営業利益率，

III 経営戦略の作成　137

図表 9-4　日本自動車企業の財務比較（2002 年度）

	トヨタ自動車	本田技研工業	日産自動車
売上高（億円）	160,543	79,715	68,286
増収率（%）	30	28	4
当期利益（億円）	9,447	4,267	4,952
営業利益率（%）	8.49	8.65	10.8
総資産高（億円）	20,7424	76,813	73,492
ROE（%）	12.7	16.2	27.4

（注）　増収率は，1998 年～2002 年度の売上高の増大率を表す。

図表 9-5　日本自動車企業の財務比較（2002 年度）

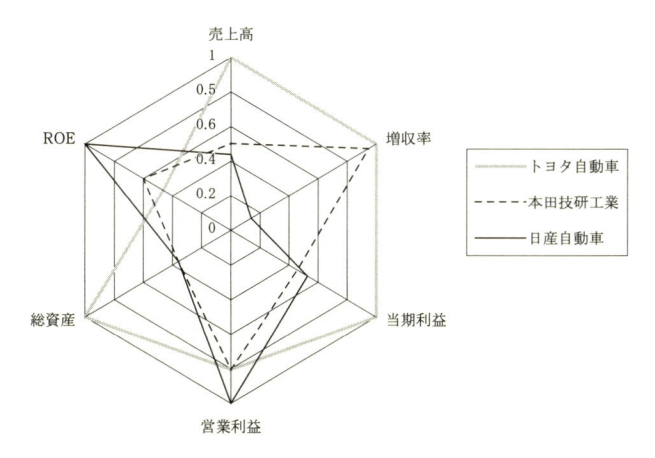

	トヨタ自動車	本田技研工業	日産自動車
売上高	1	0.5	0.43
増収率	1	0.93	0.13
当期利益	1	0.45	0.52
営業利益率	0.79	0.8	1
総資産	1	0.37	0.35
ROE	0.46	0.59	1

図表 9-6　日本自動車企業の財務比較

（出所）　各社の 2002 年度営業報告書から表 9-4，表 9-5 を作成し Exel 処理して図表 9-6 を作成した。

ROE（Return on Equity；自己資本利益率のことで当期利益を自己資本で除した値，投資判断の基準となり株主資本利益率ともいう）でトップに位置し収益性の高いマネジメントを特徴としていることがわかる。反対に，同社は増収

率と総資産の項目ではトヨタに大きく離されている。本田技研は財務に関して3社の中で優位にたつ指標をもたず財務力で弱い体質をもつことがわかる。

　ライバル企業の実力を特定の指標を使って比較しその次に最も優れた企業の実績の原因を突き止める。定性データ比較表や相関関係図，特性要因図など数値に表れない指標をも使って，相手企業のメリット（優れた実績の原因）を調査し，その管理手法を吸収して自社内に取り入れていく。[8] この段階ではライバル企業の内部情報の入手が重要なツールになってくる。

　この調査活動の結果，営業利益率の高い原因が日産自動車の生産方式にあるとすれば，その独自の工程を追求し発見して自社内に最良の実践として模倣したりアレンジして使用する。

　最後の職能別戦略（functional-lebel strategy）は，事業経営戦略の実行を支援するために必要な職能部門を動かす方法である。研究開発，法規対策，人的資源開発，マーケティング，財務などがある。

　10数種類の戦略から取捨選択しそれらを如何に組み立てるかは最高経営者の戦略立案・決定能力にかかっている。上記の複数の戦略が羅列的に作成され組織的に関連づけられていなかったり重点的位置づけのない「戦略」は実質的には戦略とはいえない。

　経営戦略の典型的事例を紹介しよう。2003年の売上高で過去最高の1兆7383億円を達成し9期連続増収，11期連続増益を実現したリコーの強みは，複写機や印刷機の分野で高い技術力をもち，その力を活用して経営全体を環境保全の方向へ誘導して高い収益性と公益性を同時に実現する環境経営戦略を採用している点にある。環境技術開発と環境保全，自社の成長を一体に捉えて環境に重点を置く持続可能な戦略を策定している。

　同社は，環境対策をマネジメントの補足物であるとか，無駄な出費とみなさず，日本企業の中でも最も早い時期から持続可能な社会経済の切り札と考えて「環境トップランナー」を目指してきた。

　同社は，温室効果ガスの大量削減やリサイクル事業の黒字化，省エネルギー型の製品開発，リサイクル対応設計の導入，グリーンパートナーシップ

(他社や異業種の企業と協力して環境技術などを共同開発する能力)を重視して使用済みペットボトルを再利用したプラスチックを開発し世界で初めてオフィス機器の部品の実用化に成功している。[9]

Ⅳ 経営戦略の実行と統制

1．経営戦略とトップマネジメント

社長や副社長などからなるトップマネジメントは，経営戦略の意思決定権と指導責任を有する。

一般に，日本企業では，社長の下に置かれた諮問機関である経営委員会（会長や社長，副社長などで構成される）が経営戦略の意思決定権限を委譲されているケース（日興コーディアルグループでは取締役7名からなり月2回開催される）や本社組織の中に経営戦略本部を設置して従来の企画部門を統合して戦略本部に収斂されるケース，経営企画室などの伝統的な名称で事実上戦略作成を担当する部署などを設置しているケースなどがあげられる。

実際には全社に関わる戦略決定権限と統制権限は社長が掌握し戦略立案や調査活動（情報収集）などスタッフ的機能は本社組織で実施されている。近年，国際化や多角化，技術開発競争の激化などから経営戦略部門の強化，再編成が進んでいる。

つぎに，藤沢薬品工業の経営組織図から経営戦略の実行と組織化のメカニズムを紹介しよう。同社は，1999年に「ビジョン2005」という数年後の成長戦略を明らかにしこの目標を実現するための組織改革に着手した。

同社は1998年時点で国内売上1700億円，海外売上1000億円であったが，同ビジョンでは国内売上2000億円（18%増），海外売上2000億円（倍増）を経営目標にしている。総売上で4000億円企業を目指している。

この経営目標を達成するために，医薬品を軸とした多角化，革新的な医薬品開発（技術），日米欧を中核とするグローバルな生産販売体制，フジサワブランドの強化という4つの柱からなる経営戦略を策定した。

図表9-7は1999年に公表された同社の経営組織図である。この組織改革

140　第9章　経営戦略

図表9-7　藤沢薬品工業経営組織図

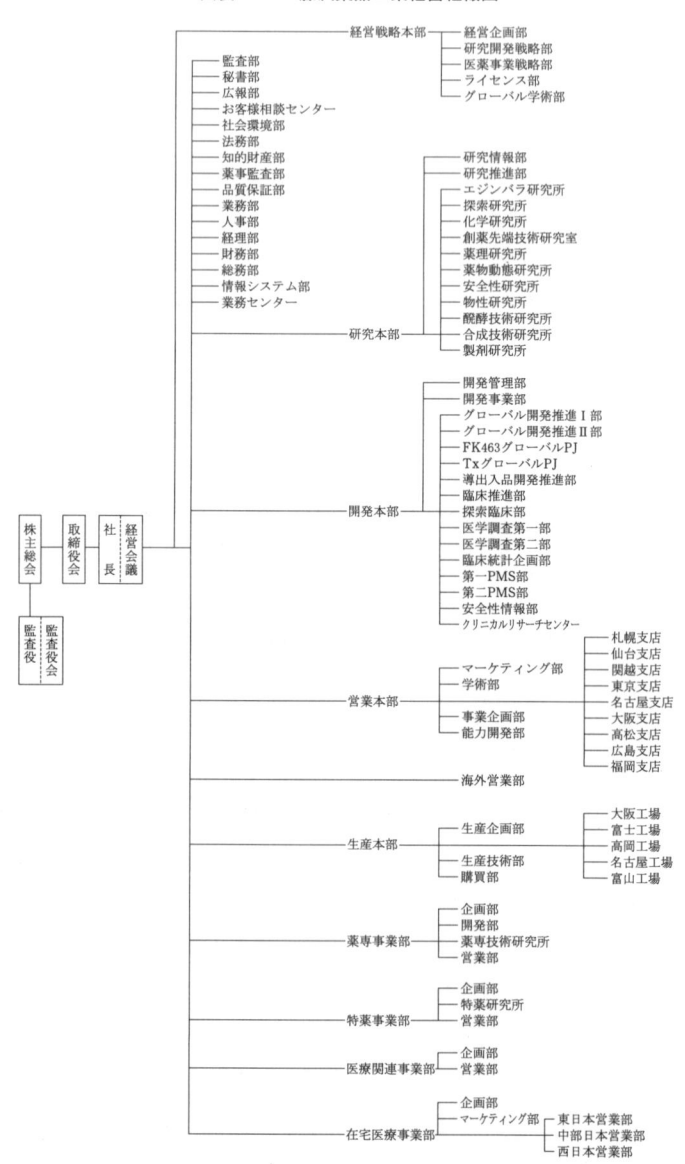

- 株主総会
- 取締役会
- 監査役
- 監査役会
- 社長
- 経営会議
  - 経営戦略本部
    - 経営企画部
    - 研究開発戦略部
    - 医薬事業戦略部
    - ライセンス部
    - グローバル学術部
  - 監査部
  - 秘書部
  - 広報部
  - お客様相談センター
  - 社会環境部
  - 法務部
  - 知的財産部
  - 薬事監査部
  - 品質保証部
  - 業務部
  - 人事部
  - 経理部
  - 財務部
  - 総務部
  - 情報システム部
  - 業務センター
  - 研究本部
    - 研究情報部
    - 研究推進部
    - エジンバラ研究所
    - 探索研究所
    - 化学研究所
    - 創薬先端技術研究室
    - 薬理研究所
    - 薬物動態研究所
    - 安全性研究所
    - 物性研究所
    - 醗酵技術研究所
    - 合成技術研究所
    - 製剤研究所
  - 開発本部
    - 開発管理部
    - 開発事業部
    - グローバル開発推進Ⅰ部
    - グローバル開発推進Ⅱ部
    - FK463グローバルPJ
    - TxグローバルPJ
    - 導入入品開発推進部
    - 臨床推進部
    - 探索臨床部
    - 医学調査第一部
    - 医学調査第二部
    - 臨床統計企画部
    - 第一PMS部
    - 第二PMS部
    - 安全性情報部
    - クリニカルリサーチセンター
  - 営業本部
    - マーケティング部
    - 学術部
      - 札幌支店
      - 仙台支店
      - 関越支店
      - 東京支店
      - 名古屋支店
      - 大阪支店
      - 高松支店
      - 広島支店
      - 福岡支店
    - 事業企画部
    - 能力開発部
  - 海外営業部
  - 生産本部
    - 生産企画部
      - 大阪工場
      - 富士工場
      - 高岡工場
      - 名古屋工場
      - 富山工場
    - 生産技術部
    - 購買部
  - 薬専事業部
    - 企画部
    - 開発部
    - 薬専技術研究所
    - 営業部
  - 特薬事業部
    - 企画部
    - 特薬研究所
    - 営業部
  - 医療関連事業部
    - 企画部
    - 営業部
  - 在宅医療事業部
    - 企画部
    - マーケティング部
      - 東日本営業部
      - 中部日本営業部
      - 西日本営業部

（出所）http://www.fujisawa.co.jp/ir/release/010620.html（2001年6月27日時点）

のポイントは，従来各部門や事業所に分散していた戦略機能を本社組織に統合し経営戦略本部を設置した点にある。また，従来あった経営企画部も移管されて戦略作成と計画作成が合理的に対応するように組織されている。同組織は他の部門とは違い，社長直属の組織として機能する。

また，経営戦略の大きな課題である海外での取組を強化するために社長直属の海外営業部も新設されている。

2．経営戦略実行の組織構造

経営戦略の実行の目的はそれを踏まえた行動計画を実践し所期の成果を実現することにある。その計画が作成されたことを前提に経営戦略が実行される手順をみよう。

経営戦略の実行の第1段階は，戦略実行にふさわしい組織構造を選択することである。組織構造には，職能別組織，地域別組織，分権的事業部制組織，SBU組織（将来的に有力な戦略的事業単位を設定し重点的に投資する組織形態），マトリックス組織（1パートで職能別統制と部門別統制に同時に責任を有する組織形態，たとえば財務担当副社長がA製品事業部の責任者を兼任するなど）に大別される。選択された組織構造にしたがって必要な部署に適切な人材を配置する。

第2段階は，経営計画の単年度の実行計画に照らして資金的に割り振りいつまでに何に対して誰が責任をもつかを明らかにする。すなわち予算化を図ることである。

第3段階は，戦略実行に必要な政策や手続きの設定，管理システムの開発，情報収集体制，従業員の動機づけのための報償制度などを確立することである。

第4段階は，戦略指導者のリーダーシップを発揮して，戦略実行への従業員の労働意欲を集中させ，組織活動の一体化を促進することである。

戦略の実行を目標に照らして日常的に点検し制御し統制する作業が戦略の統制（control）である。戦略の統制によって，経営計画（目標）と経営実績との乖離を把握し，実績以上であれば変更しないが，当該年度の経営目標の

一部あるいは全面的な修正を行う必要がある場合には適切な行動を選択することができる。

V おわりに

　経営戦略が企業の意思決定を合理的なものにし，将来の自社の成長と競争優位をもたらしうる現代企業の管理手法であることを説明してきた。だが，20世紀の末，1990年代初め頃からこの成長方法に大きな疑問が投げかけられるようになってきた。地球環境問題の顕在化は，20世紀型の経済成長（大量生産，大量消費，大量廃棄）に疑問を投げかけその軌道の修正を求めている。

　グローバリゼーションや規制緩和の名目で進められる企業の世界的な市場拡大（貨幣経済化）や多角化の戦略は，有効期間内の企業成長をもたらす。だが，この経済活動は，一方で，資源の枯渇，温室効果ガス排出による温暖化の進行，希少野生生物の絶滅の促進，有害化学物質の大気・水系・土壌への放出など地球環境問題の原因になるだけでなく，貧富の格差拡大や産業の空洞化など社会問題の原因にもなる。

　企業の実力を公正に評価する尺度には次の3つがある。

① 社会に貢献する事業の創造や拡張で採算ある経営実績をあげている（経営実績）。

② 自社の事業活動や社会に供給する製品・サービスの使用・流通・廃棄段階において自然環境や生態系への負荷を削減する取組みを実施し有効な実績をあげている（環境実績）。

③ 大量の人員削減や最高経営責任者による会社私物化を未然に防止する制度を確立したり，法律遵守（コンプライアンス；compliance），利害関係者（ステークホルダー；stakeholder）への情報公開，説明責任(アカウンタビリティー；accountability)を実施する体制を確立している（社会実績）。

　経営戦略は，上記の3つの尺度（経営，環境，社会）から作成され企業の

社会的責任に貢献する手法として再構築されねばならない。米国の多国籍企業を典型とする旧式の経営戦略は，世界企業の所得番付（成長率や利益のランキング）で優位に立ったり，経営責任者や株主・投資家の利益渇望を満たしたり，ライバル企業との競争戦で勝利するという単純な物欲目的から立案されてきた。

暴利や不労所得，不法な会計操作などを含む企業の経営戦略が重宝されその戦略立案と実行に責任をもつ会社トップが「優れたビジネス・リーダー」として礼賛されることも少なからずあった。

手段を選ばぬ利己的な成長を改め事業活動のプロセスに社会的正当性と社会的責任をもちうる経営戦略は，21世紀の「持続可能な経営」（sustainable management）への管理手法として歓迎され経営学説史上に光彩を放つであろう。[10]

[注]
1) 『日本経済新聞』2003年10月4日，同2003年5月15日。
2) ソニー広報センター『ソニー自叙伝』ワック株式会社，1998年，430-435ページ。
3) 『日本経済新聞』2003年5月9日。
4) H. Igor Ansoff, *Corporate Strategy: An Analytic Approach to Business Policy for Growth and Expansion*, New York: McGraw-Hill, 1965, pp.119-120.（広田寿亮訳『企業戦略論』産業能率短期大学部，1969年，149ページ。）
5) Richard L. Daft, Management, ed., 1991, p.70. 企業の競争要因を5つの角度から探究したポーターの研究を参照されたい。Cynthia A. Montgomery and Michael E. Porter (eds.), *Strategy; Seeking and Securing Competitive Advantage*, Harvard Business Review, 1991, pp.11-25.
6) Chester I. Bernard, *The Functions of the Executive*, Cambridge, Mass. Harvard University Press, 1938, p.203.（山本安次郎・田杉競・飯野春樹訳『経営者の役割』ダイヤモンド社，1987年，212ページ。）
7) 足立辰雄『現代経営戦略論―環境と共生から見直す―』八千代出版社，2002年，4-6ページ参照。
8) 長島牧人『戦略立案のテクニック』日科技連，1997年，273-287ページ，参照。
9) 『リコー環境経営報告書2003』2003年，7-21ページ。
10) 足立辰雄，前掲書，43-53ページ。同書の「第4章経営戦略の新生と展望」では，経営戦略の環境責任を理論的・実証的に分析している。

[参考文献]
H. Igor Ansoff, *Corporate Strategy: An Analytic Approach to Business Policy for Growth and Expansion*, New York: McGraw-Hill, 1965.（広田寿亮訳『企業戦略論』産業能率短期大学部，1969年，149ページ。）

Richard L. Daft (ed), Management, 1991.
Cynthia A. Montgomery and Michael E. Porter (eds.),
　　Strategy; Seeking and Securing Competitive Advantage, Harvard Business Review, 1991,
Chester I. Bernard, The Functions of the Executive, Cambridge, Mass. Harvard University Press, 1938.（山本安次郎・田杉競・飯野春樹訳『経営者の役割』ダイヤモンド社, 1987年。）
足立辰雄『現代経営戦略論―環境と共生から見直す―』八千代出版社, 2002年。
ソニー広報センター『ソニー自叙伝』ワック株式会社, 1998年。
長島牧人『戦略立案のテクニック』日科技連, 1997年。
『リコー環境経営報告書2003』2003年。
藤沢薬品工業ホームページ (http://www.fujisawa.co.jp/ir/index3.html)
『日本経済新聞』2003年5月9日, 2003年5月15日, 2003年10月4日。

[学習用参考文献]
H. Igor Ansoff, Corporate Strategy: An Analytic Approach to Business Policy for Growth and Expansion, New York: McGraw-Hill, 1965.（広田寿亮訳『企業戦略論』産業能率短期大学部, 1969年。）
Charles W. Hofer and Dan Schendel, Strategy Formulation: Analytical Concepts, West Publishing Co., 1978.（奥村昭博・榊原清則・野中郁次郎共訳『戦略策定―その理論と手法―』千倉書房, 1990年。）
Michael Hammer and James Champy, Reengineering the Corporation: A Manifesto for Business Revolution, Linda Michaels Literary Agency, 1993.（野中郁次郎監訳『リエンジニアリング革命』日本経済新聞社, 1994年。）
Michael E. Porter, Competitive Strategy, Free Press, A Division of Macmillan Publishing Co., Inc., 1980,（土岐坤・中辻萬治・服部照夫訳,『競争の戦略』ダイヤモンド社, 1998年。）
足立辰雄『現代経営戦略論―環境と共生から見直す―』八千代出版社, 2002年。

〔足立辰雄〕

第10章　コーポレート・ガバナンス

I　はじめに

　本章では，コーポレート・ガバナンス（corporate governance）の問題について論じる。コーポレート・ガバナンスは，企業統治もしくは株式会社の統治などと訳されることも多いが，わが国ではいわゆるバブル崩壊（1990年代）以降盛んに論じられるようになり，近年ではカタカナのまま新聞紙上などでも用いられるようになっている。したがって，コーポレート・ガバナンスという言葉は，既に日本語化しているといえるのである。
　では，コーポレート・ガバナンスとはいったい何であろうか。コーポレート・ガバナンスに関する議論は，経営学の分野だけにとどまらず，法学，経済学，会計学などの分野でも盛んに論じられている。また日本，アメリカ，欧州各国だけではなく，韓国，中国，台湾，オーストラリア，ブラジルなどにおいても議論されている。したがって，さまざまな分野の世界中の論者が議論しているため，コーポレート・ガバナンスというテーマで論じられる対象・内容は多様化しており，その核心がいったい何であるのかよくわからなくなってしまっている。
　しかし，ここでは，筆者なりに最大公約数的な定義を与え，議論を展開していきたい。コーポレート・ガバナンス論は，巨大な公開株式会社を対象にした議論である。株式会社が大規模化し，資本調達のために株式が大量に発行され，株式所有が広範に分散した。その結果，株式所有に基づいて会社を支配することが困難になり（所有と支配の分離），会社の支配者が所有者から経営者に移行した。このように経営者支配の進んだ巨大な公開株式会社の経営を，どのようにすれば経済的に見て効率的であり，また社会的に見ても健

全な存在にすることができるのかを考えるのがコーポレート・ガバナンス論の議論の中心であるといえるのである。

　既に述べたように，コーポレート・ガバナンスは，わが国ではいわゆるバブル崩壊以降盛んに論じられるようになったが，これは多くの企業が収益を上げられなくなり，株価が低迷したことが1つの原因であると考えられる。会社は株主のものであるから，株主が会社に対して直接的に発言することや株式市場を通じて圧力をかけることにより，株主の立場から見て経済的に効率的に会社経営や経営者権力を統制していこうと考えられたのである〔market (stockholder) control of corporate power〕。これに対して，近年わが国で起こった BSE 問題，乳製品の製造会社による食中毒事件やアメリカで起こったエンロン事件などの会社不祥事と，それに伴う経営倫理に対する関心の高まりにより，株主だけではなく，もっと広く従業員，消費者，取引先，地域社会なども含んだ社会的な視点からも会社経営や経営者権力を統制していこうとする議論〔social (stakeholder) control of corporate power〕もなされるようになってきている。したがって，コーポレート・ガバナンス論は，「会社は誰のものか」を問題にしているともいえるのである。

　とはいえ，次節以下でみるように，わが国の現状についてみると，以上の議論のうち，株主の立場からの議論に沿って実際の株式会社においてコーポレート・ガバナンス改革を行おうとするさまざまな試みがなされてきており，社会的な視点は現実の改革にはあまり反映されていない，といえる。

　このようなわが国におけるコーポレート・ガバナンスを巡る問題は，アメリカにおける議論や実践から大きな影響を受け，またそれを参考にして展開されてきている。また，コーポレート・ガバナンスに関する議論は，アメリカにおいて始まったものである。このため，本章では，まずアメリカにおいてコーポレート・ガバナンスに関する議論や実践がどのように展開してきたのかについて考察する。そして，アメリカにおける議論が，わが国のコーポレート・ガバナンスに関する問題を考察していくうえで，どのように影響し，どのような点が参考になるのか考えてみたい。

II アメリカにおけるコーポレート・ガバナンス論の展開

 本節では，アメリカにおいてコーポレート・ガバナンス論がどのように展開してきたのかについて見る。これは，「はじめに」において述べたように，わが国におけるコーポレート・ガバナンス論はアメリカでの議論を受けて展開してきたとされており，その結果，市場による規律，「株主重視」のガバナンスが叫ばれているからである。本節ではこの問題について考えてみたい。

 コーポレート・ガバナンス論は，アメリカにおいていったいどのように展開してきたのか。ルーミスとルーブマンによると，アメリカにおいては，20世紀の初頭から既にコーポレート・ガバナンスの問題は存在しており，かなりの議論がなされていた[1]。しかし，このような指摘は，今日的な視点からみて，20世紀の初頭にコーポレート・ガバナンスの問題が既に存在していたということであり，この当時は，コーポレート・ガバナンスという用語は未だ用いられていなかった。

 では，コーポレート・ガバナンスという用語はいつ頃から用いられるようになったのであろうか。筆者は，これは1960年代であると考えている。この用語を初めて用いた論者の1人であると考えられるイールズは，その著書『株式会社の統治』(1962年) を次のような問題意識をもって著している。現代の巨大株式会社は自社の従業員を全人格的に従属させ，市民の権利に直接的に影響を与えており，社会のなかで州や連邦等の公的な政府と同様の権力を行使している。州や連邦等の公的な政府は，それぞれ州法や合衆国憲法というその権力に対する歯止めとなる憲法を有している。これに対して，現代の巨大株式会社はその権力の歯止めとなる憲法をもっていない。イールズは，強大な社会的・経済的権力をもつようになった巨大株式会社の権力の歯止めとなるような憲法を探求することにより，コーポレート・ガバナンスの立憲主義的な基礎を求めようとしたのである。また，既に述べたように巨大株式会社は強大な権力をもつようになっており，その結果，多数の人びとの

生活に多大な影響を与えるようになっている。このため,イールズは,大会社（の経営者）は確かに第一義的には株主に対して有利な収益をもたらすという義務をもってはいるものの,同時に社会の要求に対応すること,すなわち従業員,顧客,原材料の供給業者,地域社会等の構成員の要求にも対応する社会的責任ある会社（経営者）にもなる必要がある,と考えたのである[2]。

そして,アメリカでコーポレート・ガバナンス論争が本格化したのは,イールズの著作が発表されたのと同じ1960年代においてであった。これは,進歩的な社会活動家たちが小口の株主となり,当該会社に対して株主権を利用して社会的責任を果たすように要求し始めたためである[3]。このような傾向は1970年代においても続いており,トリッカーは,1970年代のコーポレート・ガバナンスの問題として次の4点をあげている。① 所有と支配が分離して自己永続的な存在となり,また大きな社会的影響力をもつようになった経営者権力は,どのようにすれば正当化されうるかという問題,② 取締役会に構成員代表の取締役を加えることにより,会社に社会的な目的も付加していくべきであるという要求,③ 従来の伝統的な会社統制メカニズムである法律や規制をさらに強化することにより,大会社を統制していくべきであるという議論,そして ④ アカウンタビリティ（説明責任・会社の結果責任）を強化するべきであるという議論である[4]。

したがって,結論的にいえば,1960～70年代のコーポレート・ガバナンスの問題には次の2つの流れが存在したと考えられる。まず,中心的な論点であった ① 本来的には私的権力である株式会社権力をどのようにして統制し,株式会社に社会的目標を付加していけばよいのかという議論（株式会社の社会的責任論）である。そして,② （①に対する批判として）株式会社を株主のために利潤を極大化するための経済的制度である（したがって,株式会社は株主以外のさまざまな利害関係者に対して社会的責任を果たすことはない）とする議論,また市場からのさまざまな圧力により株式会社は経済的目的のみを追求し,社会的な義務を負うことはできないとする議論である[5]。

次に1980年代に目を向けると,株主対経営者の時代,つまり会社支配権市場を巡る議論が中心であったといえる。これは,LBO (leveraged buyout:

被買収会社の資産を担保に資金調達し,その資金を利用して買収する手法)を含めた敵対的企業買収運動の増加・大型化を契機として始まった。1980年代においては,ジャンク・ボンド(利払い・償還に関する危険は大きいが,その代わり利回りが大きい格付けの低い社債)が利用されるようになって,特にLBOを利用した敵対的企業買収運動が高まったことにより,コーポレート・ガバナンスに対する関心がさらに高まった。しかし,この時期の議論は,企業買収運動との関わりで論じられていたため,会社支配権市場を巡る議論が中心であった。つまり,敵対的企業買収は無能な経営者を排除し,もし優秀な経営者が企業経営を行っていれば,株主が本来得られるはずであった利益を彼らに与える自由市場の装置であると考えられていた。株式市場を通じて企業経営(経営者行動)を確認し,規制することが有効に行えると考えられたのである。しかし,経営者は敵対的企業買収に対抗し,自身の地位や利益を守るためにさまざまな手法を考案し,利用することになる[6]。このために,どのようにすれば有効に株主による企業経営(経営者行動)のチェックが行えるようになるのかが問題とされるようになるのである。そして,LBOブームが収束するにつれて,企業の借金漬け体質や対外競争力の低下が問題にされることになる。したがって,1980年代のコーポレート・ガバナンス論は,株主の願望と経営者の行動をいかにして一致させるか,という議論を中心に展開されていたといえるであろう。

　しかし,敵対的企業買収は,理論的に考えれば確かに上に述べたように経営者を規律する有用な道具のように考えられるが,実際には,「株主のためにいかに有益であったとしても,敵対的乗っ取りは株主以外のさまざまな構成員・利害関係者に,広範囲にわたる補償されることのないコストを課している[7]」。このため,証券取引所で取引されている価格よりも高い価格で,買い手が株主に新聞などを通じて直接株式を購入すると申し出ている場合であっても,取締役会の判断で,従業員,原材料の供給業者,顧客,あるいは地域社会といった利害関係者の利害に適切にかなっていない場合は,乗っ取りの申し込みに反対する決定を行う取締役会を保護する法律が必要とされることになった。したがって,アメリカでは1980年代の中頃(最初は1983年

のペンシルベニア州）から1990年代の初めにかけて，30の州で，経営者が会社の意思決定を行う際に，株主の利害に加えて，株主以外の利害関係者の考慮も認める法律，いわゆる会社構成員法・利害関係者法が制定されることになったのである。つまり，アメリカにおいては，1980年代においても株主中心のコーポレート・ガバナンスに対する批判が行われていたのである。

次に，1990年代に入ると，CalPERS（カリフォルニア州公務員退職年金基金）のような公的年金基金を中心とする機関投資家が，従来のウォール・ストリート・ルール（「経営に不満のある投資家は，会社の経営に対して積極的に発言するのではなく，その所有する株式を売却する」という暗黙のルール）から離れて，株主として積極的に会社経営に参加し始めるようになる。このような現象は，年金基金による積極的な行動主義やリレーションシップ・インベスティング（会社経営に積極的に参加する投資）等と呼ばれている。機関投資家の規模の拡大や多くの州で企業買収を規制する法律（会社構成員法）が成立したために，機関投資家は容易にその所有する株式を売却することができなくなり，株式の流動性が低下した。このため，多額の株式を所有している年金基金を中心とする機関投資家が，会社経営に対して発言するようになったのである。

Ⅲ 株式会社の再定義─株主理論と利害関係者理論─

既に述べたように，わが国におけるコーポレート・ガバナンス論はアメリカでの議論を受けて展開しており，その結果，市場による規律，「株主重視」のガバナンスが世界標準として取り入れられようとしている。株主重視という場合，2つの解釈が可能である。第1には，従来，株主が軽視されすぎていたため，もう少し株主にも目を向ける必要があるという解釈である。第2には，会社構成員・利害関係者のうち，株主を最も重視し，株主価値を中心に経営するべきであるという解釈である。近年の議論を見ると，株主重視は，一般的には後者の意味で理解されていると考えられる。

しかし，前節での議論からわかるように，アメリカにおいてコーポレー

ト・ガバナンスを巡る議論が株主中心に展開されたのは，1980年代以降であり，同時にそれに対する批判もなされていた。特に実務の世界においては，会社構成員法・利害関係者法が制定されており，株主以外の利害関係者の利害関係も保護するコーポレート・ガバナンスのメカニズムも形成されていた。したがって，アメリカにおいては，コーポレート・ガバナンスの問題を議論する際には，株主価値の最大化を求める視点（株主理論）とさまざまな利害関係者・会社構成員を含めたガバナンス・メカニズムを構築しようとする視点（利害関係者理論）との対立が続いてきたものの，実際にはある程度は両立されてきたといえるのである。

このような株式会社の本質（nature of the corporation）に関わる議論は，1890年～1930年頃にアメリカ，イギリス，フランス，ドイツ等の法学者によって盛んに論じられていたが，その後あまり議論されることはなくなっていた[8]。しかし，1980年代以降，乗っ取りに関する議論の文脈の中で再び盛んに論じられるようになったのである[9]。

以下では，株式会社を再定義するために「会社は誰のものか」という問題を「株主理論 stockholder theory」と「利害関係者理論 stakeholder theory」とを対比させながら，企業の社会的責任，経営倫理，コーポレート・ガバナンスとの関連で見てみる。そして，株主理論，利害関係者理論との関係で，コーポレート・ガバナンスを左右する存在である取締役会の構成メンバーが，現在，アメリカにいおいてどのようになっているのかについても見てみる[10]。

1. 株主理論（会社は株主のものである）

株主理論は，新古典派経済学の中心的な部分を占める理論である。この理論は，以下のような仮定の下で，「会社は株主のものである」と主張する。それは，秩序正しいマーケットにオープンで自由な競争が存在しており，また多くの独立的な生産者と顧客が存在している。さらに，経済的価値の重要性を強調し，市場参加者の選択最適化を可能にするような利用可能な情報が即座に手にはいる，という仮定である。また，会社は，利益を求めている個

人あるいは諸個人によって所有されており，所有者はもっぱら自らの金融資産を増やすことに興味をもっているという暗黙の仮定も行っている。このため，株主理論は，ほとんど排他的に所有者の経済的健康の最大化に焦点を合わせる議論を展開することになる。つまり，株主理論の原理は，株主が会社の資本を提供したので，彼らがすべての残余の所得（すなわち，すべての運営費が支払われた後に残っている資金）を「受けるに値する」ということである。株主理論の下で，唯一のあらゆる会社活動のための原理は株主価値の最大化（通常，株価極大化を意味する）である。もし会社の活動が当該株主のために会社の価値を増大させるならば，その活動は正当であるが，もし会社の価値が減らされるなら，その活動は正当ではないということである。

　会社は，その所有者が望み通り動かすことが出来る彼らの財産である。したがって，この立場からコーポレート・ガバナンスの問題を見れば，コーポレート・ガバナンスは株主の利害が明確に反映されるように設計されるべきであり，株主の願望と会社（経営者）の行動を一致させることを目指すことになる。これを企業の社会的責任という点からみれば，効率的にその経済的機能を遂行すること，端的にいえば，M. フリードマンが述べるように法律に従って利益を最大化させることこそが企業の社会的責任ということになる。

　この立場から経営倫理が問題にされることはほとんどないといっても過言ではない。近年わが国においてもよく問題にされるコンプライアンス経営は，多くの場合，経営倫理の問題に含めて考えられているが，コンプライアンスを文字通り遵法経営であると考えれば，フリードマンの主張と同一線上にあるとも考えられるのである。

2．利害関係者理論（会社はさまざまな利害関係者のものである）

　株主理論に基づくコーポレート・ガバナンスは，企業の経済性や効率性の基準に基づくものであり，この方向に過度に振れてしまうと企業の社会的な公正性や倫理的な問題が軽視されてしまうことになる。企業を社会の1つの制度的な存在であるという考え方をとると，企業は単に社会に害を与えない

ようにするだけでなく，ますます社会の幸福のために積極的・直接的に貢献するように求められるようになっているようにも思われる。その際に用いられる考え方に利害関係者理論がある。

「利害関係者」という概念は，1984年にフリーマンの『戦略的経営：利害関係者アプローチ[11]』が出版されて以来，経営学の分野の研究者や経営者の考え方に浸透した。そして会社の利害関係者理論は，エバンとフリーマンの論文「近代株式会社の利害関係者理論：カント主義資本主義[12]」において1988年に初めて提案された。彼らは，株主理論が単に所有者に対する責任を主張したのに対して，より広範囲にわたる一連の利害関係者（顧客，原材料の供給業者，所有者，従業員及び地域社会等）に対する会社の責任を仮定する理論に取り替えることを提案した。彼らは，会社が今や単に株主の利益のためだけに経営されるのではなく，外部性やモラル・ハザードが意思決定をする際に経営者の特権に対して制約を導いたことを示したのである。彼らは以下の2つの利害関係者マネジメント原則を提言した。

① 株式会社は，その利害関係者の利益のために経営されるべきである。利害関係者の権利は，保証されねばならない。利害関係者は，本質的に十分に自らの福祉に影響を与える決定に対して，ある意味で参加しなくてはならない。

② 経営者は，利害関係者と抽象的な実体としての株式会社に対して信託関係をもつ。経営者は，利害関係者の利害に基づき彼らの代理人として行動しなくてはならない。経営者は，当該会社の存続と利害関係者グループの長期の利害を保証するため，当該会社の利害に基づいて行動しなくてはならない[13]。

結局，利害関係者理論の立場に立って考えれば，もし企業が存続し，繁栄し続けようとするなら，企業は株主以外の利害関係者の主張も十分聞き入れねばならないことになる。企業の社会的責任＝あらゆる利害関係者の繁栄であり，企業は単に法律を遵守するだけでなく，積極的に倫理的行動をとることが求められるようになる。あらゆる利害関係者が繁栄していくためには，恐らく短期的には利潤の減少を意味し，長期的に見ても潜在的には株主の富

を幾らか減少させることになるかもしれない。たとえそうであっても，企業は株主以外の利害関係者の要求を無視できなくなっているのである。したがって，コーポレート・ガバナンスのメカニズムも，さまざまな利害関係者の利害のバランスを考慮することができるようなメカニズムが求められることになる。特に経営倫理との関係でいうなら，それぞれの企業が単に倫理綱領のようなものを作成するだけでなく，実際に会社の意思決定過程に倫理的価値を内在化させる方法，すなわち倫理の制度化（会社の日常的な活動に倫理的な価値を統合しようとするプロセス，例えば企業倫理推進室の設置や倫理研修等）を積極的に進めていくことが求められるように思われる。

3．取締役会とコーポレート・ガバナンス

コーポレート・ガバナンスは，法律的・理論的に見れば，取締役会によって左右されるものである。このため，わが国では，明確な株主価値最大化視点をもつと考えられているアメリカ型（アングロ・サクソン型）のコーポレート・ガバナンスを取り入れて社外取締役を導入することにより，より透明度の高い経営と業績の回復を果たそうと試みている。2003年4月施行の改正商法による委員会等設置会社の選択的導入や社外取締役の採用は，それ以前に行われた近年の商法改正も含めて，概観すれば株主価値を最大化するような会社政策を取り易くするような改正が目立っているように思われる[14]。以下では，株主理論，利害関係者理論との関係で，アメリカの株式会社の取締役会及び取締役会委員会が具体的にどのようになっているのか見てみる。

まず，取締役会構成員が具体的にどのように変化してきたのか見てみる。最初に，平均的な取締役会における内部取締役と外部取締役の構成比率について，コーンとフェリーの調査を見てみると，1975年時点では5人対8人（外部取締役62%），1990年時点では3人対10人（同77%），1996年～2001年では2人対9人（82%）であり，取締役会は，外部取締役の比率を高めてきたといえる[15]。この外部取締役の出身職業はきわめて多様である。図表10-1からは以下のことがわかる。まず，1980年代においては減少傾向にあっ

III 株式会社の再定義—株主理論と利害関係者理論—

図表10-1 取締役会の構成員（取締役会に以下の個人が1人以上いる会社）（単位%）

	2001年	1995年	1989年	1985年
他社の退職したエグゼクティブ	93	75	64.1	68.2
投資家	91	73	47.0 (1)	53.6 (1)
他社のCEO/COO	82	82	79.5	NA
女性	78	69	59.1	45.0
元政府役人	56	54	27.7	29.6
少数民族	68	47	31.6	25.4
アフリカ系アメリカ人	42	34	NA	NA
ラテン系アメリカ人	16	9	NA	NA
アジア系アメリカ人	10	4	NA	NA
学者	59	53	55.4	54.5
商業銀行	30	28	22.7	30.8
合衆国の市民ではない人	15	17	12.0	14.0

(出所) 2001年と1995年については、L. B. Korn & R. M. Ferry, *29th Annual Board of Directors Study 2002: Fortune 1000 Highlights*, New York, Korn/Ferry International, 2002, p.7. を基に作成した。1985年と1989年の数値については、L. B. Korn & R. M. Ferry, *17th Annual Board of Directors Study*, New York, Korn/Ferry International, 1990, p.15. を基に作成した。

(注) (1)1985年と1989年のカテゴリーには、投資家は存在しなかったため、1995年と2001年のそれと比較して、主要な株主と投資銀行の合計を投資家とした。

た退社した他社の会社役員、投資家および商業銀行が、1990年代以降は商業銀行を除いて急激に増加しており、また他社のCEO（最高経営責任者）やCOO（最高業務執行責任者）は一貫して多くの会社で外部取締役となっている点である。特に株主代表の取締役の増加は、1990年代に入って年金基金に代表される機関投資家が会社経営に対して積極的に発言するようになったために、会社が株主価値に対する指向性を高めたことが原因であると思われる。これに対して、女性、学者、そして少数民族の取締役は、株主以外の利害関係者・会社構成員の利害関係への配慮から取締役になっている人たちであり、会社構成員代表の取締役（constituency director）、一種の公益代表の取締役（public director）であると考えられる。特に女性取締役が1人以上いる会社は、1974年時点の約10%から1985年の45%、1989年の59%、2001年78%と著しく増大しており、同様に、少数民族の取締役も一貫して増大している点は注目される。

次に、取締役会委員会について見てみると図表10-2の通りである。確か

図表10-2 取締役会に設置されている取締役会委員会（単位%）

	2001年	1995年	1989年	1980年
監査委員会	100	100	96.6	98.3
報酬委員会	99	99	91.1	83.3
ストックオプション委員会	86	56	NA	43.5 (1)
指名委員会	72	73	57.3	52.4
エグゼクティブ委員会	56	65	73.5	77.3
取締役会編成(board organization)委員会	48	35	NA	NA
財務委員会	35	32	33.5	32.3
後継者育成委員会	30	31	NA	NA
投資委員会	19	21	NA	NA
会社責任委員会	21	19	18.3	16.1 (2)
取締役報酬委員会	30	NA	NA	NA

(出所) 2001年と1995年については，L. B. Korn & R. M. Ferry, *29th Annual Board of Directors Study 2002: Fortune 1000 Highlights*, New York, Korn/Ferry International, 2002, p.7を基に作成した。1989年の数値については，L. B. Korn & R. M. Ferry, *17th Annual Board of Directors Study*, New York, Korn/Ferry International, 1991, p.17を基に作成した。1980年については，D. Windsor, "Public Policy and Corporate Ethics Committees", in G. C. Greanias & D. Windsor eds., *The Changing Board*, Houston, Gulf Publishing Company, 1982, p.101を基に作成した。

(注) (1) 1976年の数値である

(2) 比較のため公共問題委員会(9.5%)と会社倫理委員会(6.6%)の合計16.1%を会社責任委員会とした。

＊この表には現れていないが，Korn等の調査によると，コーポレート・ガバナンスのプロセスや取締役会の業務を調査する公式の委員会を2002年時点で62.3%の取締役会が有していた[なお，この数値は，1995年時点では41%であった（Korn & Ferry, *29th Annual Board of Directors Study 2002*, p.4.)]。

に株主価値を高めるために設置されていると考えられる委員会が大部分ではあるが，社会的な問題を取り扱う会社責任委員会（多くの場合，内部取締役1人，外部取締役4人で構成される）が2001年時点でフォーチュン1000社の21％で設置されており，この点も注目される。

コーンらは，以上のようなアメリカの株式会社における取締役会構成員の変化に注目して，1990年に次のように論じている。すなわち，「取締役会は従業員，地域社会，環境主義者のグループといった株主以外の構成員の利害をますます保護するようになるであろう。……CEOは，依然としてその第1の構成員である株主に圧倒的に関心を向けている。しかし，外部取締役

は，株主以外のグループのニーズにさらに多くの神経を向けるようになっており，取締役会で多数派を占めている彼らの発言力は，今後さらに大きな影響力をもつようになるであろう[16]」と。また，ダラスも「取締役会を多様化しようとする運動は，ますます多様化・国際化する社会において，従業員と消費者の利害関係に対する会社の感度を高めることを目的としている。この議論は，断固として株主価値を高めることとの関連で進行したものではあるが，多様性に対する利害関係は，ある程度は利害関係者資本主義（stakeholder capitalism）の必要性を認めているものである[17]」と述べている。このように，アメリカの会社取締役会は，実際には，株主の価値だけではなく，株主以外の利害関係者の利害も認めようとするものなのである。

IV 日本のコーポレート・ガバナンス改革論の問題点

従来の日本のコーポレート・ガバナンスモデルは，債権者と従業員の利害関係の保護を強調したものであり，株主価値それ自体に関連した誘引はほとんどなかったといわれている。これは，多くの点で日本の株式所有構造が原因であったと考えられる。第二次大戦後，日本の企業は，相互に株式を持ち合い，企業グループを形成し，「企業系列」の形でネットワークを形成してきた。企業グループに含まれる企業は通常は独立しているが，株式所有，ガバナンス，商取引関係などの問題に関して成文化された契約や暗黙の契約，取引慣行を有していた。また各事業会社は，企業グループ内の銀行と株式相互持合いだけではなく，多額の融資を受ける長期的な取引関係にあり（多くの場合銀行は最大の債権者でもあった），その経営に財務的な困難が生じた場合は支援を受ける関係にあった。日本では，歴史的に間接金融の比重が大きかったこともあって，債権者であり株主でもある銀行は，株式投資からの収益よりも債権者としてのリスクに関心をもっており，したがって企業の長期的な成長により注目していた[18]。日本の取締役の約78%は従業員の内部昇進によって占められており[19]，また権限は代表取締役である社長がもっているという現実から，企業経営が順調に行われている際には，会社は従業員を

含めた経営者（すなわちインサイダー）によりコントロールされている，と見ることができる。しかし，企業経営の状態が悪化した際には，銀行から派遣されている取締役が経営権を握るか，銀行から新たに経営者が派遣されることになる。このように銀行がモニタリング機能を果たすシステムは，「メインバンク」システムと呼ばれ，銀行は日本のコーポレート・ガバナンスシステムにおいて重要な役割を果たしてきたと考えられているのである。

　以上のように日本のコーポレート・ガバナンスを見ていくと，それは日本の他の経済的諸制度との関係で理解すれば，それらが極めて相互に補完的な関係にあり，その枠組みの中で有効なものであることがわかる。例えば，従来の日本企業は，長期雇用慣行（いわゆる終身雇用制）を強調し，年功賃金制度を用いることにより，1つのチームのような状態に置かれている従業員を含めた経営者（インサイダー）たちにインセンティブを与え，彼らの人的資本を投資させ続けることに成功してきた。中途採用の労働市場は限定的なものであったことも，従業員が長期就業を続けるインセンティブを高めていたと考えられる。会社が利害関係者理論的な視点をもち従業員の福利厚生制度を手厚くしていたことも，この点と大いに関連していたと考えられる[20]。

　以上，従来の日本の会社のコーポレート・ガバナンスモデルを見てきたが，近年の日本企業を取り巻く環境の変化により，今日，従来のモデルに大きな変更が迫られているといわれている。環境の変化については，以下の3点が挙げられる[21]。

　まず，第1には，グローバル化の影響である。日本の株主総会は，従来は株式相互持合いにより形骸化されていたが，持ち合い解消が徐々に進み，その代わりに海外の投資家（その多くはアメリカの年金基金に代表される機関投資家）の持ち株比率が高まり，彼らの発言力が今後ますます高まってくると考えられるのである。

　第2には，情報通信技術革命により，ビジネスがスピード・アップし，またモジュール化の高まりにより他企業と迅速に戦略的提携を行うことができる体制が必要とされている点である。アメリカ型の方が，経営者が迅速な意思決定を行いやすいと考えられるのである。

第3には，銀行の不良債権処理の際に株式の持合い解消売りが行われたこともあり，「メインバンク」システムが弱体化している中で，新たなモニタリング・システムが必要とされているように思われる点である。

したがって，以上のことから，日本の巨大な公開株式会社は，今日，新たなコーポレート・ガバナンスメカニズムを構築していく圧力・必要性に迫られていることがわかる。そして，そのような圧力は，既に述べたように近年の商法改正を含めて，概観すれば株主価値を最大化するような会社政策を取り易くするような改正であり，端的にいえば一般にアメリカ型（アングロ・サクソン型）と考えられているモデル採用に対する圧力であると考えられる。

しかし，筆者は，一般にアメリカ型（アングロ・サクソン型）と考えられているモデルを単純に日本企業に適用し，株主重視経営を行おうとしても，簡単には機能しないのではないかと考えている。それは，以下の2つの理由によるものである。

まず，第1には次の点が挙げられる。制度を「ゲームのルール」として概念化したノースによると，ゲームのルールには2つのタイプが存在する。ひとつは立憲的な財産権のルールや契約等の成文化されたものであるフォーマル・ルールであり，もうひとつは規範や習慣などの成文化されていないインフォーマル・ルールである。比較制度分析の考え方に基づくと，仮に外国に優れたフォーマル・ルールがあり，それを取り入れたとしても，それぞれの国にはその国に固有のインフォーマル・ルールが存在し，それが慣性をもって変化が困難になる場合がある。借り物のフォーマル・ルールとその国固有のインフォーマル・ルールの間に軋轢が生じ，うまく機能しなくなってしまうのである[22]。伊丹教授は，現在の日本におけるコーポレート・ガバナンスモデルの本質を「建て前は株主主権で，本音は従業員主権」とまとめられ，慣行として従業員主権が行われてきたと主張されている[23]。従業員主権というインフォーマル・ルールが存在する会社に，株主重視・株主主権というフォーマル・ルールを押し付けても簡単には機能しないと考えられるのである。

次に，第2には，アメリカのコーポレート・ガバナンスのモデルは，株主を最も重視し，株主の価値を中心とした経営を行うためのモデルであると考えられているものの，既に述べたように，実際には，株主の価値だけではなく，株主以外の利害関係者の利害も認めようとするものである，という点が無視されているためである。この点に関連して，1994年～1997年までアメリカ証券取引委員会（SEC）のコミッショナーを務めていたウォールマンの主張は興味深いものがある。彼は，アメリカにおいてこれまで株式会社が発展してきた理由は，長期の会社利害の促進を目標としてもち，また過去1世紀にわたって合衆国が経験した社会的富の増大を促進した州の会社法（近年では，会社構成員法に代表される）と共に，株主の利害を強力に保護する連邦による証券規制の組み合わせの結果である，と主張している。このため，「適切な投資家保護と会社構成員アプローチの二重概念の粗末な代用品として株主第一位モデルを輸出しても，簡単には機能しない。社会をより裕福にするという株式会社の真の目的とその目標を達成する方法との理解が十分ではなかったために，われわれは，間違ったコーポレート・ガバナンス理論を輸出してしまった[24]」とするのである。また，フォートとシパーニも，「アメリカのコーポレート・ガバナンスに対するアプローチは，株主第一位に基礎をおいたアプローチではあるが，かなりの程度の柔軟性が組み込まれたものである。つまり，株主は依然として最も重要な会社構成員ではあるが，他の会社構成員の利害関係もはっきりと認められているのである[25]」としている。

わが国では株主重視・株主第一位モデルが全盛で，この方向にしたがって改革が進められようとしているが，われわれは，ウォールマンやフォートとシパーニの主張を真剣に受け止める必要があるように思われるのである。

V　おわりに

本章では，アメリカと日本におけるコーポレート・ガバナンスの問題について見てきた。今日，アメリカの会社法研究者は，コーポレート・ガバナン

スが世界規模で収斂していくのではないかという概念に夢中になっている，といわれている。これは，以下の理由に基づいている。すなわち，情報通信革命，国際的な移動の容易性，そして立法者，証券市場及び年金基金からの圧力が折り重なって，コーポレート・ガバナンスの構造や実践に精通するように，大企業の経営者は動機付けられている。大企業の経営者は，世界中から集められたコーポレート・ガバナンスの構造や実践の中から最善のものを採用しなければならないというかなりのプレッシャーを感じており，そのため収斂していくと主張されることになるのである。そして，この問題について論じているアメリカの研究者の多くは，収斂はアメリカのコーポレート・ガバナンスを模写したものになるであろうという主張を行っている。確かに同じアングロ・サクソン型という意味で，アメリカと同様のガバナンス様式をもつイギリスのコーポレート・ガバナンスに関する報告書であるキャドベリー報告書，ハンペル報告書，およびグリーンベリー報告書が，ドイツやフランスの会社法改革案に影響を及ぼしたのは事実であり[26]，アメリカ型が世界中から注目されているのも事実である。

しかし，ブランソンは，アメリカの研究者が文化的な問題に目を向けていない点を指摘し，コーポレート・ガバナンスが世界規模で収斂していくという考え方を非難している。世界には数多くの文化や多くの種類の資本主義〔例えば，家族資本主義，管理資本主義 (managed capitalism)，縁故資本主義，バンブー資本主義等〕が存在しており，それらの多くはアメリカスタイルのコーポレート・ガバナンスにはふさわしくないとするのである。彼は，グローバリゼーションは技術革命・遠距離通信革命であり，情報化時代の１つの現象であるが，それによって国家や文化の間に存在する差異や障壁の全てが取り除かれるわけではないと主張する[27]。そして，収斂は情報化時代の産物として生じるが，世界中にいくつもの中心をもって起こるのであり，そのうちの１つがアメリカのガバナンスパラダイムであるに過ぎないとするのである[28]。

Ⅳ節で論じたように，外国のフォーマル・ルールを取り入れるためには，その国固有のインフォーマル・ルールが大きな障壁になる。日本の社会・経

済状況に適合し，日本の社会に受け入れられるコーポレート・ガバナンスメカニズムを作り上げていく必要がある。アメリカと日本は，会社を取り巻く経済・社会環境が異なっている。会社と会社を取り巻く環境は，相互補完関係にあり，1つの経済を形成している。商法を改正して株式会社制度の一部のみアメリカの制度を真似してもうまく機能しない。アメリカ企業の手法をそのまま取り入れるのではなく，従来からある日本企業のよい点を生かしつつ，アメリカから学んでいく必要があるように思われるのである。

[注]
1) P. A. Loomis & B. K. Rubman, "Corporate Governance in Historical Perspectives", Hofstra Law Review, Vol.8, 1979, p.143.
2) R. Eells, The Government of Corporation, New York, Free Press of Glencoe, 1962.
3) F. D. Baldwin, Conflicting Interest, Lexington, Lexington Book, 1984, front flap.
4) B. Tricker, "Editorial: Corporate Governance — the new focus of interest", Corporate Governance: An International Review, Vol.1, 1993, p.1.
5) この点について，詳しくは以下の論文を参照されたい。今西宏次「米国におけるコーポレート・ガバナンス論の展開」『証券経済学会年報』第30号，1995年，および今西「コーポレート・ガバナンスの論理展開——アメリカにおける議論を中心に——」『同志社大学大学院商学論集』第28号，1993年。
6) このような手法として，例えば，グリーン・メール（乗っ取り屋を追い払うために，彼らから市場価格よりも高い価格で自社株を買い戻すこと。他の一般の株主にはこのようなプレミアムは与えられない），ポイズン・ピル（毒薬条項：買収が実行された場合，買収コストが非常に高くつくようにする防衛策。実際上，買収が不可能になる），ゴールデン・パラシュート（被買収会社の経営者が買収の際に自分が解任される場合に，巨額の退職金がもらえるような雇用契約をあらかじめ会社と結ぶこと）等があげられる。
7) 今西「共同体主義，契約主義と株式会社の目的——アメリカにおけるコーポレート・ガバナンスに関する議論との関連で——」『大阪経大論集』第52巻，2001年，189ページ。
8) M. J. Horwitz, "Santa Clara Revisited: The Development of Corporate Theory", in W. Samuels & A. Miller eds., Corporations and Society: Power and Responsibility, New York, Greenwood Press, 1987, p.14.
9) J. C. Coates, "State Takeover Statutes and Corporate Theory: The Revival of an old Debate", New York University Law Review, Vol.64, 1989, p.807.
10) 「株主理論」および「利害関係者理論」に関しては，今西宏次「企業と経営」濱本泰編『現代経営学の基本問題』ミネルヴァ書房，2002年および今西「株式会社とその利害関係者に関する一考察」『大阪経大論集』第49巻第4号，1998年を参照されたい。
11) R. E. Freeman, Strategic Management: A Stakeholder Approach, Boston, Pitman, 1984.
12) W. M. Evan & R. E. Freeman, "A Stakeholder Theory of Modern Corporation: Kantian Capitalism", in Beauchamp, T. L. & Bowie, N. E., Ethical Theory and Business, 3rd ed., Englewood Cliffs, Prentice-hall, 1988.
13) Ibid., p.103.

14) 今村肇・子刈米清広・滝澤弘和「企業システム(1)──ITC革命,企業統治,雇用戦略──」植草益編『社会経済システムとその変革:改革の方向を問う』NTT出版,2002年,267-268ページ。
15) L. B. Korn & R. M. Ferry, *17th Annual Board of Directors Study*, New York, Korn/Ferry International, 1990. : Korn & Ferry, *29th Annual Board of Directors Study 2002: Fortune 1000 Highlights*, New York, Korn/Ferry International, 2002.
16) Korn & Ferry, *17th Annual Board of Directors Study*, p.3.
17) L. L. Dallas, "The New Managerialism and Diversity on Corporate Boards of Directors," *Tulane Law Review*, Vol.76, 2002, pp.1384-1385.
18) T. L. Fort & C. A. Schipani, "Adapting Corporate Governance for Sustainable Peace", *Vanderbilt Journal of Transnational Law*, Vol.36, 2003, pp.407-408.
19) M. Fukao, *Financial Integration, Corporate Governance, and the Performance of Multinational Companies*, The Brookings Institution, 1999, p.25.
20) 今村肇他,前掲論文,265-266ページ,およびM. Aoki, *Towards A Comparative Institutional Analysis*. Cambridge, MA: MIT Press, 2001. (瀧澤弘和・谷口和弘訳『比較制度分析に向けて』NTT出版,2001年。)
21) 今村肇他,前掲論文,266-267ページを参照した。
22) D. North, *Institutions, Institutional Change and Economic Performance*, New York, Cambridge University Press, 1990. (松下公視訳『制度・制度変化・経済成果』晃洋書房,1994年。) なお,Aoki (瀧澤他訳), 前掲訳書, 4ページを参照した。
23) 伊丹敬之『日本型コーポレートガバナンス』日本経済新聞社,2000年,50ページ。本書において伊丹教授は,株主重視ではなく,従業員を主体とするガバナンスでなければ日本企業は甦らないと主張されている。
24) S. M. H. Wallman, "Understanding the Purpose of a Corporation: An Introduction", *The Journal of Corporation Law*, Vol.24, No.4, 1999, p.818.
25) Fort & Schipani, *op. cit.*, pp.401-402.
26) D. M. Branson, "The Very Uncertain Prospect of "Global" Convergence in Corporate Governance", *Cornell International Law Journal*, Vol.34, 2001, pp.322-324.
27) *Ibid.*, pp.326-327.
28) D. M. Branson, "Corporate Social Responsibility Redux", *Tulane Law Review*, Vol.76, 2002, p.1210.

[学習用参考文献]
深尾光洋『コーポレート・ガバナンス入門』ちくま新書,1999年。
濱本泰編『現代経営学の基本問題』ミネルヴァ書房,2002年。
伊丹敬之『日本型コーポレートガバナンス』日本経済新聞社,2000年。
角野信夫・生駒道弘編『現代株式会社と経営財務』文眞堂,1995年。

〔今西宏次〕

第11章 企業倫理

I　はじめに

　かつて「企業に倫理を求めれば，利益が犠牲になる」と考えられた時代があった。しかし今日，倫理を欠いた著名な大企業が引き起こすさまざまな企業不祥事は，やがてその企業を窮地に落としいれ，利益が犠牲になるどころか，最悪の場合，その企業をビジネスの表舞台から永遠に葬り去ることになる。

　「企業に倫理性を問えるか」は，今や「愚問」である。その問いの妥当性を議論している間に，市場は倫理性の高い企業を選別し，それらの社会的存在意義を積極的に評価しようとしている。企業は収益性に加えて，社会性が評価される時代に突入したのである。そのような時代には，企業は他社にもまして強固な企業倫理を構築し，それを遵守しなければならない。

　そこで本章では，「企業倫理」という概念が出現した経緯を「企業の社会的責任」という視点から論述する。また，企業倫理を企業内に制度化するプロセスを検討し，企業倫理の効果的構築が企業の競争力を高めるという点を指摘する。

II　企業倫理とは

　企業倫理（Business Ethics）は，「ビジネスに関する善悪の基準」である。しかし，「善悪の基準」であることを知るだけでは，企業倫理に関する理解は深まらない。企業倫理を理解するためには，社会における「企業」の存在や役割の変化にも注意を払わなければならない。

1. 社会的存在としての企業

　企業は財やサービスを生産する重要な組織である。生産された財やサービスによりわれわれの生活水準は向上し，個人的にも国家的にも「豊かさ」を手に入れることができる。その点で，企業は富を生み出す唯一の存在である。このような視点で企業を見るとき，企業は生産活動を目的とした組織となる。企業は供給者から原材料を購入し，生産物として顧客に提供する。これは「企業に関する生産者的視点 (the Production View of the Firm)[1]」と呼ばれている（図表 11-1）。

　やがて，所有と経営が明確に分離されると，経営を委託された経営者は，所有者（株主）をはじめ供給者，従業員あるいは顧客の満足を追求する必要性に迫られるようになる。経営者は常に「いかにすれば，株主に利益が還元できるか」，また「いかにすれば，従業員は最も効率よく業務に従事してくれるか」といった課題を解決しなければならない。これらは，生産活動の継続に不可欠な主体であり，これら主体との利害を相互に尊重しながら，企業は生産活動を進めていかなくてはならない。これは「企業に関する経営者的視点 (the Managerial View of the Firm)」と呼ばれる（図表 11-2）。

　ところが，今日の企業環境は企業に対してさらに多くの関係者を生み出し，それらとの対峙を要求している。企業は，生産活動や特定の事業活動のみならず，企業活動全般にわたり，さまざまな関係者との関係が重要視されているのである。それらの関係者は，企業の生産活動に一見関連のないもの

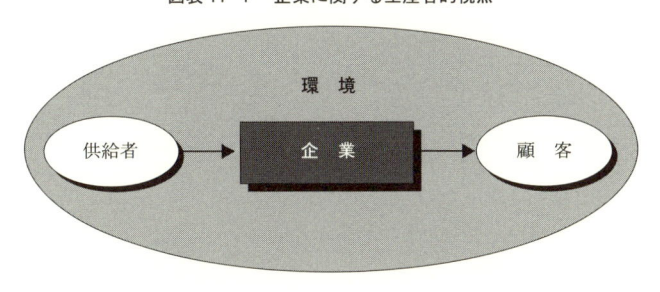

図表 11-1　企業に関する生産者的視点

（出所）　Carroll (1996), p.75.

166　第11章　企業倫理

図表11-2　企業に関する経営者的視点

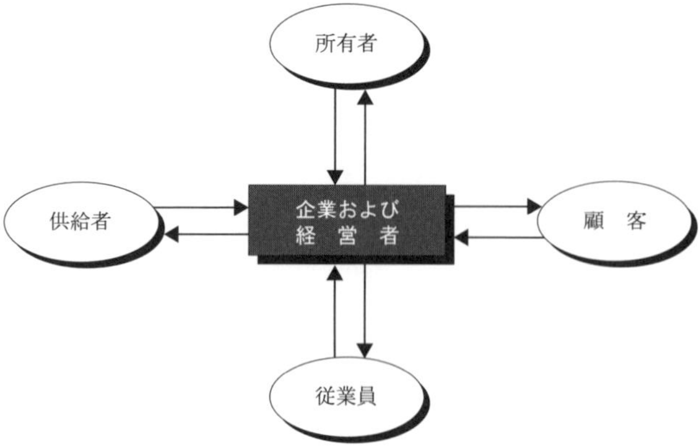

（出所）　Carroll（1996），p.75.

も含み，企業活動全般にわたり，多種多様な影響力を行使している。そのような複雑な企業環境の中で，企業活動を展開しなければならないのが今日企業の特徴である。これは「企業に関する利害関係者的視点（the Stakeholders View of the Firm)」と呼ばれる（図表11-3）。

　今日，企業はかつての「経済的主体」から「社会的存在」へと，その存在意義を変化させている。社会的存在としての企業には，経済性のみを追求する「経済的主体」とは異なり，社会性や透明性が求められる。「企業市民（Corporate Citizenship)」という考え方はまさに，企業といえども社会の一市民に過ぎず，その行動には社会との調和が要求されることを意味している。

　社会的存在としての企業は，多くの関係者から，その「公正さ」や「誠実さ」という点で厳しく監視される。そこで企業は，いかにして「公正さ」や「誠実さ」を獲得するかを考えなければならない。それには，自社の企業活動全般に「倫理性」を導入する必要性がある。

　例えば，なぜ企業は環境問題に関心を払わなければならないのだろうか。一般に，企業は環境対策にコストをかけても，それが即座に収益向上に寄与することはない。むしろ生産コストのアップに直結する。それでも企業は，

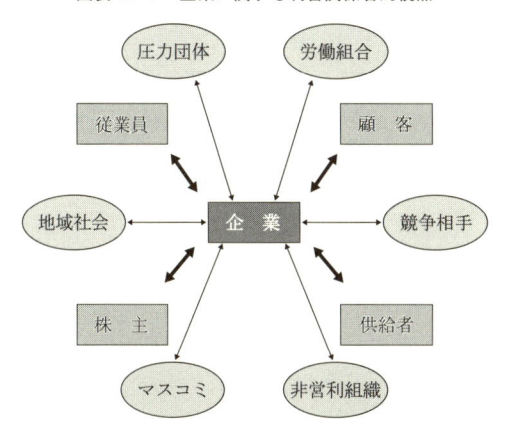

図表 11-3　企業に関する利害関係者的視点

（圧力団体、労働組合、従業員、顧客、地域社会、企業、競争相手、株主、供給者、マスコミ、非営利組織）

先進的な環境対策を施した工場を設立し，環境にやさしい製品を生産し続けなければならない。というのも，関係者の中に環境保護団体や消費者団体が存在し，また環境意識の高い消費者が増加し，企業活動全般に，より高いレベルの環境対策を要求しているからである。そのため，企業が環境対策を怠れば，それは市場においてマイナスの評価につながることになる。したがって，倫理性の高い企業は，率先して環境対策に取り組み，その存在意義をアピールできるのである。

2．企業と利害関係者

　利害関係者（stakeholders）とは，「企業の目標に対して影響を与え，また，それらから影響を与えられる存在」である。例えば，企業の株主は企業の目標に対してモノをいう（影響を与える）ことができる一方，企業の業績により株主としての損益が生じる（影響を与えられる）のである。
　企業が大規模化し，かつその活動が広範囲に及ぶと，そこでは環境に対して強大な影響力が形成される。その影響力の行使は何も市場に限定されない。影響力の拡大は，多種多様な利害関係者の利害に結びつく。即ち，企業の存在が社会的に大きな影響力となるのである。そこで利害関係者は，企業

の社会的影響力に対抗して，自らの存在意義を主張しながら，その影響力を行使するようになる。

　企業に与えるその影響力によって，利害関係者は一次的利害関係者と二次的利害関係者に分類される。一次的利害関係者は，企業活動に直接影響を及ぼし，かれらの存在なしでは，企業の存続が不可能となる存在である。例えば，所有者，従業員，供給者そして顧客などがそれに相当する。また，二次的利害関係者は，企業活動に直接参加していないけれども，間接的に影響を及ぼす可能性のある利害関係者である。例えば，地域社会（communities），競争相手（competitors），マスコミ（media），非営利組織（Non-Profit Organization：NPO）などがそれに該当する。

　企業を取り巻く利害関係者が質的・量的にも変化したという現象は，とりもなおさず社会における企業の役割が変化したことを意味する。即ち，高い品質の製品を低コストで製造することが企業の存在意義であった時代から，たとえコストアップになっても環境に配慮した製品を製造することの方が企業に要請される時代には，おのずと企業に課せられる役割やその存在意義は変化せざるをえない。

　利害関係者が多様化すると，企業はそれらとの間に複雑な利害関係をもつことになる。多種多様な利害は，「企業に対する多種多様な要求」と言い換えることができる。即ち，各利害関係者はそれぞれの利害に照らして企業を評価し，利害関係者の要求する役割の遂行を企業に求めることになるのである。

　それら多種多様な利害を持つ利害関係者から構成されている「場」が，「社会」である。企業はそれらの利害を適切に調整しながら，企業活動を継続していかなければならない。利害の調整に当たっては，企業はその「社会的姿勢」が問われる。社会的姿勢とは，企業活動のあらゆる場面において，企業の視点だけでなく，広く利害関係者の視点を考慮に入れた上で表明される，企業の考え方や行動のことである。即ち，企業は自らの「正当性」や「社会性」を主張しなければならないのである。ここに企業が「倫理的」であらねばならない理由がある。

企業活動のグローバル化が進展しつつある今日，利害関係者の種類やそのパワーが以前にも増して企業活動に影響を与えるようになってきている。とりわけ，二次的利害関係者であるNPOや非政府組織（Non-Governmental Organization：NGO）の世界的活動は，企業にとってのあらたな利害関係者の登場として認識され，それらのパワーは企業の存亡を決するまでに巨大化している。それに伴って，企業の倫理性もグローバル・レベルで問われるようになっている。

3．企業倫理と社会的責任

　企業が多種多様な利害関係者に囲まれて存在しているということは，企業に要求される役割も多様化し，その結果，果たすべき責任の範囲も拡大することを意味する。企業にはいかなる責任が存在するかを論じるのが，「企業の社会的責任論」である。

　企業にはいかなる社会的責任が存在するのであろうか。キャロル（Carroll, A. B）は，企業の社会的責任を4つに分類している。それらは，① 経済的責任（Economic Responsibilities），② 法的責任（Legal Responsibilities），③ 倫理的責任（Ethical Responsibilities），そして ④ 自由裁量的責任（Discretionary Responsibilities）である[2]（図表11-4）。

　「経済的責任」は，企業の社会的責任の土台を形成する。企業は社会の中で最も基本的な経済単位であり，その責任内容は，社会が要求する製品やサービスを生産し，その結果として収益を上げることである。そのプロセスの中で，コストを最小化し，効率的に収益を獲得するための戦略を策定し，収益のうちから株主に対して適切な配当を提供するといったことについても責任が生じるのである。収益を上げられない企業は，その存在意義を認められない。「経済的責任」は他の3つの責任に先立ち，企業の存在意義を示す基本的な責任である。

　法的責任は，「経済的責任」の次に位置づけられる。法的責任は文字通り，「法令の遵守」を意味する。ゲームに参加するには，参加メンバーの間にルールの遵守が約束されていなければならない。企業とて例外ではなく，ビ

図表11-4　企業の社会的責任ピラミッド

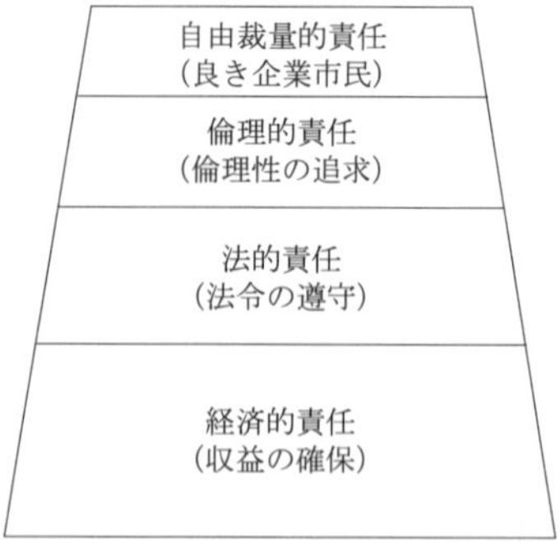

```
┌─────────────────┐
│   自由裁量的責任   │
│  （良き企業市民）  │
├─────────────────┤
│    倫理的責任     │
│  （倫理性の追求）  │
├─────────────────┤
│    法的責任       │
│  （法令の遵守）    │
├─────────────────┤
│    経済的責任     │
│  （収益の確保）    │
└─────────────────┘
```

（出所）　Carroll（1996），p.39.

ジネスというゲームに参加する以上は，会社法をはじめ各種の法令や諸規制を遵守しながら，ビジネスを遂行しなければならないのである。

経済的責任と法的責任は，企業の社会的責任の中核を形成し，「狭義」の社会的責任を意味する。それに対して，企業の社会的影響力が増大するにつれ，社会的責任を「広義」にとらえる必要性が出てきたのである。

倫理的責任はその一つである。倫理的責任は，必ずしも法律に明文化されていなくても，社会のメンバーから期待される追加的な企業行動が存在するという視点に立っている。即ち，倫理的責任とは法的要件を超えてもつ責任であるといえる。企業は自社の倫理的姿勢に基づき，ビジネスに関する善と悪を峻別し，「正義」「公平」といった点からビジネスに臨まなければならない。

自由裁量的責任は，社会的責任のピラミッドの最上部に位置する企業責任である。「自由裁量的責任」は文字通り，「自らの意思」で履行する責任である。したがって，その履行がなされなくとも，あるいはそれが不十分であっても，そのために罰則が科されたり，非倫理的であると批判されることはない。

しかし，企業の経営理念に照らして，あるいは企業ミッション（使命）に沿って，必ずしも本業には関連のない分野に経営資源を投入し，積極的に社

会貢献活動を行うことは,「自由裁量的責任」に該当する。例えば,資金的に困難な状況にある公共性の高い団体への寄付活動や,さまざまな社会的プログラムへの従業員の派遣,また地域社会への企業内施設の開放といった活動もそれに含まれる。

社会的責任に関するピラミッドによれば,企業倫理は「倫理的責任」に相当する概念であることがわかる。即ち,企業倫理は,法的要件を超えて,企業としてビジネスに関する善悪の基準を決定すること,となる。ただし,企業倫理を経済・法的責任に対する追加的責任として把握するだけでは,企業が今日直面するドラスティックな環境変化の中で企業の役割をはっきりさせることはできない。なぜならば,いかに経済性や遵法性の高い企業経営を行っていても,「誠実さ」「公正さ」を欠いた,即ち倫理性の低い企業活動は,利害関係者から支持されないからである。むしろ,倫理性や社会性を本来的に具備した企業経営そのものが求められているという点に注意を払うべきである。

III　企業倫理の制度化

ここでは,企業が倫理的姿勢を企業内にいかに浸透させるかについての条件を検討する。何をすれば企業は倫理的になるのか。企業倫理を制度として企業内部に取り込むことを,「企業倫理の制度化」と呼ぶ。ただし,企業倫理の制度化は企業内部の力だけで構築できるのではない。企業外部のコントロールによる制度化の動きについても考えよう。

1．企業倫理の内部制度化

倫理的である必要性や重要性を喧伝するだけでは,企業が組織体として倫理的である条件は満たされない。企業に倫理的な風土や姿勢を創り出すためには,具体的な作業が必要である。一般に,企業倫理の制度化には次の3つの方法がある。

(1)　倫理綱領（Code of Conduct）の作成

倫理綱領は，企業が企業活動を遂行するに当たり遵守すべきルールや方針を文書化したものである。「行動規範」や「行動基準」と呼ばれる場合もある。企業倫理の内容が明示されることで，従業員に対して企業の進むべき方向性が明確にできる。また，社外の利害関係者に対しても，自社の倫理的姿勢をアピールすることができる。即ち，倫理綱領は自社の考える倫理的ビジネスを企業内外に明示する役割をもつのである。

(2) 企業倫理を担当する組織・制度の確立

倫理綱領を効果的に運用するためには，企業倫理を専門に担当する部署や人材を配置するといった組織的調整が必要である。

① 企業倫理担当役員（Ethics Officers）の任命

企業倫理担当役員は，企業倫理に関する最高責任者である。エシックス・オフィサーとも呼ばれる。すべての従業員が設定された倫理綱領に基づいた行動をしているかどうかをチェックし，不正や違反行為が発見された場合は，それらの徹底究明，ならびに防止策の策定についてのすべての権限をもつ。また，次に述べる担当部署との連携を図り，必要性があれば，経営トップへの問題提起を行う。

② 企業倫理担当部署（Ethics Office）

企業倫理担当部署は，既存の部署からは独立した倫理に関する専門部署である。企業倫理担当役員の下，企業倫理の遵守に関して，具体的な活動を展開する。各部署への企業倫理の啓蒙活動や企業不祥事を未然に防止するさまざまなチェック活動といった，企業倫理的姿勢を強化する体制作りに関する実働部隊である。

③ さまざまな報告・監視体制の構築

企業倫理担当者や部署の設置を効果あるものにするためには，企業倫理に関するコミュニケーション状況を改善することが重要である。例えば，企業の中には「ホットライン（Hotline）」「ヘルプライン（Helpline）」と呼ばれる企業倫理についての各種相談窓口を設けている企業がある。これは原則として匿名状態で企業内にある潜在・顕在化した不祥事を相談・報告する制度である。即ち，同制度は，とかく闇に葬り去られる傾向にある

不祥事の種を白日の下にさらすことができるように，組織内の風通しを良好に保ち，組織内に倫理的風土を創り出す効果をもっているのである。

(3) 企業倫理を促進する教育・研修プログラムの実施

倫理的姿勢を企業内に醸成するためには，企業倫理に関する継続的な教育・研修プログラムの実施が効果的である。一般的には，企業倫理に関する専門家の講演会や企業倫理に関する小冊子の配布のほか，過去に発生した不祥事や現実に発生している問題を題材に，少人数のグループによるディスカッション形式のプログラムがある。

2. 企業倫理の外部制度化

企業倫理の制度化は，何も企業内部に限定された動きではない。多くの利害関係者が本来的に持っている，企業への影響力を行使することによっても，企業倫理の制度化は促進されるのである。ここでは，多くの利害関係者のなかでも，とりわけ投資家と消費者について，その今日的な影響力を考えよう。

(1) 倫理的投資家 (Ethical Investors)

投資家（株主）は，投資活動を通じて，企業活動に影響を与えることのできる存在である。投資家の関心は，出資に対する最大のリターン，即ち投資収益率にある。したがって，出資に当たっては，その企業の財務力や製品開発力といった指標が重要視される。しかし，今日ではそれに加えて，企業の倫理性や社会性を投資における主要な指標に据える投資家が出現している。また，そのような投資家向けに，倫理性や社会性の高い企業を独自の視点で格付けし，情報提供するサービスや，そのような企業の株式をまとめた投資ファンドが販売されている。そのような投資スタイルは，「社会的責任投資 (Socially Responsible Investment: SRI)」と呼ばれており，ヨーロッパを中心に極めて盛んな活動となりつつある。企業は，もし社会性や倫理性が低いと評価されれば，株価の低下を招く危険性がある。そして，資金調達の点でもきわめて困難な状況に陥る可能性があるため，企業はそれらの格付けを高く維持するべく努力を傾けることになる。

(2) 倫理的消費者 (Ethical Consumers)

消費者は，日々の購買活動を通じて，企業活動に影響を与えることができる。消費者の関心事は，高い品質の商品を低価格で購入することにある。したがって，企業を評価する消費者の指標はその経済性に置かれる。しかし，最近では「倫理的消費者」と呼ばれるあらたな消費者が登場し，その動きをサポートするさまざまな団体が活動を展開している。例えば，経済優先順位研究所 (Council on Economic Priorities：CEP) が発行している「よりよい社会のためのお買物 (Shopping for a Better World)」と呼ばれる書物が，その代表例である。同書は，購買活動に当たって倫理的消費者が関心を寄せる企業評価項目について，独自の調査に基づき評価をまとめたガイドブックである。それらの企業評価項目には，寄付活動の積極性，女性の働きやすさ，環境保護，情報公開度，動物実験の回避や地域社会との関係などがある。加えて，購入に当たって「警戒」すべき項目として，「ゲイ・レズビアンへの配慮」や「軍事産業への関与」といった項目まで設定されている。倫理的消費者はこのガイドブックを頼りに，倫理性や社会性を基準に日々の購買活動を継続することができるのである。企業にとっては，同書に掲載された評価に基づいて消費者の購買活動が決定されるため，プラスの評価を獲得するには倫理的・社会的企業行動をとらざるを得なくなる。

IV 企業倫理と企業の競争力

1．企業と利害関係者のアライアンス

企業と利害関係者はこれまで，「敵対関係」にあったということができる。即ち，利害関係者の要求は，そのほとんどが企業活動や収益に対してマイナスに作用するものとして処理されており，積極的に利害関係者との友好な関係を構築するといった視点に欠けていたといえよう。

しかし，利害関係者の発言力が相対的に高まり，なおかつそれが企業行動に大きく影響を与えるようになると，企業はそれらの声に耳を傾けないわけにはいかなくなる。そこで，企業は危険を回避するという意味で，利害関係

者との友好関係構築に取り組み始める。ただし，これはどちらかといえば，「消極的な」友好関係である。

　もし，企業が利害関係者との関係を，自社の「社会性」獲得の手段と考えれば，それらの関係構築はより積極的な行動となる。即ち，自社の社会性が高まれば，企業はより多くの利害関係者の要求に合致した企業行動が可能となり，その存在が支持されるのである。しかし，企業が旧態依然として利害関係者と敵対関係に置かれるならば，その企業の存在は社会的に支持されなくなる可能性が高い。

　例えば，1989年に発生したエクソン社のバルディーズ号座礁事件を想起してみよう。これは，エクソン社のタンカー「バルディーズ号」がアラスカ湾で座礁し，その結果，大量の原油が流出するに至った事故である。同社は，事故後の対応に数々の汚点を重ね，事故の発生に留まらず，その社会的責任の履行という点で社会から多くの批判を受けたのである。この事件を「企業と利害関係者」という視点から検討すると，両者のあらたな関係構築の必要性が指摘できる。

　エクソン社のような石油業界は，常に環境保護団体から監視され，精査される対象である。即ち，地球環境に大幅な負荷をかける業界は，環境保護団体からは格好のターゲットになりやすいのである。したがって，一般に石油業界と環境保護団体とは敵対関係に陥りやすい。エクソン社の場合も，エクソン財団が育成した環境保護の専門家とのネットワークを構築していなかったために，事故後，適切なアドバイスを得ることができず，被害をさらに大きくしてしまったのである。

　エクソン社が常日頃から環境保護団体と友好関係を持ち，それを維持していれば，同社は環境に関する専門知識を獲得し，事故防止や事故処理について効果的な対応が可能となったと考えられる。事実，ライバル会社のアルコ社は環境保護団体と資金援助を通じた提携関係を構築した。同社は，提携先の環境保護団体から環境問題に関する知識を吸収し，事故発生時にも，適切な対応が取れるようなアドバイスや体制を準備することができた。また，環境保護団体も同社の環境対策を強力にサポートし，アルコ社に対する他の利

害関係者からの賛同を取り付けることに成功している。

　以上から，企業は利害関係者と友好的な提携（アライアンス）関係を結ぶことにより，利害関係者が所有する知識や専門性を自社の経営資源として活用できる。それは，企業の環境認識を高めることにつながり，競争相手企業に比して，その経営資源の有無という点で競争優位性をもつことになる。

2．社会問題解決への挑戦

　企業倫理を重視した企業経営のメリットは，単に企業が不祥事を未然に防止するという，企業内の自浄作用としての効果にとどまらない。強固な企業倫理をもつ企業の行動は，他の利害関係者の非倫理的行動を抑制したり，排除することができるのである。

　例えば，世界最大のカジュアル衣料品メーカーのリーバイ・ストラウス社 (Levi Strauss & Co.) は，事業の遂行に不可欠な調達先選定に関して，独自のガイドラインをもっている。「世界調達ガイドライン (Global Sourcing Guidelines)」と呼ばれるガイドラインには，「ビジネス・パートナー契約基準 (Business Partner Terms of Engagement)」があり，これは①環境上の要求，②倫理基準，③健康と安全，④法的要求，そして⑤雇用基準から構成されている。同社は，この基準に合致しないパートナーとの取引は行わないという。また，「調達国選定ガイドライン (Guidelines for Country Selection)」では，①ブランド・イメージ，②健康と安全，③人権，④法的要求，そして⑤政治的あるいは社会的安定性，という5項目から国単位で調達先を選定している。

　このガイドラインに沿って，同社はこれまで世界各地のパートナーの企業行動について精査し，問題がある場合は，是正を勧告，もしくは取引を中止し，進出先から撤退するという決定をした。例えば，1992年に撤退したビルマ（現ミャンマー）では，同社はビルマ政府における人権無視の姿勢に対して同社のガイドラインを適用し，ビジネスの続行を断念した。

　ビジネス・パートナー契約基準に含まれる「雇用基準」は，さらに7項目のガイドラインから構成される。それらは，①児童労働，②囚人労働/強

制労働，③ 労働時間，④ 給与と福利厚生，⑤ 結社の自由，⑥ 差別，そして⑦ 健康と安全，である。なかでも，① の児童労働は今日，発展途上国に多くの下請け先をもつ多国籍企業にとって，人権上の大きな問題となっている。

リーバイ・ストラウス社は，同社のバングラデッシュにおけるパートナーが 14 歳以下の児童を雇用している事実を確認した。ILO（International Labor Organization：国際労働機関）は，法定年齢（14 歳）未満の児童雇用を禁止している。しかし，同社はそのパートナーに対して，「取引停止」という決定を下さなかった。というのも，取引を停止すれば，児童労働に依存していた家族を経済的困窮状態に導くからである。とはいえ，取引を継続すれば，同社は社会から「児童労働を認め，支持する企業」というイメージを抱かれかねない。

そこで同社は，雇用されていた児童の授業料や制服の費用負担を申し出，学校に通わせることに同意した。また，児童が 14 歳に達した場合には，希望により再雇用することにも同意したのである。それにより同社は，「経済性」「遵法性」そして「倫理性」について，そのいずれをも満たす解決策を提示できたのである。リーバイ・ストラウス社は，バングラデッシュが抱える社会問題に対して，自らの倫理基準に沿った行動で解決を試みたのである。

「児童労働」は世界的にその根絶が求められている「人権」問題のひとつである。企業は，そのような公共性の高い問題に対して，自己の高い倫理性を反映した活動を通して，その解決の一助となることができる。事実，さまざまな NPO や NGO がそのような活動を評価し，消費者，投資家ほか多くの利害関係者に情報を提供している。即ち，「社会問題をいかに解決するか」といった課題に対して，企業に寄せられる期待が大きくなったのである。それは同時に，社会における企業の役割の大きな変化を意味している。企業には，「社会問題への対応」という側面で，あらたな競争力獲得の必要性が生じているのである。

V　おわりに

　企業倫理の目的は、企業が自らの経済活動の社会的影響力を真摯に受け止め、そのマイナスの影響を自己の高い倫理性で抑制することにある。しかし、これまで述べてきたように、今日の企業には、高い倫理性を具備した企業活動を通して、さまざまな利害関係者が抱える社会問題を解決することで、未来社会構築への貢献が求められている。

　かつて、その経済性で社会に貢献してきた企業は、今日その社会性や倫理性を併せ持つ存在として、あらたな貢献を要請されているのである。企業倫理を企業活動に対する「ブレーキ」と考えるのではなく、あらたな役割を担った企業の「アクセル」として認識しよう。それにより、倫理性の高い企業は収益の面でもプラスとなり、企業評価も高まるということが、必ずしも「夢物語」ではなくなるであろう。

[注]
1) Carroll, Archie B., *Business and Society: Ethics and Stakeholder Management*, International Thomson Publishing, 1996, p.75.
2) *Ibid,* p.39 より若干修正して掲載。

[参考文献]
高　巖・T. ドナルドソン『ビジネス・エシックス』文眞堂、1999 年。
リン・シャープ・ペイン（梅津光弘・柴柳英二訳）『ハーバードのケースで学ぶ企業倫理』慶應義塾大学出版会、1999 年。
高橋宏幸・丹沢安治・坂野友昭『現代経営・入門』有斐閣、2002 年。
土井一生「企業の社会的成果に関する諸理論の検討」『早稲田商学』第 354 号、1992 年 7 月。

[学習用参考文献]
森本三男『企業社会責任の経営学的研究』白桃書房、1994 年。
水谷雅一『経営倫理学の実践と課題』白桃書房、1995 年。
田中宏司『コンプライアンス経営』生産性出版、1998 年。
斉藤槙『企業評価の新しいモノサシ』生産性出版、2000 年。
ローラ・L. ナッシュ（小林俊治・山口善昭訳）『アメリカの企業倫理』日本生産性本部、1992 年。

〔土井一生〕

第12章　企業メセナ

I　はじめに

　企業は，製品やサービスを提供することで利潤を獲得する経済的な制度体である。われわれの生活は，そういった企業によって提供される製品やサービス無くしては立ち行かなくなってきているといってもよい。

　企業，とりわけ大企業による大量生産は，われわれの生活を豊かなものにしてきた。反面，公害問題や地球環境問題など，社会にとってマイナスの影響も与えてきた。一方，経済的な豊かさが実現するにしたがって，人々は精神的な豊かさをも求めるようになってきている。そのような中，企業に対して，本業以外の分野でも社会に貢献してほしいとの声が高まりをみせている。企業フィランソロピー（社会貢献活動）への期待である。

　そこで，本章では，企業フィランソロピーのうち，特に企業メセナ（芸術・文化支援）に焦点を合わせて，その基本事項，歴史を概観したのち，現状，理論的根拠について述べていくことにしたい。

II　企業メセナとは

　企業が社会のために行う寄付・寄贈やボランティア活動のことを，企業フィランソロピーという。この企業フィランソロピーは，1990年以降，わが国でも注目されるようになり，実際，多くの企業がこれに取り組むようになってきている。

1．企業フィランソロピー・メセナの歴史

わが国で，企業フィランソロピーが注目されるようになったことの発端は，1985年の「プラザ合意」以降，円高の進展に伴って対米進出した企業が，現地において地域社会への貢献が求められるようになったことにあるといわれている。そして，このようなアメリカでの動きが，やがて日本にも伝わるようになり，企業フィランソロピーについての議論が国内でも徐々に高まってきたのである。この結果，1990年には，企業メセナ協議会，経団連の企業の社会貢献活動推進委員会，1％クラブが設立されているほか，『経済白書』において初めてフィランソロピーが取り上げられるなど，企業フィランソロピーに関する動きが一段と活発になった。それゆえ，1990年は「フィランソロピー元年」などといわれることもある。

しかしながら，このことをもって，わが国において企業によるフィランソロピーがそれまで活発でなかったという結論を導き出すのは早計である。わが国における商業活動と慈善活動との関わりは，少なくとも室町時代後期までさかのぼることができるからである。そのころ台頭してきた商人層は，寺社に対して，あるいは町の祭礼に際して寄付や寄進をしていたようである。それは自分自身の利益を祈る行為でもあったが，「勧進」や「奉納」という形で相撲や能などの芸能の発展を促し，文化の振興に貢献するという側面ももっていた。

さらに江戸時代になると，大坂商人や甲州商人，近江商人による慈善活動も顕著になった。大坂商人の淀屋による淀屋橋建設や甲州商人の吉字屋による歌川広重へのパトロン的な活動などはその典型例である。

その後も，大正期の企業家や財閥家による篤志活動や1970年代に企業批判が強まった際に注目された企業による利益還元活動など，今日フィランソロピーとよばれるような活動自体は，かなり古くから存在していたのである。したがって，近年の企業フィランソロピーに関する動向は，むしろフィランソロピー・ルネッサンスとでもいうべきものだといえるのである。

2．企業メセナの位置づけ

ところで，企業フィランソロピーと一言でいっても，その活動は実に多岐

にわたっている。例えば，老人福祉施設への寄付であるとか，環境保全活動への関与であるとか，地域行事への従業員の派遣であるといったことである。一般に，企業フィランソロピーの活動分野としては，以下のものが考えられる。すなわち，「地球環境」，「芸術・文化」，「福祉」，「教育」，「学術・研究」，「国際交流」，「地域問題」などである。

　これらのうち，「芸術・文化」分野での支援活動のことを，特にメセナとよんでいる。「メセナ」は，古代ローマ帝国の文化大臣カイユス・キリニウス・マエケナスの名に由来するフランス語で，もともとは芸術・文化に対する手厚い保護や援助を意味する言葉である。現在は，企業の芸術・文化支援活動，すなわち企業が若い芸術家の育成を支援したり，市民の芸術・文化活動をバックアップしたり，伝統芸能の保存活動を支援したりするといった活動を表すものとして用いられることが多い。

　ちなみに，わが国で「メセナ」という言葉が一般に知られるようになったのは，1990年に，企業による芸術・文化支援活動の活性化を目的として，社団法人企業メセナ協議会が設立されたことによる。

　企業メセナ協議会の福原義春理事長（資生堂名誉会長）は「公共性を重んじる文化支援を意味する適当な言葉がなく，あえて日本語で言おうとすると，『文化擁護』とか『文化支援』などという堅苦しい言葉になってしまう。英語には『スポンサライジング』という言葉があるようですが，日本では何となく企業の宣伝的な感じがする。また，『パトロネージ』という言葉もありますが，これまた日本では誤解されるおそれがある。そこで……あえて『メセナ』という言葉にし，メセナという言葉を紹介することが協議会の活動を知らせることになるのではないか，と考えたわけです[1]」と「メセナ」という言葉のわが国への導入の経緯を述べている。

3．企業メセナのタイプ

　企業メセナにおける支援方法には大きく分けて4つのタイプがある。

　まず第1のタイプは，金銭的な支援である。これは企業が支援対象に資金を提供するというもので，近年では「マッチング・ギフト」という手法も用

いられるようになってきている。「マッチング・ギフト」とは，自社の従業員が個人的に寄付を行う際に，企業もそれと同額ないし一定の割合の金額を寄付に上乗せするという制度である。

第2のタイプは，物的な支援である。これには支援対象が必要とする物品を寄贈する方法と自社製品を寄贈する方法がある。

第3のタイプは，人的な支援である。従業員の持つ知識や特殊技能を提供したり，行事やイベントの企画・運営スタッフとして自社の従業員を派遣したりするといった事例が見られる。

第4のタイプは，自社保有施設の開放である。これには，自社の持つ福利厚生施設を開放するといったものや，ギャラリーや社内ロビーなどを芸術作品の展示スペースとして開放するといったものがある。

もちろん，これらの分類はいわば理念型であって，実際の企業メセナにおける支援方法は，例えば，金銭的支援と人的支援の組み合わせであったり，人的支援と施設開放の組み合わせであったりする。また，自社の文化・社会貢献等の専任部署による「自主プログラム（自社の企画・運営による社会貢献プログラム）」の企画・運営を通じて，人的支援や金銭的支援などが行われるというのも日本的な企業メセナの特徴となっている。

4．企業メセナの事例

ここでアサヒビールとトヨタ自動車によるメセナの活動事例を見てみよう。

アサヒビールでは，環境社会貢献部が中心となって，様々な形態で企業メセナに取り組んでいる。ロビーコンサートは，東京にある本部ビルのロビーで開催するコンサートとしてスタートした。1990年12月の東京少女合唱隊によるオープニング・コンサート以降，1991年2月からは，ほぼ隔月のペースで開催しているほか，1992年10月の博多工場での開催からは全国の工場や事業場でも実施している。ロビーコンサート以外では，地域NPOとの協働によるアートフェスティバルの開催，アサヒ・アート・コラボレーション「リクリット・ティラバーニャ 〜すみだ川モード展」（2002年）の

実施などをあげることができる。また，同社ではニューズレター『アサヒビールメセナ』を定期刊行しているほか，2003年には，同社の1990年から2000年までのメセナの記録をまとめた『アサヒビールメセナデータブック』を発行している[2]。

　トヨタ自動車では，国内のメセナについては社会文化室・社会文化グループが中心となって積極的な活動を展開している。トヨタ青少年オーケストラキャンプは，全国のアマチュアオーケストラに関わる青少年約150名を対象に，第一線の音楽家を講師に招き，演奏指導を行う合宿研修である。(社)日本アマチュアオーケストラ連盟との共催で1985年より毎年開催している。トヨタミュージックライブラリーは，1986年から実施している活動で，クラシックの名曲を中心に全186曲のオーケストラ用楽譜を無料で貸し出すというものである。また，1996年度からは，芸術創造活動の充実に不可欠なアートマネージャーの育成を図るために，企業メセナ協議会と連携し，トヨタアートマネジメント講座を全国各地で開催している[3]。

　もちろん，ここで取りあげた2社以外にも，多くの企業が積極的にメセナに取り組んでいる。たとえば，そのことは，企業メセナ協議会の正会員数が158社（2003年1月1日現在）であり，イトーヨーカ堂や，花王，キャノン，三井物産などといった日本を代表する企業の多くが正会員に名を連ねていることからもうかがい知ることができる。

　このこともふまえ，次節では，データをもとに，日本の企業メセナの状況を概観してみることにしたい。

III　データから見る企業メセナ

　日本経済団体連合会（以下，日本経団連）および企業メセナ協議会は，それぞれ「社会貢献活動実績調査」ならびに「メセナ活動実態調査」というアンケート調査を毎年実施している。したがって，わが国における企業フィランソロピーおよび企業メセナの状況については，そうした2つの団体による調査報告を見ることで，その概要を把握することができる。

1. 企業フィランソロピーの規模

　まず，企業フィランソロピー全体の状況について，日本経団連が2002年7月に日本経団連会員企業ならびに1％クラブ法人会員の合計1262社（回答総数382社）を対象に行った「2001年度社会貢献活動実績調査」をもとに見てみることにしよう。

　「2001年度社会貢献活動実績調査」によれば，2001年度の社会貢献支出総額（回答数342社）は1社平均で前年度比17.8％減の3億4200万円となっている。これは，売上高に占める割合で見れば0.19％，経常利益に占める割合で見れば2.03％ということになる。なお，ここでいう「社会貢献支出総額」とは，「寄付金額（社会貢献を目的とした寄付金，現物寄付等）」ならびに「自主プログラムに関する支出額」を合わせたものであるが，「寄付金額」だけをとってみると1社平均で前年度比14.6％減の2億3400万円（336社）となっていることがわかる（図表12-1）。

　ちなみに，日経広告研究所が4510社を対象に行った「2002年度有力企業の広告宣伝費調査」（『日本経済新聞』2003年9月22日，朝刊）によれば，2002年度の広告宣伝費総額は前年度比4.2％減の3兆4689億円であり，売上高に占める広告宣伝費の割合は，平均で0.96％である。そして，ここから単純に1社平均の広告宣伝費の金額を計算すると，およそ7億7000万円ということになる。これらの数値を1つの目安として，前述の社会貢献支出総額やその対売上高比をみると，わが国の企業フィランソロピーの大まかな規模を理

図表12-1　社会貢献活動総支出額と寄付金額

		1997年度	1998年度	1999年度	2000年度	2001年度
社会貢献支出	合計額	1,557億円	1,376億円	1,246億円	1,345億円	1,170億円
	1社平均	4億1,400万円	3億8,200万円	4億300万円	4億1,600万円	3億4,200万円
	対前年	3.5％増	7.7％減	5.5％増	3.2％増	17.8％減
寄付金額	合計額	1,027億円	883億円	787億円	873億円	785億円
	1社平均	2億7,500万円	2億4,700万円	2億5,700万円	2億7,400万円	2億3,400万円
	対前年	3.9％増	10.2％減	4.0％増	6.6％増	14.6％減

（出所）「2001年度社会貢献活動実績調査結果調査」日本経団連，2002年
　　　（http://www.keidanren.or.jp/）より作成。

解することができる。

　この金額が大きいものなのか小さいものなのかを判断することは容易ではないが，景気が良くない状況にあっても，かなりの数の企業においてある程度の規模で企業フィランソロピーに対する支出がなされていることは注目に値するといえるだろう。また，1990年に経団連（現日本経団連）が設立した1％クラブの目標が，「経常利益の1％以上を自主的にフィランソロピーに対して支出すること」であることを考えると，2001年度調査における対経常利益比2.03％というのは，決して小さな額であるとはいえないだろう。

2．企業フィランソロピーの目的

　さらに，同じく「2001年度社会貢献活動実績調査」から，企業フィランソロピーに取り組む理由（複数回答）を見てみると，「社会の一員としての責任」が85.3％でトップで，以下，「利益の一部を社会に還元」が46.9％，「イメージアップに繋がる」が39.3％，「社会にパイプを開く方法」が29.8％，「社風の形成に役立つ」が19.9％というような結果になっていることがわかる（図表12-2）。これらから，基本的には社会的存在としての企業という観点から企業フィランソロピーが実施されていると理解することができるが，一方で，企業イメージの向上や企業文化の形成ということも同時に意図されているということが見て取れる。

3．企業メセナの現状

　次に，企業メセナの状況について，企業メセナ協議会が2002年4月から5月にかけて，全国の上場・店頭公開企業，非上場売上高上位300社，メセ

図表12-2　社会貢献活動に取り組む理由（複数回答）

社会の一員としての責任	85.3％
利益の一部を社会に還元	46.9％
イメージアップに繋がる	39.3％
社会にパイプを開く方法	29.8％
社風の形成に役立つ	19.9％

（出所）図表12-1に同じ。

図表 12-3　資本金別・売上高別メセナ実施状況

		実施	未実施
資本金	1億円未満	30	6
	1億～10億円未満	28	47
	10億～100億円未満	103	121
	100億～500億円未満	112	47
	500億～1,000億円未満	40	4
	1,000億円以上	61	2
	無回答	1	0
売上高	100億円未満	38	45
	100億～500億円未満	74	102
	500億～1,000億円未満	55	29
	1,000億～5,000億円未満	93	42
	5,000億～1兆円未満	39	6
	1兆円～5兆円未満	48	2
	5兆円以上	16	0
	無回答	12	1

(出所)　企業メセナ協議会編『メセナマネジメント』ダイヤモンド社，2003年，157ページより作成。

ナ大賞応募企業，企業メセナ協議会会員企業，前年に回答のあった企業など3980社（回答総数602社）を対象に行った「メセナ活動実態調査」をもとに見てみよう。

「メセナ活動実態調査」によれば，調査回答企業602社のうち2001年度にメセナに取り組んだ企業は375社（調査回答企業実施率62.3％）であった。また，メセナ活動総額については283社から回答があり，合計は175億8029万円で1社平均の金額は6212.1万円であった[4]。

資本金別および売上高別にメセナの実施状況を見てみると，図表12-3に示されているように，資本金規模の大きい企業，売上高の大きい企業の大半がメセナを実施していることがわかる。一方で，資本金規模の小さい企業，売上高の小さい企業が意外に健闘していることも注目すべきであろう。資本金や売上高は，必ずしも企業規模を適切に表す指標となるわけではないが，これらのデータから大企業のみならず中小企業の中にもメセナに積極的に取り組んでいる企業が存在するということは，うかがい知ることができる。一般に，中小企業の場合は，オーナー経営者が多い（所有と経営，支配が未分

離)ため,オーナーの判断でメセナに取り組むことができること,さらには,中小企業は地域社会との結びつきが強いことなどからメセナに積極的に取り組んでいる企業が存在するのではないかと考えられている。

Ⅳ 理論から見る企業メセナ

ところで,企業がフィランソロピーやメセナに取り組むということは,理論的にはどのように説明されるのであろうか。

1. A. P. スミス裁判

そもそも株式会社は株主の提供する資本によって設立されるものであり,そこで生み出された利益は制度上株主のものとなるはずである。本来,株主のものである企業の利益を,フィランソロピーやメセナの活動資金としてまわすことができるかどうかについては,長く意見の分かれるところであった。例えば,1913年のダッジ兄弟とフォード社の裁判では,内部留保でさえも株主の利益を損なう行為であるとの判決が出ているほどである。しかしながら,時代と社会の要請に伴い,企業によるフィランソロピーやメセナは,次第にその規模を拡大していくことになる。

そうした状況の中,1953年,アメリカにおいて企業フィランソロピー史上,最も重要な裁判が起こった。いわゆる「A. P. スミス裁判」である。

水道・ガス設備の製造及び販売を行う会社であるA. P. スミス社が,1951年7月24日の取締役会でプリンストン大学に対する1500ドルの寄付を決定したことが事件の発端であった。この決議に対して株主が異論を唱えたので,同社はこの決議が有効であることを確認するために裁判を起こしたのである。

ニュージャージー州の最高裁判所は,国家の富の大部分が,会社の手に移った段階においては,企業も,個人がなしてきたのと同様に,良き市民であるという近代における義務を負うものと考えられるようになったとし,企業のなす寄付が増大してきているという状況をもふまえ,合理的な慈善寄付

をなすことは，会社の権限内に含まれていることを認めた。その上で，同社による寄付は，自由企業体制下で会社が現実に生き残る可能性を高めるという意味で同社の利益になるということを明確に示したのである。この判決は連邦裁判所においても支持され，以後，企業によるフィランソロピーへの関与に正当性が付与されることとなった。

　ところで，この判決にはいくつか注目すべき点がある。まず第1に，企業も社会を構成する「市民」であり，したがってその「市民」としての義務であるフィランソロピーに取り組むべきであるとされたことである。これは，いわゆる「企業市民（コーポレート・シチズンシップ）」という考え方に他ならない。「企業市民」とは，企業も社会の一員として個人と同様に相応な程度の資源を，公共の福祉あるいは人道主義的，慈善的な目的に充てなければならないとする考え方である。

　第2に，企業による寄付行為は株主の利益を損なわないとされたことである。ここで重要なのは，株主の利益として想定されるものが，直接的もしくは短期的なものだけでなく間接的ないし長期的なものをも含むようになったということである。このような考え方は，「啓発された自己利益」とよばれる概念と関係がある。「啓発された自己利益」とは，企業の利潤追求とフィランソロピーへの取り組みとの間の関連づけを行う概念であり，企業がフィランソロピーに取り組むことは，直接的な利益にはつながらないが，長期的あるいは間接的には企業にとって利益になるという考え方のことである。

　こうした判決が下された背景には，社会における企業の存在が大きくなるにしたがい，企業に対する寄付の要求が高まりを見せ，現に企業もそのような期待に応えるようになってきたということがある。その意味で，この判決は現実の変化を公に認めたものと見ることができる。

2．八幡製鉄政治献金事件

　わが国でも，間接的なものではあるが，企業フィランソロピーが司法の場で取り上げられた事例がある。1970年の「八幡製鉄政治献金事件」に関する裁判がそれである。

この事件は,八幡製鉄が自由民主党に350万円の献金をしたことが,会社の目的の範囲外の行為であって,取締役の忠実義務に違反するとして,同社の株主の1人が代表訴訟を起こしたものである。判決の中で最高裁判所は,政治資金の寄付と並べて,災害救援資金や福祉事業に対する寄付などを会社の定款に定めた目的の範囲内の行為だと認めている。

さらに,この事件で注目すべきは,第1審にあたる東京地裁の判決である。すなわち,政治献金は定款違反で,かつ忠実義務違反の行為だとされたにもかかわらず,慈善のための寄付や学術研究の補助などは,例外的に取締役が責任を問われない行為だとされたのである。

この事例の場合,政治献金の是非については,議論が分かれることになったが,一方で,企業フィランソロピーについては,むしろ当然のこととして扱われている。このことから,わが国においては,株式会社がフィランソロピー,あるいはメセナに取り組むことの是非についての直接的な議論は,米国に比べて少なかったということがわかる。

3．社会的責任の4パート・モデル

さて,こうした日米での企業フィランソロピー,メセナをめぐる論議を受けて,1979年に企業の社会的責任をめぐる議論の1つの完成型として,社会的責任の「4パート・モデル」がキャロルという経営学者によって提示されることになる。すなわち,企業の社会的責任を経済的責任,法的責任,倫理的責任,社会貢献責任という4つのパートからなるピラミッド型の構造と

図表12-4　社会的責任の4パートモデル

| 社会貢献責任 |
| 倫理的責任 |
| 法的責任 |
| 経済的責任 |

(出所)　Carroll A. B., A. K. Buchholtz, *Business & Society*, US: South-Western, 2003, p.40.

して捉えるというものである（図表12-4）。

　このモデルにおいて，キャロルは，まず第1に経済的責任をあげている。つまり，企業には社会の求める財・サービスを適切な価格で提供する責任があるということである。第2に，彼は法的責任をあげている。社会は法律や規制といったルールを制定し，そのルールの範囲内で企業が業務を遂行することを期待する。その意味で，法に従うということは，社会に対する企業の責任ということになる。第3に，彼は倫理的責任をあげている。倫理的責任とは，企業が，成文化されてはいないが社会のメンバーによって期待されている活動を行ったり，あるいは逆に禁止されている活動を行わないようにするという責任である。最後に，彼は社会貢献責任をあげ，具体的には企業によるフィランソロピー，メセナをその内容として提示している。

　このように「4パート・モデル」について説明した後，キャロルは，企業の社会的責任とは，ある時点での，社会によって企業にかけられた経済的・法的・倫理的・社会貢献的期待を包含するものであるとし，企業に対してそうした責任を同時に達成することを求めるのである。

　ところで，キャロルのいう法的責任と倫理的責任を，企業活動を行う際に遵守すべき基本的なルールであると理解すれば，経済的責任と社会貢献責任は企業に対する役割期待であると理解することができる。企業は本来的に経済的機能を担う制度体であり，したがって，経済的責任が求められるのは当然のことであるといえよう。しかし，前述のA. P. スミス裁判の判決でも述べられているように，社会における企業の存在が大きなものになるに従い，そうした本来的な機能以外の役割も企業に期待されるようになってきたのである。それが，すなわち社会貢献責任とよばれる役割期待である。

　そして，そうした企業に対する新たな役割期待に企業が応えなければならないということを説明するために「企業市民」という概念がつくられ，一方で，経済的機能という企業が本来的に持つ役割と社会貢献という新たな役割との間の関連づけを行うものとして「啓発された自己利益」という概念がつくられたと考えることができるのである。つまり，企業フィランソロピーやメセナは，社会的存在としての企業という観点から導き出されるものであ

り，そのような活動を経済的機能の遂行との関連づけの中で正当化する概念が啓発された自己利益だということになる。

V おわりに

　以上，本章では，企業フィランソロピーのうち，特に企業メセナに焦点を合わせて説明してきた。

　そこでは，まず，企業メセナが企業フィランソロピーの1分野である企業の芸術・文化支援活動であるということを述べた。さらに，企業フィランソロピー，メセナは，わが国においては1990年以降注目されるようになってきたわけだが，そうした活動の歴史自体はかなり遡ることができるということを示した。また，不景気ではあるが，現在でも多くの企業によって地道に活動が続けられているということをデータをもとに明らかにした。その上で，企業フィランソロピー，メセナは，理論的には「企業市民」，「啓発された自己利益」という概念で説明されるということ，さらに，企業フィランソロピー，メセナが企業の社会的責任としてモデル化されているということを説明した。

　最後に，企業フィランソロピー，メセナに関する最近の動きについて説明を加え，本章の結びとしたい。

　企業フィランソロピーおよびメセナをめぐる最近の動きとして注目すべきものに，フィランソロピーないしメセナの制度化をあげることができる。例えば，企業メセナ協議会調査部は『メセナマネジメント』の中で，企業におけるメセナの定着度を測るバロメーターとして，「活動基本方針」，「メセナ活動費の予算化」および「専任スタッフの配置」という3つの要素をあげている。これらの3要素はまさに制度化を示すものである。

　一般に，このようなフィランソロピーへの取り組みの実践を「戦略的フィランソロピー」と呼ぶ。この戦略的フィランソロピーには2つの形態がある。

　第1のタイプは，「プロセスへの戦略的考察の導入（strategic process

giving)」と呼ばれるものである。具体的には目標，予算，指標を設定するという手法を取り入れるということであり，上記の企業メセナ協議会による3要素はこのタイプに該当するものである。

第2のタイプは，「フィランソロピーの戦略的利用（strategic outcome giving)」で，フィランソロピーと事業戦略などとを結びつけたり，企業の経済的目的の達成に直接的に貢献するような手法を取り入れたりするというものである。具体的には前述のマッチング・ギフトや，コーズ・リレイテッド・マーケティング（cause-related marketing)，すなわち消費者がある企業から製品やサービスを購入した場合に，支払った価格の一部が企業から非営利団体などに寄付されるという仕組みをあげることができる。

この他の企業フィランソロピー，メセナをめぐる注目すべき動向に，市民やNPO，行政とのパートナーシップによる活動をあげることができる。1つの企業が単独で，しかもその企業に要請があった主体に対して何らかの支援を行うという，いわば受動的なフィランソロピーやメセナではなく，積極的に他の主体とパートナーシップを構築する中で，主体的にフィランソロピーやメセナに取り組んでいこうという企業の動きが顕著になっている。もちろんこのことは，フィランソロピー・メセナの制度化という動きと密接な関連をもっているといえる。

いずれにせよ，企業と社会との良好な関係の構築が求められる昨今，われわれは，企業フィランソロピー，メセナの動向をしっかりと見守る必要があるといえるだろう。

[注]
1) 『メセナ』第1号，企業メセナ協議会，1990年，4ページ。
2) http://www.asahibeer.co.jp/culture/
3) http://www.toyota.co.jp/company/kouken/
4) 企業メセナ協議会編『メセナマネジメント』ダイヤモンド社，2003年，153-154ページ。

[参考文献]
Carroll A. B., A. K. Buchholtz, *Business & Society*, US: South-Western, 2003, pp.35-41.
小山嚴也「企業の社会的応答性の構想と戦略的フィランソロピー」『山梨学院大学商学論集』第24号，1999年，104-121ページ。
小山嚴也「企業に対する社会的要請の変化」経営学史学会編『組織・管理研究の百年』文眞堂，

2001 年, 209-211 ページ。
Post. J. E., A. T. Lawrence, J. Weber, *Business and Society*, US: McGRAW-HILL, 1999, pp.345-347.

[学習用参考文献]
企業メセナ協議会編『メセナマネジメント』ダイヤモンド社, 2003 年。
斎藤槙『企業評価の新しいモノサシ』生産性出版, 2000 年。
三戸浩・池内秀己・勝部伸夫『企業論』有斐閣, 1999 年。
http://www.keidanren.or.jp/indexj.html
http://www.mecenat.or.jp/

〔小山嚴也〕

第13章 日本的経営

I はじめに

 「日本的経営」の特徴として，いわゆる「終身雇用・年功序列・企業別組合」の3点を指摘する議論は，国内外において永年の有力な定説であった。一言で言えば，協調的な労使関係を前提にした集団主義的な長期ストック型のマネジメントである。このような「日本的経営」は，1950年代半ば以降の日本の高度経済成長時代において大きく開花し定着し，それは国際的に注目された。しかし1970年代半ばの高度経済成長の終焉，1980年代後半のバブル経済と，1990年代初頭の崩壊過程において，従来の「日本的経営」のもつ種々のデメリットが露呈し，その様相・あり方を大きく変えてきた。その結果，これまでの「日本的経営」は大きく見直され，いわゆる「新しい日本的経営」が労使双方より提起されるに至っている。この章では，「日本的経営」とは何か，なぜそれは近年大きく変容し，新しいシステムに移行せざるを得なくなったか，それらについて概観しよう。

II 従来の「日本的経営」の特徴

1.「日本的経営」とは何か

 1950年代半ば以降の高度経済成長の過程において日本企業は驚異の発展を遂げるが，そこでの「経営」のあり方が，欧米と比較していかに異なる特徴を有するか，国際的に関心が集中した。とくにアベグレンが『日本の経営』(1958年) において「日本的経営」の特徴を調査・分析・指摘してから国内外において議論が沸騰し今日に至っている。

Ⅱ　従来の「日本的経営」の特徴　　195

　「日本的経営」の特徴とは，一般に「終身雇用・年功序列・企業別組合」さらに「稟議制度」「根回し」などを基本にした経営である，と言われてきた。「終身雇用・年功序列・企業別組合」については後述するが，「稟議制度」とは会議を開くほど重要でない案件については主管者が決定案を作成し，関係者に稟議書を回付して承認を求めることであり，また「根回し」とはある事柄を決める際にあらかじめ非公式に関係者に話をつけておき公式の場での決定をスムーズに運ぶ方法である。

　総じて「日本的経営」は，権限や責任のあいまいな「おみこし型経営」「集団主義的な経営」「経営家族主義的な経営」であるとも言われてきた。ここでは「終身雇用・年功序列・企業別組合」を中心にその特徴を考察したい。

2．「終身雇用」の特徴

　終身雇用とは企業・事業所が，長期の企業内訓練によって必要な技能・熟練を労働者に習得させるため定年年齢まで継続雇用する慣行のことを言う。わが国において「終身雇用」が成立するのは，明治末から大正初頭のころと言われる。当時，日本の重化学工業は発展過程にあったが，企業が熟練工不足を補うために，長期継続雇用のもとで企業内訓練を通じて養成することが契機であった，と言われる。さらに当時の家父長的な家族制度を背景にして，社長は家長であり従業員は家族であるかのように集団主義的な会社忠誠心を培養し，企業は従業員の私生活にまで深く関与し「終身雇用」を維持してきた。「終身」とは厳密には「死ぬまでの間」と言う意味であるが，かつて平均寿命が50才のころの55才定年を終身と言っても誇張ではない。

　そのような雇用慣行は，戦後，高度経済成長のプロセスにおいて多くの企業のなかに引き継がれた。「終身雇用」は，定年までの長期の継続雇用を前提にしているから，処遇も年齢・勤続年数を基準にした年功序列型となり，退職金制度，福利厚生制度などとあいまって家族主義的な長期生活保障型「経営」の根幹となった。したがってまた企業別組合とともに協調的労使関係の維持に貢献したのである。

近年の平均寿命80才の時代での60才定年を「終身」と言うのは無理があるが，あくまでも定年までの長期継続雇用という意味である。長期継続雇用が成立するには企業自体が長期に安定的に成長・発展すること，総じて経済的な背景として高度成長であることが前提であり，近年の高度成長の終焉とともに「終身雇用」に多くの歪みが出てきた（後述）。

3.「年功序列」の特徴

年功序列とは，年齢や勤続年数を基準にして賃金や昇進などの処遇を決め，職場秩序を維持することで，そこでは長期勤務した年長者に高給が支払われ，部課長などの高位ポストが保証される。わが国において「年功序列」が成立するのは第一次大戦後の不況期ごろとされる。年功序列では，「能力があるか否か，成果をあげたかどうか」ではなくて企業に長期間勤務した高齢者が報われる。このような「年功序列」が成立・発展する根拠は何か。

一般に人間は年齢とともに生計費が増加するし，また勤続年数の長いほど熟練・技能・知識も増加し，企業への忠誠心・責任感も高まるので年齢や勤続年数を基準にする処遇もそれなりの根拠があった。したがって年功序列賃金とは生計費重視の賃金であり，長期の生活保障型賃金である。そこでは「終身雇用」を前提にしているから，たとえ初任給は低くても年齢とともに昇給し高額になり，定年時における退職金と合わせてトータルに支払う考え方である。つまり年功序列は終身雇用と一体化しており，生活支援の各種の福利厚生などとあいまって，家族主義的な「経営」の根幹になっている。年功序列賃金が成立・発展するには，企業自体が安定的に成長し，上昇する賃金の支払原資を長期に確保できること，総じて右肩あがりの高度経済成長が前提であり，近年の高度経済成長の終焉とともに「年功序列」に歪みが出てきた（後述）。

4.「企業別組合」の特徴

企業別組合とは，特定の企業・事業所ごとに成立する労働組合のことである。欧米では，一般に企業の枠を超えた産業別組合や職業別組合の組織形態

をとることが多いが，わが国では多くの場合，企業別組合の組織形態をとっている。したがって労働組合の数は多いが組合単位あたりの組合員数は少数である。各組合は企業・事業所を基本単位として組織されるので，それぞれ独立の規約・財政・役員をもち労働三権（団結権・団体交渉権・争議権）を行使する。企業別に従業員が一括加盟で組織されるので，終身雇用・年功序列とあいまって集団主義的・家族主義的な「経営」の根幹になっている。

企業別組合の弱点は「企業との癒着が生じやすい」「企業の組合介入が行われやすい」「従業員の職種間・階層間の利害対立・分裂が生じやすい」「組合員としての連帯感が醸成しがたい，組合員が正規従業員に限定されやすい」などである。しかし「労使が協調して生産性向上や技術革新に柔軟に対応できる」という側面もある。企業別組合が成立・発展する条件は，終身雇用・年功序列が維持されていることだが，近年の労働力市場の流動化，能力主義賃金化のなかで，企業別組合の存立基盤が大きく揺らいでいる。

5．「日本的経営」に共通する特徴

以上でみた「日本的経営」に共通する点は以下のように整理できよう。

① 属人的な経営である。すなわち「年功序列」に代表されるように人間中心の考え方に基づく経営である。そこでは「仕事に人を付ける」のではなく「人に仕事を付ける」考え方が支配的である。それゆえに賃金支払も生活給・生計費が重視され，退職金制度や種々の福利厚生制度とともに，生涯に渡る私生活の援助を行う考え方である。総じて経営家族主義的・共同体的な意識と行動が重視される。

② 集団的な経営である。「人に仕事を付ける」ので個人の職務範囲は曖昧で，しばしば集団的に職務が遂行される。個人は多能工的パワーを発揮するが，稟議制度に見られるように個人の「権限や責任」が曖昧になり，無責任体制になりやすい。とはいえ集団の組織的パワーは発揮されるので「おみこし型経営」と言われる所以でもある。個人はしばしば集団に埋没するので会社人間になりやすい。自己主張よりも周囲との協調が重視される。

③ 長期的な経営である。「終身雇用」に代表されるように長期の継続雇用

を前提にした経営である。だから学校教育よりも企業内の長期教育訓練が重視され，そこで熟練・技能を習得させて人材を育成しようとする。また長期的な経営であるために，短期的な赤字よりも長期的な黒字を重視する企業行動が生まれる。

④ 画一的な経営である。集団的な経営であるがゆえに，個人の自己実現よりも組織目標・組織秩序が重視される。したがって，組織秩序の維持のために画一的な規則にしたがい統一的に組織することが重視される。前例にないこと，異質なことを排除する組織文化が創出され，「バランスをとる」という名のもとに横並び主義で処理される。

6．「日本的経営」のメリットとデメリット

以上でみた「日本的経営」のメリット・デメリットは以下のように整理できよう。

企業組織からみたメリットは「従業員の会社帰属意識・忠誠心が高まる」「従業員に精神的安定感を与えモラールが向上する」「長期的人材投資と計画的人材育成が可能である」「労使関係が安定化する」などであった。働く個人からみたメリットは「長期雇用の保証を通じて生活基盤が安定する」「生涯の生活設計を立てやすい」などであった。

しかし「日本的経営」の基盤が揺らぐ中で企業組織のデメリットとして「高齢化に伴い人件費負担が大きくなる」「高年齢者の能力と要求される能力に乖離がある」「事業再構築に柔軟に対応できない」「ポスト不足で役職につけない人のモラールが低下する」などが露呈している[1]。また働く個人のデメリットとして「転職が困難になる」「会社中心の生き方になりやすい」「長期雇用慣行の外におかれやすい女性は不利になる」などが露呈している[2]。

Ⅲ　なぜ「日本的経営」は変容したか

「終身雇用・年功序列・企業別組合」として特徴づけられた従来の「日本的経営」は，なぜ近年において変容せざるをえないのか，その企業内外にお

ける影響要因を概観しよう。

1．労働力市場の流動化

近年の大規模なIT化・情報化の進展は，社会全体の産業構造の再構築，個別企業の事業再構築をもたらした。それらの諸結果，分業・協業の関係は再編成し，企業組織においては技能・職務・能力からみて「要るヒト」「要らないヒト」が露呈した。かくして労働力の質量的な需給関係が全社会的規模において急激に変化し，しかもバブル崩壊後の人減らし合理化・人員整理と相俟って，離職・転職・異動など労働移動，人材流動化，労働力市場の流動化が進展している。かくして経営者側は，少数の中核的な人材は長期雇用であっても，大多数の縁辺労働力（およびそれに準じる層）については，必要な質の人材を必要な時に必要な量だけ活用する短期のフレキシビリティ（柔軟性）を重視している。これらの動向は従来の「日本的経営」の基盤を大きく揺るがしている。

2．職場組織の変容

近年のIT化・情報化の進展は，一面では省力化により人員が大幅削減され，他面では職務内容に2極分化的な傾向が進展し，職場組織のあり方を大きく変えた。すなわち全社的に見て企画・判断・管理は少数のコア人材に集中するが，定型的・補助的な事務・営業は相対的多数派が担うようになった。その結果，中間管理職の「労働の無内容化」も進展し管理組織は内容的にフラット化した。とくに情報共有型のネットワーク型組織および分社化の普及は，フラット化の傾向に拍車を掛けた。これらの動向は，男子中高年層の管理職ポスト不足とともに年功序列的処遇の限界を露呈した。しかも高度経済成長が終焉して右肩上がりの収益基盤もなく，また若年労働力の減少のなかで展望もなく，従来の「日本的経営」の維持がきわめて困難になった。

3．企業間競争の焦点の変化

近年，大規模な業界再編成が進み，企業間の生き残り競争が激化している

が，この動向は不採算企業に倒産精算を迫るが，優良企業にはビジネスチャンスの拡大である。すなわち新たなIT化・情報化で，新しい商品・サービスの開発・供給が可能となり，それが企業間競争の新しい焦点，ビジネスチャンスになっている。かくして新しいアイディア，システム，ソフトを開発・創出し得る人材の育成・確保が急務の課題であり，それが競争上決定的に重要になっている。社内での育成の時間がなければ即戦力型の人材を外部からスカウト，中途採用される。また企業の海外進出・多国籍化が進み，収益機会の国際的な拡大が追求されたが，それにともない国際社会で活躍できる新しい質の人材も要求される。このように，即戦力型の新しい人材の確保と，「不要で余剰な」人材の削減が急務にされており，従来の「日本的経営」の基盤を揺るがしている。

4．女性の職場進出

近年の女性労働者の職場進出・地位向上は新しい動向である。現在，労働力人口総数に占める女性の割合は約40％，約2800万人である。そのうち雇用される者は約2100万人，そのうちパートの比率は約36％である。とくにサービス業，卸売・小売り・飲食店，製造業の3業種だけで約80％を占めている。女性の労働力率を年齢階級別にみると，結婚・出産・育児期にいったん就業を中断し子育てが終わってから再度就職する，いわゆる「M字型就労」である。近年，M字カーブ全体が上方にシフトするとともに，M字のボトムアップが進んでいる。つまり女性の就業者が全体に増加し，さらに結婚・出産・育児時期にも退職せず，家庭と職業を両立させつつ継続就労する女性が増加している。従来の雇用管理は「女性の早期退職」を暗黙の前提にしていたが，女性の職場進出と長期定着化傾向のなかで，その再設計が不可避なものとされ，従来の「日本的経営」の基盤を揺るがしている。

5．職業意識・価値観の多様化

近年，会社帰属意識が希薄化している。社会経済生産性本部「働くことの意識調査」によれば，新入社員に対して，会社にいつまで働くか，の問いの

回答として「状況次第で変わる」の割合が高まり，逆に「定年まで働きたい」の割合は低下し，若年層の会社への定着意識は弱くなっている[3]。また会社組織のために働くよりも，自分の仕事内容を重視し，やり甲斐を求める意識が増加している。労働省「若年者就業実態調査」(1997年)によれば，正社員として初めての会社を選ぶ理由別割合において「仕事の内容・職種」の比率が高く，次いで「自分の技能・能力が活かせる」である。他方，「会社の規模・知名度」「会社の将来性がある」「賃金の条件がよい」は低い。総じて自己実現できるかどうかの意識が強化し「就社」より「就職」の意識が強まっている。また余暇や個人生活の重視が増加している。このような動向も従来の「日本的経営」の基盤を揺るがしている。

6．労働生活関連法の改正

労働者派遣法の改正（1999年7月）で，従来は26業務に限定された派遣先が，特定業務を除き基本的に全業務について可能になり，労働力市場の流動化を法的側面から促進している。さらに職業安定法の改正（1999年）は，民間による有料職業紹介事業を大幅に規制緩和し，港湾運送業務や建設業務を除き全ての職業について有料紹介できるようになった。これまた社会全体の労働移動と労働力市場の流動化を促進している。

また男女雇用機会均等法の改正（1999年）で，従来の女性差別是正の「努力義務」規定が「禁止」規定に変わり「女性のみ・女性優遇」も「原則禁止」になった。このことは従業員を，男女性差ではなく個人差で捉え，その意欲と能力を重視することを要求している。また育児・介護休業法により，育児・介護休業制度はすべての事業所に一律に義務付けられ，育児休業・介護休業は労働者の権利となり，労働者の申し出に事業主は原則として拒否できない。

このような各種の労働生活関連法の整備は，労働力市場の流動化を促進し，仕事と家庭の両立支援など，意欲と能力による多様な働き方を促進するものであり，これらの動向もまた従来の「日本的経営」の基盤を揺るがしている。

7. 個人重視の組織論の展開

　近年の一連の個人重視の組織論の展開は，個人主義的柔軟なシステムの導入に影響を与えている。すなわち企業組織内の個々人の多様な価値観・勤労意識・生活設計意識，多様なライフスタイル・ワーキングスタイルを考慮し，個々人の多様な自己実現欲求，自主性・自発性・自己啓発・能力開発の重視により，個々人のモラールを刺激し，全体として組織の論理に個人を統合し，人材を開発・活用する考え方である。多くの個々人は，職業生活のみならず社会生活・家庭生活・自分生活における自己実現欲求の充足に動機付けられて意思決定し行動する人間（社会的自己実現人モデル）であり，このような人間モデルにシフトした理論をベースに，多くの現代企業の管理システムはデザインされている。これらの個人重視の組織論が注目され，集団主義・画一主義を前提にした従来の「日本的経営」のあり方を理論的に揺るがしている。

8. 能力主義管理の強化

　バブル経済崩壊後の長引く不況のなかで，大銀行・大企業の大型倒産・吸収合併・整理淘汰が進展し，生き残り企業では大規模なリストラ・経営合理化を強力に進めている。経営合理化のインパクトは営業経費削減とりわけ総人件費削減の要求として現れ，また総人件費削減は賃金抑制・人員抑制・人員整理・雇用調整・採用控え，長時間過密労働を要求し，この要求に応えうる管理システムの在り方が追及されている。

　その際に，近年のIT化の進展に伴う職務の質量の変化，産業構造の変化，労働力市場の変化，女性の職場進出，職業意識や価値観の変化，ワーキングスタイルの変化，さらに雇用機会均等法などの労働生活関連法の整備など，雇用をめぐる企業内外の多様な変化に対応している。もはや「終身雇用・年功序列」のあり方は大きな制約であり，その限界が露呈し，個々人の多様性に柔軟に対応し，多様な個々人の「意欲と能力」「自由と自己責任」「意思と選択」をベースにして能力主義的に管理強化する道が選択された。かくして，「日本的経営」の特徴は，その様相を大きく変えている。

Ⅳ　新しい日本的経営システム

1．経営者側の見る「日本的経営」システム

　日経連の『新時代の「日本的経営」…挑戦すべき方向とその具体策…』(1995年5月第48回定時総会)における見解を概観しよう。
　(1)　日本的経営の基本的理念の再検討
　まず企業環境は変化したので「日本的経営の基本理念の再検討と新たな課題への挑戦」が求められる，と言う。「制度や仕組みは環境条件の変化に応じて変える必要がある」が「人間中心(尊重)の経営」「長期的視野に立った経営」という「日本的経営」の「2つの基本的理念」は「普遍的性格」をもち「今後ともその深化を図りつつ堅持」する。「人間中心(尊重)の経営」とは「人間関係が経営の基本であるという哲学」であり「わが国企業が雇用の維持に最大限の努力を払い，安定的な労使関係をもたらしている理念」である。また「長期的視野に立った経営」とは「わが国企業の発展と競争力の源泉」であり「事業計画，設備投資，人材育成など長期志向の経営姿勢」である。
　しかし基本理念は「環境変化に直面」して「変化に柔軟に対応するダイナミックでチャレンジングな創造性豊かな企業経営」を目指し「新たな展開を図らねばならない」。具体的には「働く個々人の能力を社会全体で活用するために，企業を越えた横断的労働市場を育成し，人材の流動化を図る」と言う。
　(2)　雇用就業形態の多様化
　そして「雇用就業形態の多様化と今後の雇用システムの方向」を提起する。従来の「長期的視点」「人間中心(尊重)」の基本的考え方は変わらないが「産業の構造的転換，労働市場の構造的変化，従業員の就労・生活意識の変化に柔軟に対応できるようにその内容を整える」。それは「長期継続雇用の重視を含んだ柔軟かつ多様な雇用管理制度を枠組みとし，企業と従業員双方の意思の確認の上に立って運営されていくもの」で，「個人の働きがいや

自己実現を達成」する「個別管理の方向」である。

具体的に次の3タイプに類型化する。1つは「従来の長期継続雇用という考え方に立って，企業としても働いてほしい，従業員としても働きたいという，長期蓄積能力活用型グループ」である。2つは「企業の抱える課題解決に，専門的熟練・能力をもって応える，必ずしも長期雇用を前提としない高度専門能力活用型グループである」。3つは「企業の求める人材は，職務に応じて定型的業務から専門的業務を遂行できる人までさまざまで，従業員側も余暇活用型から専門的能力の活用型までいろいろいる雇用柔軟型のグループ」である。このように3つに区分するが，一部は長期雇用であり「全従業員を流動化させる」訳でなく「長期雇用者と流動化させる雇用者との組み合わせ」である。また「グループは固定したものではない」ので「企業と従業員の意思でグループ相互間の移動も当然起きる」。移動は「雇用ポートフォリオ」の考えで行い「必要な時点で必要な人数と能力を確保し充足することを原則とし，人材は，従来以上に弾力的に活用していくとの基本方針を確立」する。そして「職種別採用，企業別採用，企業グループ一括採用，いわゆる第2新卒，中途採用などの通年の募集・採用等」「雇用期間，労働時間・労働日，職種，プロジェクト，勤務地等などによる柔軟な採用も検討されるべき」と言う。

(3) チャレンジ型人事賃金制度の構築

人事賃金制度も「人間中心（尊重）」と「個人の主体性の確立」という「基本理念をベース」にするが「具体的には，人間を大切にし，従業員の働く意欲を尊重し，個人個人が能力を最大限に発揮できるような多様な処遇制度を用意するとともに，能力，業績を反映させたチャレンジ型の人事制度を構築」する。

具体的には「従来のライン昇進を中心とした単線型」から「人事制度の中心的役割を職務（仕事），能力にもとづく職能資格制度に置き」「複線型のものへと変えて行く」。そして「職能・業績重視」の複線型人事制度の導入のために「職能資格基準や昇進・昇格基準を明確化」し場合によっては「降格も行なう」。これまでの「対応が甘かった」人件費管理は「改善」し，経営

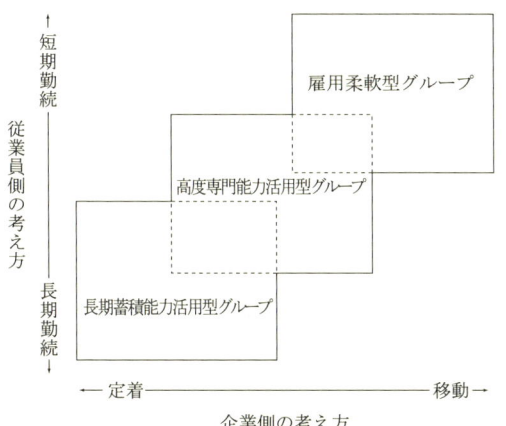

図表13-1　従業員の3グループ化のモデルと内容（日経連）

```
        ↑
        短
        期
        勤         ┌──────────────┐
        続         │  雇用柔軟型グループ  │
    従  │      ┌──┼──────┐       │
    業  │      │  └──────┼───────┘
    員  │      │ 高度専門能力活用型グループ│
    側  │  ┌───┼──────┐   │
    の  │  │   └──────┼───┘
    考  │  │ 長期蓄積能力活用型グループ│
    え  │  │          │
    方  │  └──────────┘
        長
        期
        勤
        続
        ↓
           ←─── 定着 ─────────── 移動 ───→
                    企業側の考え方
```

(注1)　雇用形態の典型的な分類
(注2)　各グループ間の移動は可

	長期蓄積能力 活用型グループ	高度専門能力 活用型グループ	雇用柔軟型 グループ
雇 用 形 態	期間の定めのない雇用契約	有期雇用契約	有期雇用契約
対　　　　象	管理職・総合職・技能部門の基幹職	専門部門（企画，営業，研究開発等）	一般職 技能部門 販売部門
賃　　　　金	月給制か年俸制 職能給 昇給制度	年俸制 業績給 昇給なし	時間給制 職務給 昇給なし
賞　　　　与	定率＋業績スライド	成果配分	定率
退職金・年金	ポイント制	なし	なし
昇 進 ・ 昇 格	役職昇進 職能資格昇格	業績評価	上位職務への転換
福 祉 施 策	生涯総合施策	生活援護施策	生活援護施策

（出所）　日本経営者団体連盟『新時代の「日本的経営」――挑戦すべき方向とその具体策――』1995年5月，32ページ。

　計画にもとづき賃金・賞与・退職金・福利厚生費などを「常にパッケージにした上で」「総額人件費管理」を「徹底」する。「従来のように毎年ベースアップを実施できるような状況でなく」「従来の定期昇給，ベースアップ方式による賃金決定システムは再検討」する。

これからは「職能・業績を重視した職能昇給への移行」や「一定資格以上は職務・職能給や業績を反映する年俸制を導入」し「一定の資格以上は定昇をストップする」など「定期昇給制度の仕組み等を見直す」。その際に「企業の支払能力を反映した賃金水準」「従業員の納得性が得られる支払い方法」「国内外の企業で通用する尺度」という「3つの視点」が重要であり「複線型の賃金管理を導入」する。「長期蓄積能力活用型グループ」に対しては一定資格までは「年功的な要素を多少考慮した職能給」にし、それ以上は「裁量労働」を拡大し「年俸制」を推進する。「高度専門能力活用型グループ」には「年俸制」を適用し、「雇用柔軟型グループ」には「職務給」などを検討する。総じて「一本調子の右肩上りの賃金カーブから、これからは、ある一定資格以上は業績によって上下に格差が開く、いわゆるラッパ型の賃金管理を志向」する。賞与も「企業業績に対する貢献度」を評価した「業績反映型」にし「年間賃金に占める賞与の割合を若干高める方向で検討する」。退職金も「賃金にリンクした年功的退職金算定システム」ではなく「従業員の流動化を阻害せず功労報償を反映した」「貢献度反映型の退職金」にする。また「働いている労働時間の長さ」ではなく「働いた成果」によって評価する視点に切り替える、と言う。

2．労働組合側の見る「日本的経営」システム
(1)　連合の文書に見る「日本的経営」

次に、経営者側に対峙する労働組合側の見解を見ておこう。連合は1994年9月に雇用労働委員会報告「転換期の雇用労働対策の方向」を明らかにした。日経連の言うように賃金コストの削減の面からだけ労働力の流動化を語ることは、雇用に関わる経営側の社会的責任を放棄した解雇の自由化を意味すると批判し、労働移動の拡大が労働者自身の選択の自由の拡大につながり、転職が賃金・労働条件・福利厚生などの面で不利にならないシステムを社会全体で創出することが必要である、と問題提起する。また年功型賃金は増大する生計費をカバーするために必要とされたもので、今後、中高年層の雇用安定を図る観点から年功賃金の在り方を見直すには、住宅・教育のコス

トを社会的に負担し，家計の生計費負担を軽減する措置をあわせて実施することが必要である，と言う。

また連合は，1995年9月に『新しい働き方の創造をめざして』(連合総合生活開発研究所) を発表し，その中で「日経連の考え方との違い」を強調し次のように言う。

第1は，日経連は雇用される人材を3グループに区分し対応するとしたが，現実企業において実行されているのは「長期蓄積能力活用型グループ」に対する「雇用の柔軟化」「雇用の流動化」であるのに，そのグループについて「長期安定雇用を守ると言ってもにわかに信じがたい」，しかも「能力主義にするといっておいて終身雇用だけを守るというが」不可能だ。

第2は，長期安定雇用すべきは「技能形成と熟練の蓄積が必要な現場技能者」であり「幹部社員や幹部候補」ではない。また雇用流動化すべきは「幹部社員や幹部候補」であり「技能形成と熟練の蓄積が必要な現場技能者」ではない。この点が「日経連の考え方と基本的に違う」。

第3は，日経連の考え方は「ホワイトカラーへの対応を中心に視点がすえられ，日本企業を支えてきた生産や営業の現場で働く技能労働者に対する視点が少なからず欠落している」と言う。

(2) 新しい「日本的経営」イメージ

連合は，以上のような日経連「新日本的経営」批判を前提にして「新しい働き方のコース・イメージ」として次のような「3パターン」のモデルを提示している (図表参照)。

1つは「低リスク・低リターン型」である。これは「年功人事管理，定期昇給，長期安定雇用といった日本型人事管理をそのまま引き継ぐ，安定志向型コースである。リターンは相対的に低いが，その代わり長期安定雇用を保障することが最大のメリットである。現場の生産技能職，現場でひとつの仕事を追い続ける本当の意味での専門職の多くが，このコースに入るイメージである」。

2つは「中リスク・中リターン型」である。これは「雇用は原則として長期雇用は保障するが，転職，出向・転籍など人材の部分流動化がはかられ

る。職種としては技術職，営業職，事務職やいわゆる専門職などスタッフ課長を含むコースイメージである」。これは「低リスク・低リターン型」と「ハイリスク・ハイリターン型」との中間型コースである。

3つは「ハイリスク・ハイリターン型」である。これは「より高い昇進とステータスをめざすチャレンジ型コースで，文字どおりの管理職コースである」。給与は年俸制で，成果があれば大胆に引上げ，成果がなければ減俸し，

図表13-2　働き方の「3パターン」モデルと内容（連合）

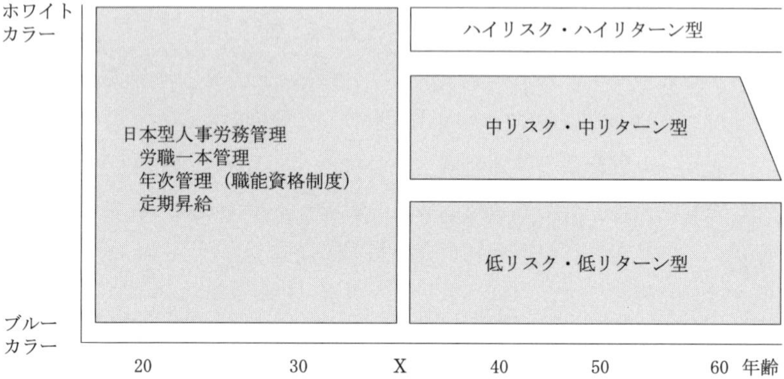

	低リスク・ 低リターン型	中リスク・ 中リターン型	高リスク・ 高リターン型
雇 用 形 態	長期安定雇用	原則として長期雇用・ 出向転籍・部分流動化	雇用保障なし 完全流動化
人 事 処 遇	職務資格 年次管理	職能資格＋能力・実績 主義	完全能力実績主義
給　　　与	仕事給 （熟練度別職能給） 定期昇給，時間外手当	完全仕事給 or 日本型年俸制	完全年俸制
時 間 管 理	定型時間管理	フレックスタイム，裁 量労働	労基法（時間）適用外
退 職 金	年齢勤続リンク	評価累積 ポイントリンク	なし
勤 務 地	勤務地限定	社命＋個人の選択権	社命により全世界

（出所）　連合総合生活開発研究所『新しい働き方の創造をめざして』1995年9月，87ページ。

失敗の場合はクビである。「したがって部長クラス以上，課長クラスでもより高い昇進・エグゼクテイブをめざすビジネスマンタイプ，高級専門職などがこのコースのイメージである」と言う。

このような3パターンの設定は働く側には次のようなメリットがあると言う。(1)「中リスク・中リターン型」の管理職は，リストラに対して不安をだき「課長グループでは41％が組合員になりたいと考え」ているので「組合員範囲拡大のニーズは高い」。(2)「労働者個人のキャリアや仕事，働き方を自ら選択できる可能性を拡大」でき「個人それぞれのニーズに応えることができる」。(3)「人事処遇や雇用保障の在り方に対応し賃金・給与形態の多様化ニーズに応える」ことができる。(4)「雇用保障の最優先順位を低リスク・低リターン型におく」ことで「雇用を守る原則」を明らかにできる，と言う。

V おわりに

いわゆる「終身雇用・年功序列・企業別組合」を特徴とする「日本的経営」は1950年代半ばから1970年代半ばの高度経済成長の時期に発展し確立した。しかし高度経済成長の終焉，バブル経済の崩壊とともに，その様相は大きく変化し，いまや「新しい日本的経営」のあり方が労使双方より提起されている。経営者側も労働組合側も従業員を3つに類型化し個別化した対応をする，とした点は共通するが，その内容は立場を反映して大きく異なっている。日経連の見解には「総額人件費管理」を「徹底」（賃金コストの削減）する観点が貫かれており，他方，連合は雇用安定を図る観点，労働者自身の選択の自由の拡大，転職が賃金・労働条件・福利厚生などの面で不利にならないシステムを創出する観点が貫かれる。したがって「長期継続雇用」で処遇する対象を，日経連は「幹部社員や幹部候補」というが，連合は「現場技能者」という。また「雇用柔軟」で処遇する対象を日経連は「現場技能者」と言うが，連合は「幹部社員や幹部候補」と言う。今後，「日本的経営」のあり方がどのように進展するか，その光と影については事態の推移を見守

るしかない。

[注]
1) 社会経済生産性本部「日本的人事制度の現状と課題」1998年2月参照。
2) 労働省「平成11年版・労働白書」参照。
3) 労働省「平成11年版・労働白書」参照。

[参考文献]
森本三男編著『日本的経営の生成・成熟・転換』学文社，1999年。
林正樹『日本的経営の進化』税務経理協会，1998年。
長谷川廣編『日本経営システムの構造転換』中央大学出版部，1998年。
丸山恵也『日本的経営』日本評論社，1989年。
熊沢誠『日本的経営の明暗』筑摩書房，1989年。

[学習用参考文献]
伊丹敬之・加護野忠男・宮本又郎・米倉誠一郎編『日本的経営の生成と発展』有斐閣，1998年。
三戸公『家の論理1――日本的経営の成立』文眞堂，1991年。
盛田昭夫「『日本的経営』が危ない」『文芸春秋』1992年2月号。

〔渡辺　峻〕

第14章 国際経営

I はじめに

　国際経営とは，国境を越えて行なう国際事業活動をいう。近年，国際経営は，クロスボーダーM＆Aや戦略提携，委託生産方式，アウトソーシングなど多様性を増している。対外進出先の輸出加工区や産業クラスターなど，国際経営拠点の立地に関わる問題も重要性を増している。

　本章では，国際経営の成立と発展の基本線を，多国籍企業の代表的な理論と関連させて論ずる。次いで，対外直接投資の最近の動向を確認したうえで，国際立地戦略の主要な理論を検討する。とくにメキシコのマキラドーラと中国広東省の三来一補などの紹介を通じて，中小企業を含む委託生産などの参入方式や，輸出加工区・産業クラスターの重要性について考察する。

　最後に，日系多国籍企業の特質とアジアを中心とした戦略再編の現段階について述べ，企業間ネットワーク論の考察を通じて，現代の国際経営の課題と問題点を指摘する。

II 国際経営の発展と多国籍企業

1．国際経営と直接投資

　国際経営とは，企業の対外（海外）事業を対象とする経営活動をいう。主な活動には，輸出入，技術の供与（ライセシング）と導入，直接投資などがある。

　現代の「世界的な巨大企業」は多国籍企業とよばれており，国外の子会社・工場への直接投資によって，研究開発・資材等の購買・生産・販売など

の経営機能をグローバルに展開している。

　最近の特徴としては，アジア・中国・中南米など新興成長地域の企業や日本の中小企業も国際経営を活発に行い，その形態も多様化している。一例をあげれば，ユニクロ（Uniqlo）のように，工場建設や出資よりも，中国の取引先50社・60工場にたいして製造を委託し，迅速に製品を逆輸入して販売する方式が注目されている[1]。

　一般に，外国市場への参入は，最初は小規模な販売から開始する。その事業の推移を見て，継続か，撤退か，さらに大規模販売計画を立てるかを決定する。フイリップ・コトラーによれば，市場参入方法としては，本国の独立した仲介業者を使う「間接輸出」，輸出部門の設置・国外販売子会社の設立・国外の流通販売業者の利用による「直接輸出」がある。次に，国外企業との契約で，手数料やロイヤルティと引き換えに，自社の製造方法，商標，特許，営業秘密などの使用権を与える「ライセンス供与」がある。マリオットホテルなどの「マネジメント契約」やマクドナルドなどの「フランチャイズ契約」がこれに含まれる[2]。

　「対外直接投資」は，1840年代頃の初期の動機が，輸出先市場における「競争の脅威への対応」にあったことが指摘されている[3]。日本企業による直接投資・現地生産開始の動機も「先行した商品輸出先市場の確保・競争の脅威への対応」であった，という[4]。その後の要因は多様である。とくに日本企業の場合は，貿易摩擦の回避や，1980年代後半以降の円高対応を契機に，対米現地生産を本格化した。

　直接投資には，現地に工場等の新規設立を行う「グリーンフィールド型直接投資」と，既存工場や事業の買収を行う「クロスボーダーM&A（企業合併・買収）型直接投資」がある。前者は日本企業の特徴であったが，最近では後者のM&A型が直接投資の主流となった。後者のM&Aは，新規投資に比べて費用も少なく，アメリカ企業のように不採算事業の売却・人員整理を伴うグローバル・リストラクチュアリング（事業再構築）の一環として行なわれることが多い。

　IMF（国際通貨基金）によれば，対外直接投資は，他国に位置する子会

社，関連企業，支店に対する継続的支配を目的とする国際投資で，株式等の出資比率10％以上を基準にしている。しかし，近年，出資比率が10％未満であっても，技術・ノウハウ供与，役員等の人員派遣，生産・販売協力などを通じて戦略的提携の手段となるケースが少なくない。直接投資と証券投資との境界は曖昧になってきているのである[5]。

2．多国籍企業をどのように理解するか

　国際経営組織の発展は，当初，独立した代理業者を介して輸出を行い，その管理のために「輸出部門」が設置される。輸出市場が大きければ代理契約を廃止して販売子会社等を設立し，「国際事業部」が設置される。しかし，在外生産が開始されると，進出先地域の多様化，製品の多様化などに応じて，世界的な地域別事業部制，世界製品別事業部制が採用され，様々な変種の国際組織が発展する。歴史的にみると，アメリカにおいて，1865～92年頃に近代的国際事業が出現し，1893～1914年には世界的な巨大企業＝「国際トラストの成立」が見られた。

　現代の世界的な巨大企業を示す「多国籍企業（Multinational Corporation)」という用語を始めて用いた論者は，テネシー渓谷開発局（TAV）総裁のD. E. リリエンソールと言われているが，1959年末にはG. H. クリーとA. di シピオが「世界企業」（World Enterprise）概念を提起した。

　彼等は，米国内では成熟期に入り，投資収益率（ROI）や売上利益率が低迷し，外国企業との競争激化，海外での高利潤率の可能性などが「かつてないプレッシャー」となって，世界的視野で考え（Global thinking）意志決定する企業を「世界企業」とよぶべきであると主張した[6]。

　このように現代の世界的な巨大企業には，世界企業とか多国籍企業など多くの呼称があるが，出資面で多くの国籍に分散しているわけではない。英国のJ. H. ダニングは「1ヵ国以外の国で製造施設を所有するか支配する企業」を多国籍製造企業（Multinational Producing Enterprise）と定義し，出資面で複数国籍を持つ企業（Multinationally Owned Enterprise）とは区別している。後者には，ユニリバー，ロイヤルダッチ・シェルなどの例があ

る[7]。

多国籍企業の類型化については，「権限，意思決定」が本社に集中した「国内志向型（Ethnocentrism）」，現地に対して本社集中が相対的に低下した「現地志向型（Polycentrism）」，北米などの地域本部に集中する「地域志向型（Regiocentrism）」，世界中の本社・子会社間の協議で相互依存性が増した「世界志向型（Geocentrism）」などの「EPRGプロファイル」が知られている[8]。このようなモデルは，各個別企業を類型化したものであるが，現実の業界は少数巨大企業による競争と協調（提携）の「寡占」体制下にある。「企業が相互依存関係にある」ために「寡占的企業行動が作用—反作用，戦略—対抗戦略」というような「寡占反応」を生むという見解は，現実のグローバル競争に有効な理論となっている[9]。

国際マーケティング戦略の製品コンセプトには，標準化したブランド力の強い製品と管理手法により，世界的な規模の経済性によるコスト削減をねらった「標準化」と，特定の市場ごとの差異に適合した製品を販売する「適合化」とがあるが，両者の組み合わせが現実の製品戦略となっている。

バートレットとゴシャールは，「国境を越えた管理」を重視する観点から，世界を単一市場と考えコスト削減のために規格化した製品を投入する「グローバル戦略」，食品・洗剤など現地市場の国内要因に配慮した「多国籍戦略」，中心要素を標準化し，他の要素を特定地域に適合させる「グローカル戦略」があると分類した[10]。

自動車産業では，世界規模で標準化への圧力も大きく，車体の共通化，部品点数の削減と世界最適調達などが進められているが，ホンダは「グローバル戦略と地域マネジメントの併存」を強調し，トヨタも「最新製品の一部は地域市場の嗜好を大幅に採り入れながら，共通プラットフォームで規模の経済を追求している」。日産は今日では「現地生産拠点における主要部品の現地化および競争力ある現地サプライヤーからの調達拡大」に取り組んできたという[11]。

III 対外直接投資の理論と実態

1．クロスボーダー M&A 型直接投資の興隆

　国連貿易開発会議（UNCTAD）によると，在外生産拠点を持つ多国籍企業は約6万4000社あり，在外関連会社87万社の直接投資残高は2001年に7兆ドル以上になった。在外関連会社による付加価値額は世界GDP（国内総生産）の約10分の1，国外で雇用した従業員は5300万人以上であり，多国籍企業全体の売上高総額18兆ドルは，2001年の世界輸出総額の2倍以上に達している。また，直接投資残高のうち3分の2は先進国が占めており，発展途上国の対外直接投資残高は，1980年のGDPの3％から2001年の13％に増大した[12]。

　米クライスラーと独ダイムラーの合併，英ボーダフォンによる米エアタッチ社買収など，90年代末に高揚した欧米間の合併は，国籍を異にする巨大な世界的巨大企業の出現を意味している。

　また，エクソン＝モービル合併のように，親会社がアメリカ国内同士であっても，双方が多国籍企業であれば，各国に配置された両社の子会社の重複投資整理だけでなく各国の提携先の世界的再編をもたらすのである。さらに重視すべき傾向として，米国のJ. P. モルガンとチェースとの合併＝JPモルガンチェース，日本の三井住友銀行など，国内の巨大資本系列を大きく超えた銀行統合が展開した。こうした「世界規模のクロスボーダー合併は，ほとんどが銀行・保険・化学・医薬品・情報通信で生じており，グローバルなリストラクチュアリング（Global Restructuring）をすすめ，各産業での戦略的ポジションの確保を目的」としている[13]。しかし，対外直接投資は，世界的な不況の中，2002年に再び低下し，クロスボーダー M&A の件数は，2000年の7894件の最高水準から2002年の4493件まで低下した[14]。

　直接投資の落ち込みにより，アメリカのIT（情報技術）主導のバブル化した20世紀末グローバリゼーションの局面は，世界的な独占化と，他極での貧困の蓄積をもたらして，いったんは終息したかにみえる。しかし，M&

Aにかわって，国際戦略提携や国際委託生産方式など，国際経営は著しく多様化している。多国籍企業は，1980年代以降，合併・買収・事業分割（MA&D）と資本撤収戦略，国際戦略提携（GSP），国際委託生産，アウトソーシングなどを組み合わせた総合的なグローバル戦略を展開しているのである。

2．プロダクトサイクル論と競争優位・クラスター理論

　古典派経済学では，2ヵ国2財の労働生産性を比較し，仮に2財ともある国に絶対優位があれば貿易は発生しない（A．スミスの「絶対優位」説）。しかし，D．リカードは，それぞれの国で，相対的に労働生産性が高い財，比較的に生産費の安い財に特化し余剰分を輸出して，他の財を輸入すればお互いに貿易から利益を得るとした。このモデルは，生産費の各国における相対的な格差に着目した点で歴史的意義をもつが，産業間貿易に限定されており，最近の中間財などの産業内貿易や，貧富の差の拡大など垂直的な国別地域別格差の現実を説明できない[15]。

　高度な情報通信技術や輸送ネットワークの世界的発展により，多国籍企業は，土地や天然資源・労働力の点で有利な地域に生産拠点を構築し，資本や技術，資源などを集中的に移転・投入するなど，各国の比較優位を活用し，その国の優位を変動させるパワーを持つに至った。

　このような傾向を一般化した理論が，1966年にR．バーノンが発表した国際的なプロダクト・ライフ・サイクル論である。彼によれば，「新製品」は，先端技術開発力と高い所得を持つアメリカ市場に導入され，余剰部分が輸出される。新製品が普及し「成熟製品」段階になると，輸出先の先進国でも現地資本・新規参入者が生産を開始する。アメリカの企業は「輸出によって獲得した地位が脅かされると，彼らは海外に子会社を設け」[16]，やがて，世界に普及し価格が低下した「標準化商品」になると，「低開発国」にも輸出される。アメリカ企業は，途上国の豊富な低賃金労働力を利用した在外生産を本格化して，製品をアメリカに「逆輸入」するようになる。

　しかし，バーノン自身，後に，1970年代には「この型に当てはまらない

例がいろいろ出ることによって，このモデルの妥当性が問われはじめている」とその限界を自ら指摘したが，今日もなお有効な理論モデルと考える論者も多い[17]。

1937年に発表された赤松要氏の「雁行形態論」[18]は，日本を頂点とするアジア諸国の発展系列を考察したものであるが，30年後に，バーノンが米国を頂点にした世界の「発展段階の諸国の系列」を強調している点は類似している。赤松氏の「後進国の輸入→国内生産→輸出」というモデルには対外直接投資の要因はないが，バーノンは，「アメリカの輸出→在外生産→逆輸入」という形で，直接投資による多国籍企業の行動をモデル化したのである。

雁行型経済発展論には，最近，IT（情報技術）面でのインドや中国の台頭など，逆雁行形態の現象が指摘され，日本への逆輸入よりもアメリカ市場への依存度が高いこと，日本の多国籍企業による技術移転・現地化の遅れなど，現実との相異を批判し，国別の発展段階論ではなく，地域生産ネットワークの形成・発展を主張する見解が提起されている[19]。

その意味で，M．ポーターが「スミスやリカードの古典派経済学の比較優位論では国際競争の現実をとらえられず，立地概念をベースとする競争優位論が不可欠」と強調する点は興味深い。「逆説的ではあるが，グローバル経済において持続的な競争優位を得るには，多くの場合非常にローカルな要素，つまり専門化の進んだスキルや知識，各種機関，競合企業，関連ビジネス，レベルの高い顧客などが，一つの国ないし地域に集中していなければならないということになる」。

典型例として，ノボ，ホンダ，ヒューレット・パッカードの事例を通じて，「地域集中化を意味するクラスターと，世界的拡散を志向するネットワークという相反する概念の上にしか持続的な競争優位が構築しえない」とするのである[20]。近年，発展途上国においてもクラスターによる地域的な産業集積とその活用が注目されている。

Ⅳ 多国籍企業の国際立地戦略

1. 局地的経済圏と輸出加工区の展開

　地域的な産業クラスターの形成を考察する上で，多国籍企業の国際的な輸出加工拠点として，国境ないし境界に隔てられた賃金格差など賦存する経済要素の差異と地理的な近接性を利用した局地的国境（境界）経済圏の形成が注目される。メキシコのマキラドーラ，東アジアの「成長の三角地帯」＝「シンガポール＝マレーシア・ジョホール州＝インドネシア・リアウ州」＝「シジョリーGT（Singapore-Johor-Riau Growth Triangle，SIJORI と略記する）」，香港・マカオに接する中国広東省の珠江デルタなどは，多くの可能性を持つ代表的な国境（境界）経済圏といえよう。

　また，多国籍企業の輸出向け加工拠点として，輸出加工区（EPZ）が70カ国以上に設置されている。国際労働機関（ILO）によれば，98年に2700万人が雇用され，「ほんの2，30年前には一握りであったものが，今日では850カ所以上」になり，世界中に広がっている[21]。

　輸出加工区とは，全量輸出を前提条件として，発展途上国が，雇用の確保や輸出増進による外貨獲得のために，積極的に外国資本を誘致し，免税・保税措置など特権的措置を講じた特定指定地域をいう。しかし，現地経済とは切断され，技術などの現地移転が限定された飛び地（エンクレーヴ）型の進出形態が多い。

　そのために，輸出加工区の設置を契機に外資導入の効果を現地経済と連関（リンケージ）させ，さらに広い目的を持った工業団地，サイエンス・パークなどに発展させようとする傾向にある。しかし，シンガポールのジュロン工業地域が衰退し，周辺国に工場が移転しているように，労賃やインフラコストが上昇すればさらに投資先は次々と有利な地域にシフトされていくという問題点がある[22]。

　現在，EU（欧州連合）はじめ NAFTA（北米自由貿易協定），MERCOSUR（南米南部共同市場），AFTA（アセアン自由貿易地域）などの「地域的経済統

合」が多様な形ですすんでいる。2国間のFTA（自由貿易協定）も多く，日本はようやくシンガポールと最近締結した。

多様な地域的経済統合の進行や中国のWTO（世界貿易機関）加盟など，関税引き下げなどの市場開放の進展と自由貿易地域の形成には，それに先行した局地的な国境経済圏や輸出加工区・中国の経済特区の発展が寄与している。しかし，広域の経済統合によって，そうした産業クラスターがどのように変容するのか，その去就が注目されるのである。

2．メキシコのマキラドーラと中国の「三来一補」・「転廠」制度

(1) マキラドーラとツイン・プラント方式―垂直的企業内国際分業―

世界市場へのアクセスについては，最近，中小企業を含めて委託加工方式やフランチャイズ方式など，多様な貿易と投資の複合ビジネスが特徴的になってきている。

メキシコのマキラドーラと中国の三来一補を比較してみよう。

マキラドーラは，輸出加工に保税を受ける指定企業のことである。D. イートン（David W. Eaton）によれば，マキラドーラには「4つの一般的なオプション」がある。委託（下請け）契約製造業者の利用，完全所有子会社の設立，メキシコのパートナー企業との合弁事業，管理を委託するシェルター会社である。これらはメキシコにおける加工・生産工程に「想定されるリスクの程度にしたがって分類されうる」という[23]。ここで注目されるのは，国境を利用した垂直的な企業内国際分業である。

アメリカ企業は，管理会社や販売会社，設計・資本集約的な工程をアメリカ側に残し，保税扱いの下で低賃金労働力の豊富なメキシコに労働集約的な組立工場を設立し操業してきた。80年代以降，日本，次いで韓国などアジア・欧州の企業がアメリカに子会社を設立し，国境を挟んで孫会社を対面的に隣接させた双子工場＝ツイン・プラント（twin plant）方式が急速に増加した。

カリフォルニア州サンディエゴとメキシコ側ティファナなど，国境線に沿って双子都市（twin city）が連なる形で存立するが，マキラドーラの発

展はこうした都市域への局地的な国境経済圏としての産業集積を急速に進めたのである。マキラドーラは，1966年の12工場・従業員3000人の水準から2000年には3703工場・従業員約131万人に急増した。最近は内陸部や周辺の国に拡散し，国内販売も徐々に認められている。とくに，シェルター（shelter）契約として，外国企業のメキシコにおける製造工程の殆どの管理作業を現地企業が請け負う方式が発展している。メキシコ進出にはリスクが少ない委託管理方式といわれている[24]。

(2) 中国の「三資企業」・「三来一補」・「転廠」制度―広東モデルの現段階―

1980年代以降の改革・開放政策と，92年の鄧小平による「南巡講話」を契機に本格化した経済発展により，2002年の中国の直接投資受入額は米国を抜き世界1位になった。しかし，同年の輸出入総額約6208億ドルのうち「外資系企業」が54.5%を占めている。

とくに，広東省の珠江デルタは，下からの市場経済の発展が顕著で，順徳の家電産業など多彩な産業クラスターが形成されている。1996年に，広東省の外資系企業あるいはその委託契約事業者による輸出の75%以上は，隣接する香港と台湾の事業家のものであった。この地域は，中国の豊富な低賃金労働力を活用した，香港・マカオ（澳門）・台湾資本による輸出加工のための独特の「来料加工」「転廠制度」が発展したのである。

中国への進出形態としては，外資の国内販売が認められた「三資企業」と，国内販売が認められず全量輸出を条件とする「委託加工方式」とがある。中国の販売市場参入のためには前者を，輸出向けの委託加工の場合は後者が選択される。広東省は後者の比重が大きい。

中国への具体的な投資方式としては，(1)合資経営（外資25%以上），(2)合作経営（契約による事業運営体），(3)独資経営（外資100%）という，「三資企業」がある。委託加工方式は，次の「三来一補」からなっている。(1)外資系企業が原材料を無償で提供し，加工したものを逆輸入する「来料加工」，(2)外資が仕様やサンプルを示し，同じ製品を作らせ輸入する「来様加工」，(3)部品を持ち込んで加工・組立のみを依頼するノックダウン方式に似た「来件装配（加工）」，(4)外資が中国側に機械設備を提供・輸出し，その見返

りとして，生産された製品で返済を受ける「補償貿易（compensation Trade），以上である。

また，「転廠」制度は，加工が1ヵ所で完結しない場合，材料から部品，ユニットと進む過程はすべて「半製品」として保税状態のまま別の企業に移動する間接輸出の一形態であり，認定されると増値税が免除される。広東省特有の制度と言われている。現在，中小企業の進出形態としては，各種優遇措置がとられる「専用団地」の標準工場を借りるなど，開業資金を節約したリース契約など，慎重に事業を開始するパターンが特徴的になっている[25]。

V 日系企業の多国籍化と新しい課題

1．日本型多国籍企業の特質

一般に，日本型多国籍企業は，80年代後半の円高以降本格化した「受身的な」進出動機，本社製品事業部主導の放射型集権制組織，輸出関連型直接投資，グリーンフィールド型直接投資，合弁形態による進出，現地の経営幹部登用などの「現地化」の遅れ，が指摘されてきた。

日本の多国籍企業は，1990年代以降，米欧日・アジアの3ないし4極に地域統括会社（R. H. Q.）を設置し，マルチリージョナル型の組織再編を行っている。一方，フォードやIBMなどのアメリカ多国籍企業は，中央本社と地域本社との指揮系統の二重性，子会社の「自主経営」の進展などから，空洞化した地域統括会社を廃止し，本社・子会社が有機的に連動し，新興の成長地域には必ず進出するという「全方位型」のグローバル企業型に転換しつつある。

日本メーカーの国外生産比率は，1992年頃から急速に高まり，2002年度には全体で18.2％，すでに国外に進出しているメーカーに絞れば37.2％に達するという[26]。

松下電器を例にとると，地域別売上高，従業員数ともに国内と海外が半々であり，41ヵ国に現地法人数226社，アジア・中国には138社が配置されている。バブル崩壊の1991年から2000年までの10年間の売上高の伸びは

横ばいであるが，国外生産高は9000億円から2兆円となり，約1兆円強の生産の海外シフトが起こっている。低迷する売上高にたいして，国外の生産高と従業員数が急上昇するという傾向は日本メーカーに一般的になってきている。

中国企業の追い上げ，アジア市場における競争の熾烈化，AFTA（アセアン自由貿易地域）の進展による関税障壁の撤廃などにより，日本メーカーは既存戦略の再編を余儀なくされている。松下は，新製品と技術の投入を世界的に同期化し，世界同時発売や部材の世界的広域調達を加速している。2003年1月には，諸事業の重複を排除し，戦略単位としての事業ドメインを明確にした事業再編に取り組み，新体制をスタートした[27]。

典型的なグローバル再編の例を示そう。日立製作所は，プラズマテレビで世界市場トップのシェア維持を図るため，メキシコ・ティファナの子会社でディスプレー生産を開始し，組立てたテレビを米国市場に出荷し，中国では，現地企業との合弁会社で現地生産を開始し，欧州向けのディスプレー生産はトルコのAV機器メーカーへの生産委託に切り替えた。チューナーなどの本体部品は，従来のインドネシア生産から「撤退」して日本に戻し，欧州，アジア向けに，先端技術を取り入れた本体部品を日本で集中生産する。メキシコ・中国での現地生産の開始，委託生産，事業の撤収と日本への集約など，特徴的な傾向がみられる[28]。

2．多国籍企業の新しい形態の問題点

中国には，現在既に日系現地法人4400社，出資日本企業では2400社を超えるという。しかし，人件費とインフラ費の低い中国市場への進出か，国際競争力の弱体化をもたらす技術流出を防ぐために「日本回帰」か，というトレードオフに見舞われている。

日本企業は，国外生産を拡大する一方，キヤノンの「もの作り強化，再生」計画，松下電器産業の主要部品の「ブラックボックス化」など，海外への技術流出に対する危機感から，国内での生産強化を模索する動きが顕在化してきている[29]。

中国における委託生産を始め，21世紀初頭の国際経営の特徴は，著しく多様性を増している。したがって，企業間関係論，ネットワーク企業論などの研究の深化が望まれているが，注意すべき問題点も顕在化しているのである。

　現在，ポーターが価値連鎖（Value Chain）と称する一連の経営活動の一部がアウトソーシングされたり，国際戦略提携の普及などによって，企業間の取引ネットワークが複雑に展開している。「直接投資の形態が，かつての多国籍企業の『内部化』とは異なり，合弁，企業間提携，技術ライセンス，技術協力，ターンキー方式，下請け関係というような多様な企業間関係を求める傾向を強く持ってきている」とされる今井賢一氏の研究には先駆的な意義がある[30]。

　しかし，現実的な適用の際には以下のような問題点の改善に迫られている。

　日本の製造業ではこれまで，「モノづくりの上流工程から下流工程まで，一連のプロセス機能（サプライチェーン機能）を持ち，それらを統合，一体的に行うことで付加価値を創り出していく『垂直統合型』（機能一体型）の生産形態が主流」であり，利点でもあったが，近年その一部の事業や工程を他の企業や国外に売却したり，アウトソーシングする傾向が目立っている。ソニーやNECがEMS（電子機器受託製造会社）のソレクトロンに国内工場を売却した例がよく知られている。

　冒頭に述べたユニクロのケースは，委託生産とはいえ，「匠チーム」による綿密な技術指導，企画から一貫した商品管理・品質検査を徹底したうえで，ネットワークによる高精度の生産調整力など，企業間取引ネットワークの全体管理能力に優れた面が認められる。

　しかし，「独立供給業者に大きく依存している多国籍企業は，新しい製造工程の展開とか新製品に体化される新技術や専門能力を長期的に喪失」し，競争力の低下に導く場合があるとの警告に注目すべきであろう。一時期のアップル＝ソニー，IBM＝インテル＝マイクロソフトの同盟が，そのような可能性の例として示されている[31]。また，日本の情報サービス産業のアウト

ソーシングは「技術進歩に対してマイナスの影響」を持つことがあるとの指摘も重視される[32]。

VI おわりに

　多様化する国際経営，複雑で柔軟な独立企業間の取引ネットワークの動態は，現実の世界経済・政治・社会の動向と無関係ではありえない。

　とりわけ，世界的なスポーツ・ブランド企業ナイキ社の例は特徴的である。Web型ネットワーク企業など新しい企業形態として注目されているナイキの本社は，まったく製造機能を持たず，数十ヵ国で数百社とスポーツ商品の委託生産契約を結んでいる。しかし，最近，インドネシアの韓国系ソドン社工場への発注停止＝契約移転により，失業者を大量に生み出して現地の貧困状態を加速させ，NGO（非政府組織）の批判と抗議行動を受けたケースがある。

　最後に，国際経営において注目されているSCM（サプライチェーン・マネジメント）の構築についても，2001年9月11日の同時多発テロやイラクへの軍事的進攻，2003年のSARS，アメリカ東部の大停電などで大きな打撃を蒙るなど，多国籍企業優位の楽観的なボーダレス世界観は，反省と事業構想の再編成に迫られていることを指摘しておきたい。

　経営学の中で国際経営は新しい領域である。新しい時代の国際経営に臨む姿勢はいかなるものであるべきか。迅速な変化対応の経営とともに，激変する国際経営環境を注視し，それとのダイナミックな相互作用に留意しつつ，高い事業マインドと新しい国際的な倫理観を併せ持った学習と研究が望まれているのである。

[注・参考文献]
1) ユニクロ・ホームページ（http://www.uniqlo.co.jp/company/business）。
2) フイリップ・コトラー，ゲイリー・アームストロング（恩藏直人監修，月谷真紀訳）『コトラーのマーケティング入門』第4版，トッパン，1999年，461-467ページ。
3) M. ウィルキンズ（江夏健一・米倉昭夫訳）『多国籍企業の史的展開』ミネルヴァ書房，1973年参照。

4) 澄田智・小宮隆太郎・渡辺康編・外務省多国籍企業調査団報告書『多国籍企業の実態』日本経済新聞社, 1972年, 第Ⅱ部付論参照。
5) 日本貿易振興会『1999年版ジェトロ白書—世界と日本の海外直接投資—』1999年3月, 28-30ページ参照。
6) Gilbert H. Clee and Alfred di Scipio, "Creating a World Enterprise," *Harvard Business Review*, Vol.37, No.6, Nov./Dec. 1959, pp.77-89.
7) John H.Dunning, "The Multinational Enterprise: The Background," in John H. Dunning ed., *Multinational Enterprise*, George Allen and Unwin, 1971, p.17.
8) H・V・パールミュッター, D・A・ヒーナン「国際競争への新たな選択:世界的戦略連合」『ダイヤモンド・ハーバード・ビジネス』86年6・7月号, Howard V. Perlmutter, "The Tortuous Evolution of the Multinational Corporation," *Columbia Journal of World Business*, Vol.4, Jan.-Feb. 1969. pp.20-26参照。
9) F. T. ニッカバッカー(藤田忠訳)『多国籍企業の経済理論』東洋経済新報社, 1978年, 6-7ページ。
10) バーレット C. A. and S. ゴシャール(吉原英樹監訳)『地球市場時代の企業戦略』日本経済新聞社, 1990年, 18-21ページ参照。
11) 日本自動車工業会ホームページ (http://www.jama.or.jp/13_publish/13_3/vol16_2/index.html)
12) United Nations Conference on Trade and Development, *World Investment Report 2002*, United Nations New York and Geneva, p.89参照。
13) UNCTAD, World Investment Report 1998参照。
14) UNCTAD, World Investment Report 2003, Overview, 2003, p.xvi参照。
15) 黒淵紀壽『国際企業論—多国籍企業活動の環境と政策決定』多賀出版, 1995年, 3-13ページ参照。
16) レイモンド・バーノン(霍見芳浩訳)『多国籍企業の新展開—追いつめられる国家主権』ダイヤモンド社, 1973年, 72ページ。Rayond Vernon, "International Investment and International Trade in the Product Cycle," *The Quarterly Journal of Economics*, Vol.LXXX, May 1966, pp.19-207参照。
17) レイモンド・バーノン(霍見芳浩訳), 同上書, 72, 125ページ参照。
18) 赤松要『世界経済論』国元書房, 1965年, 169, 173ページ参照。
19) ユスロン・イーザー「雁行モデルの終焉—批判的考察—」, バーナード・ラヴェンヒル「雁行とプロダクト・サイクルの神話」(新藤榮一『アジア経済危機を読み解く—雁は飛んでいるか』日本経済評論社, 1999年, 第1章3-33, 第2章35-82ページ参照), 尹春志「東アジア地域生産ネットワークの展開—雁行形態的発展パラダイムを超えて」座間紘一・藤原貞雄編著『東アジアの生産ネットワーク—自動車・電子機器を中心として—』ミネルヴァ書房, 2003年, 第1章, 3-35ページ参照。
20) マイケル・ポーター(竹内弘高訳)『競争戦略論Ⅱ』ダイヤモンド社, 1999年, 120ページ。
21) John Madeley, *Big Business, Poor Peoples—The Impact of Transnational Corporations on the World's Poor*, Zed Books, 1999, p.112.
22) International Labour Organaisation and United Nations Centre on Transnational Corporations, *Economic and social effects of multinational enterprises in export processing zones*, International Labour Office, 1988, p.151. 上田慧「EPZ ライフ・サイクル論とメキシコのマキラドーラ」『同志社商学』第54巻1・2・3号2002年12月参照。
23) David W. Eaton, "Taking shelter", *Business MEXCO*, April 1999, p.22参照。
24) 上田慧「日本型多国籍企業と国境経済圏—メキシコのマキラドーラと東アジアのシジョリー

GT」『同志社商学』第53巻第2・3・4号，2001年12月，38-65ページ，「輸出加工区とメキシコ・マキラドーラの類型分析」『同志社商学』第55巻4号，2003年2月参照。

25) 上田慧「中国・珠江デルタにおける経済的統合と競争—広東省・順徳（Shunde）における家電産業の集積—」同志社大学『ワールドワイドビジネスレビュー』第5巻第1号，2003年7月，1-20ページ参照。
26) 『日本経済新聞』2003年6月19日付参照。
27) 『日本工業新聞』2003年6月11日付参照。
28) 『日本経済新聞』2003年9月13日付参照。
29) 「特集—勝つためのMade in Japan—Part 1—安易な生産拠点の中国シフトがメーカーの競争力を奪う—Part 1—日本回帰の勝算」『日経メカニカル』2003年9月1日号，52-59ページ。
30) 今井賢一・総合研究開発機構編著『21世紀型企業とネットワーク』NTT出版，1992年，31ページ参照。
31) 小田部正明・クリスチアン・ヘルセン（横井義則監訳）『グローバル・ビジネス戦略』同文舘，2001年，241ページ。野口恒『空洞化に勝つ！日本でのモノづくりにこだわる』日刊工業新聞，2003年参照。
32) 峰滝和典「アウトソーシングは生産性上昇をもたらすか」富士通総研経済研究所研究フォーラム，2002年10月17日（http://www.fri.fujitsu.com/events/er_forum/12.html）参照。

[学習用参考文献]
スティーブン・S．ハイマー（宮崎義一編訳）『多国籍企業論』岩波書店，1979年。
南昭二『直接投資と世界企業—経営行動と支配—』八千代出版，1996年。
吉原英樹編『国際経営論への招待』有斐閣ブックス，2002年。
小島清『雁行型経済発展論（第1巻）』文眞堂，2003年。
関下稔『現代多国籍企業のグローバル構造』文眞堂，2003年。

〔上田　慧〕

事項索引

欧文

ABC 分析　37
CalPERS　150
CEO　155
CIM　38, 39
COO　155
CRM　107
EDI　107
EPRG プロファイル　214
ERP　106
EUC　107
FA　38
FMS　38
GDP　215
IMF（国際通貨基金）　212
ISMS　111
IT 革命　98, 104
LAN　105
LBO　148, 149
MRP　38
M 字型就労　200
NC　38
NGO　169, 177
NPO　168, 169, 177
QC サークル　41, 42
ROE　137
SBU 組織　141
SCM　108, 224
SWOT 分析　133, 134
TQC　41
T 型モデル　36

ア行

アイテム　56
アウトソーシング　211, 216
アカウンタビリティ　142, 148
アメリカの経営学　1
アライアンス　174
安全余裕率　79
アントレプレナー　29
委託加工方式　220
委託生産方式　211
一次的利害関係者　168
1％クラブ　180
移動組立方式　36
インターネット　104, 105
インフォーマル組織　4
ウォンツ　50, 55
売上高営業利益率　76
上澄み吸収価格　57
運転資本計画　80
営業キャッシュフロー設備投資比率　81
オープン価格　58
おみこし型経営　195
卸売業者　59

カ行

会社機関　22, 23, 24, 30, 31
会社構成員　150, 155
　　──法　150, 151
会社は誰のものか　146, 151
改善活動　41
階層　119, 120
開放型チャネル政策　61
買回品　55
価格（Price）　53
　　──競争　56
科学的管理　34, 35
　　──法の原理　3
課業環境（タスク環境）　116
課業管理　3
拡大された製品　55
架け橋　122
価値連鎖（Value Chain）　223
株式　22, 26, 27

228　事項索引

　　——会社　22, 23, 24, 25, 30
　　——所有の分散　25
　　——相互持合い　24, 27, 31, 157, 158
　　——の持合い　159
株主
　　——価値　150, 151, 152, 154, 156, 157, 159
　　——資本利益率　80
　　——重視　147, 150, 159, 160
　　——総会　23, 24, 25
　　——第一位モデル　160
　　——理論　150, 151, 152, 153, 154
カルテル　26, 31
環境　116
　　——トップランナー　138
　　——保全　127
　　——要因　132
雁行形態論　217
監査役　22, 23, 24, 25
慣習価格　58
かんばん方式　40
管理型 VMS　60
管理者（マネジャー）　119
機会　132
　　——の窓　133
基幹系システム　106
機関投資家　69
企業
　　——型 VMS　60
　　——形態　19, 21, 22, 30
　　——系列　157
　　——市民（コーポレート・シチズンシップ）　166, 188
　　——集団　26, 27, 28, 31
　　——集中　26, 27, 31
　　——内部環境　132
　　——に関する経営者的視点　165
　　——に関する生産者的視点　165
　　——に関する利害関係者的視点　166
　　——の社会的責任　151, 152, 153, 164
　　——別組合　196, 209
　　——メセナ協議会　180
　　——目的　67
　　——倫理　132, 164
　　——倫理担当部署　172

　　——倫理担当役員　172
　　——倫理の制度化　171
希望小売価格　58
キャッシュフロー　68
　　——経営　68
　　——計算書　73
　　——・マージン　76
脅威　132
競争優位　127, 131, 216, 217
協働　114
局地的国境（境界）経済圏　218
近代組織論　2, 5
グーテンベルク経営経済学以降　14
グリーンパートナーシップ　138
グリーンフィールド型直接投資　212, 221
黒字倒産　73
クロスボーダー M&A　211, 212, 215
グローバリゼーション　142
グローバル・リストラクチュアリング（事業再構築）　212
経営
　　——革新　110
　　——環境　132
　　——管理学　1
　　——経済学　1, 11
　　——資源　99
　　——資本利益率　79
　　——者権力　146, 148
　　——者支配　25, 31
　　——情報システム　98, 102, 103, 111
　　——戦略　128
　　——戦略本部　141
　　——組織　113
　　——における情報の重要性　101
　　——倫理　146, 151, 152, 154
計画　118
経済人モデル　5
経済的主体　166
経済的責任　169
芸術・文化支援活動　181
啓発された自己利益　188
契約型 VMS　60
権威（オーソリティ）　7, 120
限界利益（貢献利益）　78

事項索引　229

現代アメリカ経営学　9
ゴーイング・コンサーン（継続企業体）　68
公開株式会社　145, 159
公企業　19, 20, 30
広告　61
　──政策　61
合資会社　21, 22, 30
公私混合企業　19, 20, 30
『工場管理論』　3
行動科学　2, 7
高度専門能力活用型グループ　204, 205, 206
合名会社　21, 22, 30
合理化の3S　37
小売業者　59
効率性　115
互換性原理　32, 33
国際化戦略　129
国際戦略提携　216
個人企業　21, 30
コストリーダーシップ　136
コーズ・リレイテッド・マーケティング　192
固定長期適合率　81
固定費　57
固定比率　81
古典的管理論　2
個別資本理論　16
コーポレート・ガバナンス　25, 145
コミュニケーション　118
　──の経路（チャネル）　119
雇用
　──慣行　88
　──管理　88
　──形態　89
　──柔軟型のグループ　204, 205, 206
　──情勢　88
　──調整　90
コンツェルン　26, 31
コンピュータ　104, 105
コンプライアンス　142, 152

サ行

差異化（差別化）戦略　63
財閥　27
採用・配置・異動　89

最良の実践　136
サプライチェーン・マネジメント　224
差別出来高給制度　34
産業クラスター　211, 220
三資企業　220
三来一補　219, 220
私企業　19, 20, 30
　──と公企業　19
事業環境　132
事業経営戦略　134, 135
私経済学　11
自己資本比率　80
市場　51
　──占有率　129
持続可能な経営　143
実体としての製品　55
自働化　39, 40
資本の証券化　22, 23, 30
社員　21, 22
社会
　──貢献活動　179
　──人モデル　4
　──性　164
　──的責任　127
　──的責任投資　173
　──的責任の「4パート・モデル」　189
　──的存在　166
　──問題解決　176
ジャスト・イン・タイム　39, 40
自由裁量的責任　169
終身雇用　195, 209
　──制　84, 88
集団主義的　195
集中戦略　136
珠江デルタ　220
出資者　19, 20, 21, 22
ジュラン　41
上層吸収価格　57
消費財　55
情報　98
　──活動　100, 103
　──化投資　110, 111
　──系システム　106
　──セキュリティマネジメントシステム

230　事項索引

　　（ISMS）適合性評価制度　111
　　——のセキュリティ（安全性）　111
　　——リテラシー　105
　　——力　102
常務会　24
職能
　　——給　93, 94
　　——資格制度　84
　　——的職長制度　34
　　——別戦略　138
職務
　　——給　94
　　——評価　86
　　——分析　86
所有と支配の分離　25, 145
シングル段取り　41
人事管理　83
人事考課　86
人的資源管理　83
人的販売　62
浸透価格　57
垂直的マーケティングシステム　59
スタッフ　122
ステークホルダー　142
スミス裁判　187
成果主義　84
　　——人事制度　87
生産財　55
生産指向　49
成長戦略　139
成長の三角地帯　218
製品（Product）　52
　　——ミックス　56
　　——ライン　56
制約　114
セル生産システム　43, 44, 46
戦後日本の経営学　16
全社員の有限責任　22, 23, 30
戦術　134
戦前日本の経営学　15
専属型チャネル政策　60
選択型チャネル政策　60
全般的環境　132

専門
　　——化　36, 37, 117
　　——経営者　25
　　——品　55
戦略
　　——経営計画　131
　　——提携　211
　　——的フィランソロピー　191
　　——的要因　132
相関関係図　138
総合経営戦略　134
相互作用　116
相互調節　118
総資本利益率　79
組織　6, 113
　　——的怠業　3
損益計算書　72
損益分岐点　77
　　——分析　77

タ行

第1次（私経済学）方法論争　11
第2次（私経済学，経営経済学）方法論争　12
第3次（経営経済学）方法論争　13
第4次（経営経済学）方法論争　14
貸借対照表　73
代表取締役　23
大量生産システム　37
多角化　134
　　——戦略　128
多国籍企業　211, 213, 214, 216, 218, 222
多品種少量生産システム　37
単純化　36, 37
男女雇用機会均等法　201
地域統括会社　221
中核としての製品　54
中小企業　28, 29, 31
長期
　　——経営計画　131
　　——資本計画　80
　　——資本比率　80
　　——蓄積能力活用型グループ　204, 205, 206
調整　118
賃金　90

──管理　90
──形態　91
──体系　91
強み　132
提案制度　41, 42
定性データ比較表　138
テイラーシステム　3
敵対的企業買収　149
デミング　41
転廠　219, 220
ドイツの経営学　10
同期化　36
動機づけ─衛生要因理論　8
当座比率　81
投資計画　79
特性要因図　138
トップマネジメント　127
トヨタ生産システム　39
トラスト　26, 31
取締役会　23, 24, 148, 149, 151, 154, 157
　　──委員会　155
　　──構成員　154, 156
取引総数最小化の原理　59

ナ行

成り行きまかせの管理　3
二次的利害関係者　168
ニーズ　50, 55
日経連　203, 207
日本型多国籍企業　221
日本経営学会　15
日本の経営学　15
人間関係論　2, 4
根回し　195
年金基金　150, 155, 158
年功
　　──主義　84
　　──序列　196, 209
　　──制　84
　　──賃金　93
燃料電池車　132
能率　6, 115
能力主義　84, 202
能力・成果主義　84

ハ行

端数価格　58
パソコン　104, 105
バーナード理論　6
パブリシティ　62
販売指向　49, 50
販売促進　61
非営利組織　168
比較制度分析　159
比較優位　216, 217
非政府組織　169
批判経営学　16
標準化　34, 37, 118
ファンクショナル組織　120
フィランソロピー　30, 179, 184, 185
フォード生産システム　36, 37
フォーマル組織　4
部門化　117
フランチャイズ契約　212
ブランド・エクイティ　63
ブランド戦略　63
フリー・キャッシュフロー　68
フレキシビリティ　199
プロジェクト・チーム　123
プロダクト　51
　　──サイクル　216
　　──・ライフサイクル　57
　　──・ライフサイクル戦略　64
プロモーション（Promotion）　53
分業　117
平準化　40
ヘルプライン　172
ベンチマーキング　136
ベンチャー企業　28, 29, 30, 31
変動費　57
　　──率　78
法的責任　169
補償貿易　221
ホットライン　172

マ行

マキラドーラ　211, 219, 220
マーケティング志向　49, 50

マーケティング・ミックス 52
マッチング・ギフト 181
マテリアル・ハンドリング・システム 38
マトリックス組織 123, 124, 141
マルクス的経営学 16
無限責任 20, 21
ムダの排除 40, 46
命令の一元性 121
メインバンク 158, 159
メセナ 30, 179, 180, 181
目標利益 57
持株会社 27
最寄品 55

ヤ行

屋台方式 43
八幡製鉄政治献金事件 188
有形財 54
有限会社 22, 24, 30
有限責任 20, 21, 22, 23
有効性 6, 114
輸出加工区 211, 218, 219
ユニクロ（Uniqlo） 212, 223
予算 118
欲求階層論 7
4つのP 52
弱み 132

ラ行

ライセシング 211
ライン 122
　——・アンド・スタッフ組織 121, 122
　——組織 121
リエンジニアリング 134
利害関係者 148, 149, 150, 151, 153, 154, 155, 157, 167
利害関係者理論 150, 151, 152, 153, 154, 158
リストラクチャリング 135
リストラクチュアリング 215
リーダーシップ 141
流通（Place） 53
　——チャネル 58
流動比率 81
稟議制度 195
リーン生産システム 42
倫理
　——綱領 171
　——性 166
　——的消費者 174
　——的責任 169
　——的投資家 173
ルーティン 118
連合 206
労働力市場の流動化 199
六大企業集団 28, 31

ワ行

ワークシェアリング 89

人名索引

ア行

赤松要 217
アージリス 8
アベグレン 194
アンゾフ 130
イートン 219

カ行

グーテンベルク 13
コトラー 50, 212, 224

サ行

シュマーレンバッハ 11

スミス　216

タ行

ダニング　213
テイラー　2, 33, 34

ナ行

ニックリッシュ　11

ハ行

ハーズバーグ　8
バーナード　5, 132
バーノン　216, 225
バーリ＝ミーンズ　25
フォード　35
ポーター　217, 225

マ行

マグレガー　8
マズロー　7
マッカーシー　52
メイヨー　5

ラ行

リーガー　12
リカード　216
リリエンソール　213
レスリスバーガー　5

ワ行

ワイヤーマン＝シェーニッツ　11

執筆者紹介
（執筆順）

佐護　譽（さご　たかし）　はしがき，第1章，第6章
　　奥付に記載

渡辺　峻（わたなべ　たかし）　はしがき，第1章，第13章
　　奥付に記載

中間　信博（なかま　のぶひろ）　第2章
　　1964年　熊本県に生まれる
　　1992年　同志社大学大学院商学研究科博士課程単位取得満期退学
　　現　　在　九州国際大学経済学部助教授
　　専攻分野　企業論，コーポレート・ガバナンス論

信夫千佳子（しのぶ　ちかこ）　第3章
　　1958年　大阪府に生まれる
　　1993年　関西大学大学院商学研究科博士課程単位取得満期退学
　　同　　年　秋田経済法科大学経済学部専任講師
　　1996年　甲子園大学経営情報学部助教授
　　現　　在　追手門学院大学経営学部助教授
　　専攻分野　生産管理論，経営管理論

齋藤　雅通（さいとう　まさゆき）　第4章
　　1954年　神奈川県に生まれる
　　1985年　京都大学大学院経済学研究科博士課程学修退学
　　1986年　立命館大学経営学部助教授
　　現　　在　立命館大学経営学部教授
　　専攻分野　マーケティング論，国際マーケティング論，管理会計

浦野　倫平（うらの　のりひら）　第5章
　　1960年　福岡県に生まれる
　　1991年　同志社大学大学院商学研究科博士課程（後期）単位取得満期退学
　　2000／2001年　英国・ノッティンガム大学客員研究員
　　現　　在　九州産業大学経営学部教授
　　専攻分野　財務管理，ベンチャービジネス

能塚　正義（のうづか　まさよし）　第7章
　　1947年　京都府に生まれる
　　1977年　同志社大学大学院経済学研究科博士課程修了
　　1985年　大阪経済法科大学経済学部専任講師
　　現　　在　大阪経済法科大学経済学部教授
　　専攻分野　経営学，経営情報学

聞間　理（ききま　おさむ）　第 8 章
　　1973 年　熊本県に生まれる
　　2001 年　横浜国立大学大学院国際開発研究科博士課程単位取得満期退学
　　現　　在　九州産業大学経営学部専任講師
　　専攻分野　経営組織論

足立　辰雄（あだち　たつお）　第 9 章
　　1952 年　大分県に生まれる
　　1983 年　立命館大学大学院経営学研究科博士課程修了
　　1988 年　宮崎産業経営大学経営学部専任講師
　　現　　在　京都創成大学経営情報学部教授
　　専攻分野　経営管理論，経営戦略論，環境経営論

今西　宏次（いまにし　こうじ）　第 10 章
　　1965 年　奈良県に生まれる
　　1994 年　同志社大学大学院商学研究科博士課程満期退学
　　1994 年　北九州大学経営情報学部専任講師
　　1997 年　大阪経済大学経営学部専任講師
　　現　　在　大阪経済大学経営学部助教授
　　専攻分野　財務管理論，経営学，コーポレート・ガバナンス論

土井　一生（どい　かずお）　第 11 章
　　1962 年　東京都に生まれる
　　1993 年　早稲田大学大学院商学研究科博士後期課程単位取得満期退学
　　2001 年　フランス・リール科学技術大学(第一大学)客員教授
　　現　　在　九州産業大学経営学部助教授
　　専攻分野　多国籍企業論，企業倫理学

小山　嚴也（こやま　よしなり）　第 12 章
　　1967 年　東京都に生まれる
　　1996 年　一橋大学大学院商学研究科博士後期課程単位修得退学
　　1996 年　山梨学院大学商学部専任講師
　　現　　在　関東学院大学経済学部助教授
　　専攻分野　企業論，「企業と社会」論

上田　慧（うえだ　さとし）　第 14 章
　　1947 年　北海道に生まれる
　　1977 年　大阪市立大学大学院経営学研究科博士課程単位取得満期退学
　　1984 年　米国・ミシガン州立大学客員研究員
　　1985 年　大阪経済大学経営学部教授
　　現　　在　同志社大学商学部教授
　　専攻分野　経営学，多国籍企業論

編著者紹介

佐護　譽（さご　たかし）
1942 年　長崎県に生まれる
1973 年　九州大学大学院経済学研究科博士課程単位取得満期退学
1976／77 年　ドイツ・マンハイム大学客員研究員
1991 年　韓国・ソウル大学校経営大学客員教授
現　在　九州産業大学経営学部教授　経済学博士（九州大学）
主　著　『ドイツ経営労務論史』泉文堂，1985 年
　　　　『ドイツ経営社会政策論』泉文堂，1988 年
　　　　『労務管理の日韓比較』（共編著）有斐閣，1993 年
　　　　『人事管理と労使関係－日本・韓国・台湾・ドイツ－』泉文堂，1997 年
　　　　『人的資源管理概論』文眞堂，2003 年

渡辺　峻（わたなべ　たかし）
1944 年　大分県に生まれる
1972 年　同志社大学大学院商学研究科博士課程修了
1987 年　英国・ウオーリック大学客員研究員
1994 年　英国・シェフィールド大学客員教授
現　在　立命館大学経営学部教授　経営学博士（立命館大学）
主　著　『現代銀行企業の労働と管理』千倉書房，1984 年
　　　　『企業管理と管理労働』千倉書房，1984 年
　　　　『人的資源の組織と管理』中央経済社，2000 年
　　　　『キャリア人事制度の導入と管理』中央経済社，2000 年
　　　　『コース別雇用管理と女性労働(増補改訂版)』中央経済社，2001 年

経営学総論

2004 年 2 月 27 日　第 1 版第 1 刷発行　　　　　　　　検印省略

編著者　　佐　護　　　　譽
　　　　　渡　辺　　　　峻

発行者　　前　野　眞太郎
　　　　　東京都新宿区早稲田鶴巻町 533

発行所　　株式会社　文　眞　堂
　　　　　電話 03（3202）8480
　　　　　FAX 03（3203）2638
　　　　　http://www.bunshin-do.co.jp
　　　　　郵便番号(162-0041)　振替00120-2-96437

印刷・モリモト印刷／製本・イマキ製本所
©2004
定価はカバー裏に表示してあります
ISBN4-8309-4479-X　C3034